마스터

전 세계 아웃도어 시장을 석권한 텐트 장인 라제건의 특별한 경영 스토리

MASTER

마스터 —————————————— 유승준 지음

중앙books

대나무 숲에서 만난 DAC, 그리고 마스터 라제건

처음 담양 소쇄원(瀟灑園)을 찾았을 때 그 비경에 압도되어 좀처럼 자리를 뜨지 못한 적이 있다. 소쇄원이라는 이름은 '물 맑고 시원하며 깨끗한 원림'이라는 뜻이다. 조선 중기 민간 정원의 백미로 일컬어지는 이곳은 약 500년 전인 1536년경에 완공되었을 것으로 추정된다.

소쇄원의 진수는 자연스러움에 있다. 정자와 계단, 담장과 계곡, 나무와 꽃이 본래 그 자리에 저절로 생겨난 것처럼 한 치의 부조화나 어색함 없이 어우러진다. 광풍각 우물마루에 앉아 크고 작은 바위 사이로 흘러내리는 맑은 물을 바라보노라면 가슴속을 무겁게 짓누르던 온갖 시름이 시나브로 증발한다. 그러나 무엇보다 내 마음을 사로잡은 건 초입에서 맞닥뜨린 울창한 대나무숲이었다. 하늘을 향해 거침없이 쭉쭉 뻗어 오른 대나무의 강인함과 대담함에 탄복하지 않을 수 없었다. 하나의 마디가 끝날 때쯤 또 하나의 마디가 시작되며 죽음과 생명이 다투지 않고 상생하는 모습도 이채로웠다. 땅속줄기에서는 연한 새싹인 죽순이 말없이 꿈틀거리며 계속해서 돋아나고 있었다. 대숲 사이로 불어오는 바람은 여느 바람과 달리 살가웠고 소리는 명

징했다.

인천에는 공단이 많다. 그중 주안국가산업단지는 수출 진흥을 목적으로 염전을 메우고 기업을 유치해서 만든 산업단지다. 1960년 당시 1인당 국내총생산(GDP)은 90달러에 불과했다. 정부에서는 수출 주도 산업화 정책을 발표하고, 대규모 산업단지 조성 사업에 착수했다. 인천은 항만과 철도 등 기반 시설이 갖춰져 있고, 넓은 공업용지와 풍부한 공업용수 그리고 넉넉한 노동력 등 기업의 생산 활동을 지원할 수 있는 좋은 조건을 갖추고 있었다. 주안국가산업단지는 1970년대와 1980년대 공업화 과정에서 한국 경제 성장의 견인차 같은 역할을 했다. 반면 민주화 과정에서 한국 노동 운동사에 기록될 만한 치열한 노동자 투쟁이 전개된 현장이기도 하다.

지인을 만나기 위해 인천 주안국가산업단지에 위치한 동아알루미늄을 방문했다. 공장에 들어서기 전 내 머릿속에는 선입견이 가득했다. 오래된 산업단지 안에 있는 공장이니 어둡고 비좁고 지저분할 것이다. 공장 특유의 기름 냄새와 소음이 곳곳에 진동할 것이다. 알루미늄이라는 금속을 다루는 현장이니까 일하는 사람들도 다소 거칠고 투박할 것이다. 대략 이런 생각들이었다. 나의 착각은 정문을 들어서면서부터 깨지기 시작했다. 정면 옥상에 커다란 뿔을 드러낸 사슴 한 마리가 나타났다. 그 아래는 웅장한 소나무가 건물을 떠받치듯 서 있었다. 만발한 꽃들과 우거진 녹음이 여기저기 눈에 띄었다. 물고기들이 한가로이 헤엄치는 작은 연못도 보였다.

실내는 더 놀라웠다. 마치 시냇물을 가로지르는 징검다리를 건너는

6

기분으로 들어선 본관 로비에는 커다란 천체망원경과 피아노가 놓여 있고 은은한 커피 향이 풍겨왔다. 가는 데마다 예쁜 조각 작품과 아름다운 그림들이 걸려 있어 눈을 떼기 어려웠다. 지금껏 가지고 있던 공장에 대한 고정관념이 여지없이 무너져 내리는 순간이었다. 만나는 사람마다 초면의 낯선 방문객에게 상냥한 미소로 먼저 인사를 건넸다. 도대체 이 회사가 어떤 회사인지 궁금해졌다.

동아알루미늄의 영문 약자는 'DAC(Dongah Aluminum Corporation)'다. 이 브랜드는 전 세계 텐트 시장에서 전설로 통한다. 힐레베르그, 노르디스크, 헬스포츠 등 세계 최고급 텐트 메이커의 폴은 대부분 이 회사 제품이다. 세계 프리미엄 텐트 폴 시장에서 DAC는 90퍼센트 이상의 점유율을 기록하고 있다. DAC에서 생산하는 폴이 없으면 질 좋은 텐트를 만들 수 없다는 말이다. 이런 독보적인 기술력과 경쟁력을 가진 기업을 '강소기업' 또는 '히든 챔피언'이라고 부른다. 이는 끝없는 혁신과 도전과 실험정신을 바탕으로 성장을 거듭하는 기업을 가리킨다. DAC는 여기에 더해 예술적 감성과 소박한 인성 그리고 이타적 심성까지 두루 갖춘 공동체라는 느낌이 들었다.

지인의 설명을 들으며 회사에 대한 궁금증이 하나씩 풀려나갔다. 그런데 이상하게도 호기심은 점점 더 커져만 갔다. 점심때가 되어 본관 2층에 있는 식당에서 밥을 먹었다. 한쪽 벽에는 그림이 걸려 있고 다른 쪽 벽에는 창이 나 있었다. 창을 바라보며 점심을 먹었다. 창밖으로 무성한 대나무가 바람에 흔들렸다. 푸르디푸른 대나무 줄기가 한여름 땡볕을 받아 눈부시게 빛을 발했다. 소쇄원에서 본 대나무가 떠올랐다. 문득 DAC가 소쇄원 같다는 생각이 엄습했다.

　나오다 보니 입구에 큰 액자 하나가 걸려 있었다. '독립선언서'였다. "吾等은 玆에 我朝鮮의 獨立國임과 朝鮮人의 自主民임을 宣言하노라"로 시작되는 1919년 3월 1일에 선포된 기미독립선언서 전문이었다. 사원들은 물론 손님들도 드나드는 식당 입구에 왜 독립선언서를 붙여놓은 것일까? 본관 아래 자리한 대나무숲에서 커피 한 잔을 마시는 동안 여러 가지 생각이 뇌리를 스치고 지나갔다. 순간 번뜩이는 물체가 눈에 띄었다. 자세히 들여다보았다. 알루미늄 원형 파이프였다. 은빛으로 반짝이는 알루미늄이 보석 같았다. 대나무처럼 강하지만 빛나는 존재. 눈을 감았다. 여기가 담양 소쇄원인지 인천 DAC 공장인지 구분이 되지 않았다. 사방이 고요했다.

　지인의 말로는 제품의 90퍼센트 이상을 외국에 수출하는데, 이미 내년 물량까지 수주를 완료해 더 주문을 받아도 내년 이후에나 납품할 수 있는 상황이라고 했다. 경기 불황으로 많은 중소기업이 문을 닫을 정도로 어려움을 겪고 있는 이때 DAC는 주문이 폭주해 공급을 맞출 수 없을 만큼 호황을 누리고 있다는 것이다. 그런데도 회사를 이끌어가는 CEO는 돈 버는 일보다 각당복지재단을 통해 사랑의 사회 공동체를 만들어가는 일과 죽음을 잘 준비해서 개인의 행복과 사회의 윤리를 한층 높여가는 일 그리고 한국자원봉사협의회를 통해 자원봉사 정신을 제대로 뿌리내림으로써 건강한 시민사회를 세워가는 데 더 큰 관심을 두고 있었다.

　"가장 소중한 자원 중 하나는 직원들 사이의 신뢰입니다. 우리 회사에는 30년 가까이 일하신 구내식당 직원이 있습니다. 저를 보면 그분도 고마워하지만, 그분을 보면서 저도 정말 고맙습니다. 그분을 대체할 수 있는 사람은 없습니다. 이렇게 마음이 모여 만든 힘은 숫자로 보이지 않지만, 어디에도 견줄 수 없을 만큼 큽니다."

창업자인 라제건 회장이 한 언론사와 인터뷰하면서 했던 말이다.

다른 신문사 기자와의 대담에서는 이런 말도 했다.

"내가 몸을 담고 있는 사회에 이바지하려는 자원봉사 운동이 더 확산해야 합니다. 자원봉사 정신이 뿌리박혀야 제대로 된 사회가 된다는 이야기입니다. 저는 30년 넘게 사업을 했고 나름 성공도 했습니다. 하지만 그냥 장사꾼이 아니라 국가와 사회의 미래를 생각한 기업인으로 남고 싶습니다. 우리나라가 품격을 갖추는 데 도움이 됐으면 좋겠습니다. 그래서 자원봉사와 사회공헌 활동을 벌이고 있는 겁니다."

나는 알고 싶었다. 오랫동안 세계 최고를 유지하고 있는 이 회사의 성장 동력을 듣고 싶었다. 이런 조직을 만들고 이끌어온 라제건 회장의 진솔한 목소리를 듣고 싶었다. 전 세계 아웃도어 업계에서 레전드로 불리는 텐트 마스터, 라제건 회장이 이야기하는 기업의 가치와 철학이 도대체 무엇인지 알고 싶었다. 라제건 회장을 만나게 해달라고 지인을 졸랐다. 어렵사리 이루어진 첫 만남에서 책을 쓰게 해달라고 요청했다. 예상대로 그는 손사래를 쳤다. 책을 낼 만한 이야기가 되겠는가, 괜스레 요란 떨며 자랑하는 것 같다, 지금껏 조용히 내 할 일만 하며 살아왔을 뿐이다, 이런 이유에서였다. 이후 여러 차례 이메일을 보내고 휴대전화로 메시지를 전한 끝에 어렵사리 허락을 받았다. 과장하거나 미화하는 일 없이 진솔하게 있는 그대로를 담아냈으면 좋겠다는 단서 겸 부탁과 함께.

얼마 뒤 취재에 열중하고 있을 무렵 지인으로부터 문자메시지 하나를 받았다. 라제건 회장의 어머니께서 만 103세를 일기로 소천하셨다는 소식이었다. 2021년 8월 30일 오후였다. 이튿날 오후 차를 몰고 장례식장인 연세대 세브란스병원으로 향했다. 고속도로에서 비가 내리기 시작하더니 점점 빗줄기가 거세졌다. 도착할 때쯤은 폭우로 변해 있었다. 악천후 속에서도 장례식장은 조문객들로 북적였다.

　"동해 물과 백두산이 마르고 닳도록 하느님이 보우하사 우리나라 만세……."

　애국가였다. 빈소에서 들려오는 노랫소리였다. 백발의 노인들이 영정 앞에서 애국가를 합창 중이었다. 전율이 느껴졌다. 경기고등학교 합창단 출신들이라고 했다. 라제건 회장의 어머니인 김옥라 선생의 굴곡진 삶 자체가 조국과 국민을 위한 것이었음을 이 한 장면을 통해 실감할 수 있었다. 노래가 끝나고 제자리로 돌아왔지만, 남은 밥을 먹을 수 없을 만큼 가슴이 먹먹했다.

　"거인이셨던 어머니가 남긴 뜻을 잘 계승해 나가야 할 텐데……."

　라제건 회장은 말을 잇지 못하고 눈시울을 붉혔다. 백수를 훨씬 넘게 장수한 어머니의 호상 앞에서도 백발의 아들은 슬픔을 이기지 못했다. 삶의 나침반과도 같았던 시대의 선각자를 잃은 후인의 비통함이기도 했을 것이다. 그의 영면은 한국 여성운동과 사회공헌 분야에 또 한 세기가 저물고 있음을 상징하는 것이기도 했다.

　"책을 잘 만들어야 할 것 같습니다. 어머니가 돌아가시니 그런 생각이 드네요."

　나는 라제건 회장의 두 손을 꼭 잡았다. 그러겠다는 무언의 약속인 셈이었다. 살다 보면 우연이 필연이 되는 일이 있다. DAC를 방문한 것도 우연이었고, DAC와 라제건 회장 그리고 그의 동료들을 만나며 자꾸만 책을 쓰고 싶다는 생각이 든 것도 우연이었다. 이런 우연들이 모여 글을 쓰기 시작했지만, 깊이 들어갈수록 일종의 부담이 생겨났다. 여느 때와 달리 어떤 책임감 같은 것이 솟아나게 된 것이다.

한번 글을 쓰게 되면 쫓기듯 서두르는 기질이었는데, 이번에는 그러지 않기로 했다. 여유를 가지고 안단테로 가고 싶었다. 안단테 칸타빌레라면 더 좋을 것 같았다. 눈을 감고 DAC로 들어서던 첫 장면을 떠올렸다. 어디선가 대숲에서 불어오는 듯 시원한 바람이 불었다. 불현듯 공장 본관 로비에 걸린 글귀 하나가 생각났다.

"보이지 않는 것이 더 아름답다."

2022년 뜨거운 여름을 기대하며
송정숲에서 유승준

Contents

프롤로그 | 대나무 숲에서 만난 DAC, 그리고 마스터 라제건 · 5

Part 1 나를 놀라게 한 여덟 가지 장면

:: 루브르 박물관 앞뜰을 뒤덮은 1000개의 의자 · 19
:: 박영석 대장이 북극점에서 펼쳐 든 DAC 깃발 · 24
:: 전 세계 텐트 폴 시장을 석권한 히든 챔피언 · 30
:: 동아알루미늄? DAC? 아, 헬리녹스! · 35
:: 거대한 정원이 된 공장 · 43
:: 바이올린과 가야금 선율이 울려 퍼지는 로비 · 48
:: 보 힐레베르그와의 20년 우정 · 54
:: DAC에 장기근속 직원이 많은 까닭 · 60

Part 2 마스터를 만든 결정적 순간들

:: 꽃이 향기로우면 벌과 나비가 찾아든다 · 69
:: 3년간의 개발 끝에 탄생한 DA17 · 73
:: 패더라이트, 백패킹 시장의 판도를 바꾸다 · 78

:: 시속 162킬로미터 바람을 일으키는 세계 유일의 풍동실험실 · 81

:: 반입식 캠핑 문화를 선도한 헬리녹스 체어원 · 86

:: 건물에 기둥이 있듯 텐트에는 폴이 있다 · 92

:: 세상에 없던 제품만을 내놓는다 · 99

:: ESG 경영을 선도입하다 · 105

Part 3 조금 다른 생각이 특별한 결과를 만든다

:: 바이어가 찾아오는 회사 · 113

:: 실패가 거듭될수록 성공은 가까워진다 · 120

:: 상대방 입장을 읽어내라 · 127

:: 누구를 위한 회사인가, 무엇을 위한 회사인가? · 132

:: 좋은 사람이 곧 좋은 회사다 · 140

:: 최고의 자산은 무엇인가 · 147

:: 직장 동료란 한솥밥을 먹는 식구다 · 151

:: 매출 목표가 없어도 성장을 멈추지 않는 회사 · 156

:: 텐트는 어떻게 만들어지는가 · 161

:: 남들이 가지 않을 길을 찾는다 · 165

Part 4 스스로 브랜드가 된 전설의 텐트 마스터

: : 전설적인 텐트 디자이너, Jake Lah · 175
: : 미국인과 같은 눈높이로 살고 싶었던 아이 · 181
: : 이기와 이타의 경계에서 · 186
: : 두 번이나 낙방한 중학교 입시 · 192
: : 무엇이 나를 행복하게 해줄 수 있을까? · 198
: : 사학과에 진학한 이유 · 203
: : 국악과의 인연, 가야금 명인 강문득 · 208
: : 미시간대학교 MBA와 Jake's Class · 214
: : 저 사람이라면 정말 좋겠다 · 221
: : 저는 역원정 출산으로 태어났습니다 · 227

Part 5 기업이 곧, 미래다

: : 무역으로 이루고 싶었던 아버지의 꿈 · 237
: : 사람에 대한 지극한 사랑 · 244
: : 황금 보기를 돌같이 · 251

:: 한국 걸스카우트 운동 · 258

:: 세계기구 회장에 선출된 최초의 한국 여성 · 265

:: 세계를 품다 · 271

:: 참전하려고 왔습니다 · 277

:: 아무도 가지 않은 길을 걷는 설렘과 두려움 · 281

Part 6 영리와 비영리의 아름다운 랑데부

:: 통제력과 영향력이 곧 힘이다 · 291

:: 나눔 속에 진정한 행복이 있다 · 298

:: 자원봉사는 나 자신이 행복해지는 길 · 305

:: 쌀독을 채우는 일과 쌀독의 쌀을 나누는 일 · 312

:: 죽음을 어떻게 받아들일 것인가? · 319

:: 삶을 성찰하고 각성한다는 것 · 326

:: 멀리 가려면 함께 가야 한다 · 332

에필로그 | 나로 인해 누군가 편안히 숨 쉴 수 있다면 · 339

Part 1

나를 놀라게 한 여덟 가지 장면

Chapter 1

루브르 박물관 앞뜰을 뒤덮은 1000개의 의자

1990년대 초 처음으로 프랑스 파리를 여행한 적이 있다. 책에서나 보던 에펠 탑을 가까이서 보고 미라보 다리를 건너며 센강의 물줄기를 확인한 뒤에야 내가 비로소 파리 한복판에 서 있다는 걸 실감했다. 기욤 아폴리네르의 시처럼 미라보 다리 아래 센강은 흘렀지만, 사랑이 흐르는지 슬픔이 흐르는지는 확인할 길이 없었다.

생애 첫 파리 방문에서 전율을 느낀 건 루브르 박물관 앞에서였다. 그 웅장한 위용에 압도된 것이다. 건물 안에 전시된 수많은 고대 유물과 조각, 회화 등 예술 작품들을 둘러보는 동안에는 경이로움에 취해 다리 아픈 줄도 모른 채 종종걸음으로 옮겨 다녔다. 봐야 할 것은 많고 시간은 없어 애태우던 기억이 아직도 생생하다.

프랑스 혁명 1주년인 1793년에 설립된 루브르 박물관이 지금의 모습을 갖추게 된 것은 1874년부터다. 루브르에는 전 세계 미술품과 희귀 유물 약 38만 점이 소장되어 있으며, 그중 약 3만 5000점이 상설 전시되고 있다. 레오나르도 다 빈치의 '모나리자'를 비롯해 벨라스케스, 티치아노, 카라바조, 렘브란트 등 이름만 들어도 가슴 설레는 유명 화가들의 작품이 곳곳에 즐비하다. 전체를 꼼꼼히 다 돌아보려면 일주일도 부족할 수밖에 없다.

1989년 박물관 광장 중앙에 거대한 유리 피라미드 건축물이 세워졌다. 프랑스 혁명의 시작점이 된 바스티유 감옥 습격 사건 200주년을 기념해서 중국계 미국인 모더니즘 건축가인 이오밍페이가 설계해 만들어진 '루브르 피라미드'가 그것이다. 이로써 'ㄷ' 자 형태의 근엄한 박물관 건물이 투명한 유리 피라미드를 보석처럼 품고 있는 현재의 모양새가 갖춰졌다. 건축 당시에는 거센 반대에 부닥쳤지만, 지금은 루브르 박물관의 상징으로 당당히 자리하고 있다. 전통을 의미하는 구 건축물과 미래를 떠올리는 신 건축물이 잘 조화된 덕분이다.

2019년 여름, 루브르 박물관 광장 루브르 피라미드 주변이 헬리녹스 의자로 가득 채워진 일대 사건이 벌어졌다. 루브르 피라미드 설립 30주년을 기념해 7월 19일부터 26일까지 '시네마 파라디소 루브르'라는 이름의 행사가 펼쳐졌는데, 여기에 헬리녹스가 초대되어 의자 1000개를 광장에 펼쳐놓은 것이다. 행사 기간에는 19세기부터 전 세계적으로 많은 사랑을 받았던 영화 8편이 선정되어 하루에 한 편씩 상영되었다. 이 기간에 루브르 박물관을 찾은 수많은 사람이 헬리녹스 의자에 편히 앉아 영화를 관람하면서 추억을 만들었다. 문화예술에 관한 한 세계 최고라는 자부심을 품고 있는 프랑스에서 자신들의 심장으로 일컬어지는 루브르 박물관 주요 행사에 한국의 헬리녹스 제품을 설치했다는 건 대단히 의미 있는 일이 아닐 수 없다.

그해 여름 파리의 하늘은 더없이 푸르렀다. 웅장하면서 고풍스러운 건물 외벽으로 둘러싸인 루브르 광장에 마치 새가 날갯짓하며 내려앉은 듯 세련된 디자인의 의자 1000개가 오와 열을 맞춰 가지런히 놓여 있는 장면은 가히 장관이었다. 그 자체로 루브르와 어우러지는 하나의 작품이라 할 만했다. 청명한 하늘에서 내려다보면 역사라는 이름의 딱딱한 돌바닥 위에 휴식이라는 이름의 유연한 첨단 의자가 놓인 모습이 더없이 잘 어울렸다. 광장 가운데는 대형 스크린과 음향 장비가 설치되었다. 매일 노을이 질 무렵이면 사람들은 삼삼오오 광장으로 모여 춤도 추고 커피도 마시다가 시간이 되면 하나둘 의자에 앉아 스크린으로 명화를 감상했다. 영화를 감상하는 내내 아마 이들은 의자가 전해 주는 편안함과 안락함에 만족스러웠을 것이다.

광장에 설치된 의자는 '체어원 라지'였다. 높이는 75센티미터에 너비는 58센티미터, 바닥에서 좌면까지의 높이가 37센티미터인 자그마한 의자다. 무게는 0.98킬로그램으로 채 1킬로그램도 되지 않는다. 하지만 145킬로그램의 거구가 앉아도 충분히 견딜 수 있을 만큼 튼튼하다. DAC 폴로 만들어졌기 때문이다. 아마 행사 기간 중 영화를 보기 위해 광장을 찾은 사람 가운데 정크 푸드로 단련된 거구의 서양인이 있었다면 이런 생각을 했을지도 모른다. '아니, 이런 작은 의자를 앉으라고 갖다 놓은 거야? 어린이용 의자인가? 앉으면 대번 부서져 버릴 것 같은데…….' 그러나 행사가 끝날 때까지 체중에 눌려 부서진 의자는 단 한 개도 없었다.

한여름에 진행된 행사였기에 통기성이 좋게 화이트 메시 소재로 제작된 체어원 라지는 야외라는 특성과 파리의 기후를 고려해 혹시 비가 오더라도 영화 관람에 지장이 없도록 적절한 소재로 만들어졌다. 만드는 사람 입장보다 소비자를 먼저 생각하는 헬리녹스의 철학이 어김없이 반영된 것이다. 관객들이 좌석을 찾아 앉기 쉽게 의자 밑에는 알파벳과 숫자가 또렷하게 적힌 작은 천까지 매달아 두었다.

루브르 박물관에서 개최한 루브르 피라미드 설립 30주년 행사에 헬리녹스 의자가 설치되었다는 뉴스가 전해지면서 회사에는 그 의자를 구입하고 싶다는 문의가 쇄도했다. 이에 행사가 끝난 뒤 광장에 설치했던 의자를 모두 수거해 'Helinox Louvre Chair One L'이라는 이름으로 특별 케이스까지 제작해 오프라인 매장과 홈페이지를 통해 국내외에 한정 판매했다. 물론 의자는 깨끗이 세척하고 출시될 때처럼 말끔히 정비한 것이었다. 판매를 시작한 뒤 얼마 지나지 않아 의자는 완전히 소진되었다. 루브르 행사에 참여했던 사람들은 헬리녹스 체어원 라지를 소장해 그날의 추억을 두고두고 되새기고 싶었을 것이고, 참여하지 못한 채 뉴스만 접했던 사람들은 의자에 앉아 루브르 박물관 광장에 앉아 있는 듯한 대리만족을 느끼고 싶었을 것이다. 의자는 기능이 최우선이지만, 이처럼 아름다운 추억까지도 공유하는 물건이다.

다시 꼭 파리에 가고 싶다. 2019년 여름, 땅거미가 지면 루브르 광장에서 반짝반짝 빛을 발하던 1000개의 다이아몬드를 머릿속으로 그려보고 싶다. 그날의 벅찬 감격을 재생해보고 싶다.

박영석 대장이
북극점에서 펼쳐 든
DAC 깃발

 기껏해야 도봉산이나 북한산 정도를 올랐을 뿐이고, 가장 높은 산이라고는 한라산에 두 번 오른 게 전부인 나로서는 산소통을 멘 채 8000미터급 고봉을 오르는 전문 산악인들의 강철 같은 체력과 투지를 감히 상상할 수조차 없다. 보통 사람들이 이들을 존경과 경외의 눈으로 바라보는 건 한계에 도전하는 초인적 의지 때문이다.

 박영석. 산에 별 관심이 없는 사람도 이 이름 석 자는 알 것이다. 산악인이자 탐험가인 그는 한국인 최초로 히말라야 8000미터급 거봉

14좌를 등반했으며, 이에 더해 남극점과 북극점까지 등반에 성공함으로써 지구에 있는 세 극점과 7대륙 최고봉을 모두 등반한 세계 최초의 산악 그랜드 슬램을 달성한 인물이다. 이 기록은 기네스북에 등재되기도 했다. 그가 세운 갖가지 등반 기록은 일일이 열거하기도 힘들 정도다. 1989년 네팔의 랑탕리룽에 도전해 최연소 원정대장으로 동계 기간 세계 최초 등반 기록을 남겼고, 1993년 국내 최초로 히말라야 에베레스트산을 산소통을 메지 않은 채 등반했으며, 그해 1년간 히말라야산맥 8000미터급 여섯 개 봉우리를 세계 최초로 등정하기도 했다. 가히 무쇠 같은 사나이라고 하지 않을 수 없다.

한국을 대표하는 산악 영웅인 그가 어느 날 갑자기 인천 DAC를 찾아왔다. 알고 보니 DAC의 최준석 상무와 형제처럼 가까운 사이였다. 이런 인연으로 낯설지 않게 DAC를 찾은 박영석 대장을 만난 라제건 회장은 초면임에도 많은 이야기를 나누었다. 라제건 회장은 박영석 대장이 등반할 때 꼭 필요한 텐트를 만들어주고 싶었다.

"저, 혹시…… 회사 로고를 하나 얻을 수 있을까요?"

박영석 대장은 뜻밖에도 DAC 로고 파일을 달라고 부탁했다.

이렇게 얻어간 DAC 로고를 가지고 그는 깃발을 만들었다. 회사 이름과 로고가 선명하게 새겨진 커다란 깃발이었다. DAC가 만들어준 게 아니라 자기가 직접 만들었다. 그는 중요한 등반 때마다 이 깃발을 가지고 가서 정상에 두고 사진을 찍었다.

"산악인들 사이에서 DAC 폴은 대단히 유명합니다. 이 폴대로 만든 텐트는 참 가볍고 조립이 쉬우면서도 아주 견고해요. 어지간한 바람에는 끄떡도 하지 않고요. 저는 당연히 외국 제품이라고 생각했어요. 그런데 한국에서 만든 거라고 하더라고요. 정말 깜짝 놀랐습니다. 아, 이런 제품을 한국인들이 만드는구나. 자랑스러웠죠. 제가 뭐 할 수 있는 일이 없을까 생각했어요. 깃발을 만들어서 갖고 다니며 정상에 설 때마다 옆에 두고 사진을 찍으면 자연스레 DAC가 알려질 테니까 그렇게 하면 되겠구나 싶었습니다."

실제로 그는 세계 최초로 그랜드 슬램을 달성하는 마지막 관문인 북극점을 탐험할 때 DAC 깃발을 가지고 가서 펼쳐 들고 사진을 찍었다. 그런 다음 돌아와서는 그 사진을 인화해서 DAC를 방문했다. 세계적 유명인사가 돈 한 푼 받지 않고 자진해서 홍보대사 역할을 해준 것이다. DAC로서는 이보다 더 고맙고 감격스러운 일이 어디 있겠는가?

박영석 대장에게 영광스러운 기록만 있는 건 아니다. 수많은 고난과 좌절이 있었다. 1991년 에베레스트 남서벽 루트에 도전했으나 해발 7000미터 지점에서 추락해 이틀 동안이나 의식을 잃는 사고를 당하기도 했고, 1993년 에베레스트 등반 때는 후배 대원 두 명을 잃는 아픔을 겪었으며, 1996년과 2007년에는 함께 떠난 셰르파와 동료들을 먼저 떠나보내는 슬픔을 당하기도 했다. 그러나 그는 결코 도전을 중단하지 않았다. 그리고 시련은 그에게도 찾아왔다. 2011년 10월 18일 박영석 원정대는 히말라야 안나푸르나 남벽에 새로운 루트를 개척하기 위해 등반을 시작했다. 안나푸르나 남벽은 에베레스트 남서벽, 로체산 남벽과 함께 세계 3대 난벽으로 꼽히는 루트였다. 어렵사리 등반을 이어가던 중 6500미터 지점에서 갑작스레 통신이 끊어져

버렸다. 눈사태에 휘말려 실종된 것이다. 대대적인 수색에도 불구하고 박영석 원정대의 자취를 찾을 수 없었다. 애타게 기다리던 수색대와 유족은 10월 30일 안나푸르나의 베이스캠프에서 위령제를 올렸다. 태산 같았던 위대한 산 사나이가 고향처럼 여긴 히말라야에 묻힌 것이다. 당시 그의 나이 마흔일곱 살이었다.

한국 철도의 역사이자 교통과 교류의 관문이었던 서울역에 새 역사가 지어지면서 오랜 역사를 간직한 구 역사가 원형 복원 작업을 거친 끝에 2011년부터 '문화역서울284'라는 이름의 복합문화공간으로 재탄생했다. 1922년부터 3년 동안의 공사를 거쳐 르네상스식 건축물로 완공된 서울역 구 역사가 시대 변화에 맞게 문화예술의 창작과 교류가 이루어지는 플랫폼 역할을 하게 된 것이다. 2013년 4월 이곳에서는 색다른 전시회가 열렸다. '여가의 새 발견'이라는 주제로 여행과 휴식에 관한 전시가 기획된 것이다. 여기에 DAC가 소장하고 있던 텐트들도 여러 점 전시되었다.

전시장 한쪽에 DAC와 박영석 대장에 관한 이야기가 사진과 함께 붙어 있었다. 전시를 총괄하는 김노암 감독이 라제건 회장과 대화를 나누던 중 박영석 대장에 관한 이야기를 전해 듣고는 감동적인 일화라며 이를 정리해 사진과 함께 관객들에게 소개한 것이다. 전시장을 찾은 시민들은 뜻밖의 글을 읽고 사진을 보면서 유명을 달리한 박영석 대장의 따뜻한 인간미에 다시 한번 눈시울을 붉히기도 했다.

전시를 관람한 라제건 회장은 지금은 유튜브 채널까지 생긴 블로그 '헬리녹스 인사이더스'에 '아, 박영석 대장님…… 당신을 기억합니다'라는 제목의 글을 올렸다.

한쪽 벽에는 낯익은 분의 사진이 붙어 있습니다. 박 대장님이 그랜드 슬램을 달성하고 북극점 표시판 앞에서 찍은 사진입니다. 그 와중에 가지고 간 DAC 깃발을 꺼내어 'Korea 5820km'라는 표시가 선명한 북극점 표지 앞에서 사진을 찍어 가지고 오셨습니다.

그 처절한 탐험에서 나중에 무게를 줄이려 식량마저 버리는 상황에서도 식량 한 끼 분의 무게에 해당한다는 DAC 깃발을 끝까지 버리지 않으셨다는 이야기를 나중에 듣고 정말 가슴이 먹먹해졌습니다.

아버님이 돌아가셨다고 히말라야 베이스캠프에서 헬리콥터를 타고 귀국해서 빈소를 지키던 모습을 본 것이 마지막이 되고 말았습니다.

박영석 대장님은 진정으로 이 시대에 대한민국이 낳은 세계적인 영웅입니다. 그 영웅을 우리가 충분히 제대로 대접하지 못했기에 참 마음이 아립니다.

북극점에 서서 DAC 깃발을 펼쳐 든 박영석 대장의 표정은 숙연해 보였다. 살을 에는 듯한 모진 추위 속에서도 뭔가 장엄한 의식을 치르는 것 같은 모습이었다. 이제는 전설이 된 영원한 산악인 박영석.

그가 목숨을 건 등반 속에서도 DAC 깃발을 잊지 않고 챙겨 가 정상에 꽂아둔 것은 단지 DAC 폴이 세계 최고라서 그런 것이었다고만 설명하기에는 조금 부족한 면이 있다. 그가 온갖 고난 속에서도 불굴의 의지로 정상에 우뚝 섰듯, DAC 또한 아무도 관심을 두지 않고, 누구도 기대하지 않던 분야에서 끝없는 도전으로 정상에 우뚝 선 것에 대해 어떤 동질감이나 정체성을 공유했던 게 아닐까 하는 생각이 든다. 늘 최고는 최고를 알아보고, 고수는 고수를 인정하는 법이니까.

Chapter 3

전 세계 텐트 폴 시장을 석권한 히든 챔피언

　독일이 낳은 초일류 경영학자인 헤르만 지몬은 유럽의 피터 드러커라 불리는 경영학계의 석학이다. 전략, 마케팅, 가격 결정 분야의 최고 권위자인 그는 전 세계 고객을 대상으로 컨설팅 서비스를 제공하는 지몬-쿠허&파트너스의 설립자이기도 하다. 그는 이제 보편화된 '히든 챔피언'이라는 개념을 창시한 인물로도 유명하다.

　히든 챔피언(Hidden Champion)이란 대중에게 잘 알려지지는 않았지만, 각 분야에서 세계 시장을 지배하는 우량 기업을 가리키는 말이다. 그는 자신의 저서『히든 챔피언: 글로벌 원정대』에서 히든 챔피언의 조건을 다음 세 가지로 압축한다.

첫째, 세계 시장 톱 3 기업이거나 대륙 1위 기업
둘째, 매출액 50억 유로 이하
셋째, 낮은 인지도

첫 번째 조건은 탁월한 기술력과 경쟁력을 무기 삼아 세계 시장을 무대로 활동하는 기업을 의미하고, 두 번째 조건은 대기업이나 재벌이 아닌 순발력과 기동력을 갖춘 중소기업 또는 중견기업을 뜻한다. 물론 매출액 50억 유로는 어마어마한 규모다. 한화로 약 6조 8000억 원에 달한다. 우리나라에서는 이 정도면 대기업이라고 할 수 있으나 세계 시장을 기준으로 한다면 매머드급은 아닐 것이다. 다소 의아한 것은 세 번째 조건이다. 당연히 브랜드 인지도가 높아야 세계 시장을 장악하고 매출을 점점 끌어올릴 수 있는 것이 아닌가? 이에 대한 헤르만 지몬의 설명은 이렇다.

"해당 시장에서 전 세계적으로 혹은 유럽 전역에서 압도적인 시장 입지를 점유한 이런 기업들이 왜 그처럼 은밀하게 숨어 있을까? 그렇게 된 데에는 일련의 이유가 있다. 가장 흔한 이유는 히든 챔피언들의 제품이 좀처럼 소비자들의 눈에 띄지 않기 때문이다. 히든 챔피언들 가운데 다수가 완제품이나 최종 서비스 단계에서는 더는 식별이 불가능한 제품들, 즉 기계나 부속품, 소프트웨어 혹은 각종 공정을 제공한다. 그러니까 소위 정체성이나 고유한 특징을 통째로 잃어버리는 제품들을 제공하는 것이다. 이런 식으로 히든 챔피언들은 가치 창출 사슬의 '배후 지역'이나 '배후 부문'에서 활동을 펼친다."

히든 챔피언 가운데 상당수는 직접 소비자를 상대하지 않는 배후 지역이나 배후 부문에서 활동한다는 것이다. 그러니 소비자들이 이런 기업에 대해 인지하지 못하는 건 자명한 일이다. 세계 최고의 품질로 시장의 절대적 영역을 확보한 독보적 기업임에도 소비자들은 그런 기업이 어디에 있는지, 어느 나라 기업인지조차 알지 못한다. 이런 기업은 자신의 회사나 브랜드를 알리기 위해 별다른 노력도 하지 않는다. 가만히 앉아 있어도 자사 제품을 구매하기 위해 바이어들이 줄지어 찾아오는 까닭이다. 이런 과묵한 기업은 자신들이 공개적으로 드러나는 게 달갑지 않다. 널리 알려지는 것보다 널리 필요한 기업이 되는 것이 이들의 목표이기 때문이다. 마땅히 이런 기업에는 과도한 홍보비나 영업비 혹은 마케팅 비용 등이 들어가지 않는다.

그의 책을 읽다 보니 자꾸만 이런 생각이 들었다.

'그는 DAC를 알았을까?'

그가 설명하는 내용 상당 부분이 DAC의 모습과 일치했다. DAC가 혁신기업이고 강소기업인 것은 누구나 인정하는 바이지만, 세부적으로 자세히 살펴보면 마치 헤르만 지몬이 DAC가 히든 챔피언이라는 걸 알고 있었던 것처럼 느껴지는 것이다.

DAC 본관 입구에 이르는 벽면에는 여러 상패가 붙어 있다.

'KICOX 글로벌 선도 기업'

'중소벤처기업부 글로벌 강소기업'

'WORLD CLASS PRODUCT OF KOREA'

'서울중앙로타리클럽 산업포장수상'

알리고 싶지 않았지만, 남들이 먼저 알고 인정해준 징표들이다.

그러나 DAC의 실상을 들여다보면 더 놀라울 뿐이다. 이들이 세계 최고로 인정받은 건 벌써 20년 전 일이다. 20년 넘게 세계 1등 자리를 지키고 있다는 이야기다. 그냥 1등이 아니다. 전 세계 프리미엄 텐트 폴 시장의 90퍼센트 이상을 차지하고 있다. 난공불락의 원톱이다. 힐레베르그, 노스페이스, 마운틴 하드웨어, MSR, 몽벨, 빅 아그네스 등 세계적인 아웃도어 브랜드 텐트 10개 중 9개가 DAC의 텐트 폴을 쓴다는 의미다. 또한 DAC는 독보적 기술력을 바탕으로 전 세계에 걸쳐 180여 건이 넘는 특허를 보유 중이다. 자국 제품만 고집하는 세계 최강의 미국 육군도 DAC의 폴을 사용한다. 이 정도면 욕심을 부릴 만도 하다. 뽐을 내며 한번 으스댈 만도 하다.

"이곳은 세계 최고를 지향하며 불철주야 노력하는 동아 가족들의 생활공간입니다. 새로운 터전의 마련을 계기로 동아는 바람직한 중소기업의 모습을 구현하기 위하여 더욱 열심히 노력할 것입니다."

본관을 처음 지을 때 만들어둔 정초석에 새겨진 문구다. 욕심이나 으스댐이라고는 찾아볼 수가 없다. 남들이 따라올 수 없는 기술력으로 세계 최고가 되는 것이 목표이지 돈을 많이 벌고 덩치를 키워 대기업이나 재벌이 되는 게 목표가 아니라는 선언이다. 중소기업으로 남는 것, 그것도 바람직한 중소기업이 되는 것이 목표다.

기업은 이윤 획득을 목적으로 하는 조직이고, 회사는 성장을 목표로 해야 하며, CEO는 돈 버는 일에 남다른 감각을 가진 사람이어야 한다고 알고 있는 나로서는 DAC의 문화와 DAC를 이끌어가는 라제건 회장의 철학을 선뜻 이해하기 어려웠다.

"세계 최고가 되고 싶은 마음에 공장을 차렸습니다. 세계 최고 수준에 이르게 되면 무시당하지 않을 수 있다고 생각했죠. 그런데 막상 세계 최고라는 말을 듣게 되니 세계 최고는 더 이상 목표가 될 수 없었습니다. 아웃도어 업계에서 다수의 사람을 만나게 되면서 세상을 살아가는 많은 사람에게 도움을 주며 살고 싶어졌어요. 열심히 노력하다 보면 결과적으로 돈도 따라오게 되는 것 아니겠어요? 중소기업을 하고 싶은 것은 회사가 커지다 보면 회사를 끌고 가는 게 아니라 회사를 위해 끌려가게 되지 않을까 하는 걱정이 있기 때문입니다. 무엇을 위해 회사를 운영할 것인가에 대한 목표를 잃고 회사의 생존 자체가 목표가 되어버리는 것이 두렵습니다."

궁금함을 참다못해 어렵사리 던진 질문에 라제건 회장은 웃으면서 대답했다. 헤르만 지몬이 DAC를 알게 된다면 그의 책 개정판에 새로운 내용이 많이 추가될 것 같다는 생각이 들었다.

Chapter 4

동아알루미늄? DAC?
아, 헬리녹스!

헤르만 지몬의 정의에 따르면 DAC는 히든 챔피언이 분명하다. 그러나 DAC와 별개 회사이면서도 또 하나의 축이라고 할 수 있는 헬리녹스는 히든 챔피언이 아니다. 너무 잘 알려진 기업이기에 '페이머스 챔피언(Famous Champion)'이라고 불러야 옳을 것이다. 아웃도어 분야에서 세계 시장을 지배할 정도의 경쟁력을 갖췄지만, 직접 소비자들을 대상으로 완제품을 판매하기에 브랜드 인지도가 매우 높은 기업이다. 가치 창출 사슬의 전면이나 마지막 단계에서 활동을 펼치는 회사를 가리킨다.

히든 챔피언인 동아알루미늄은 나 또한 지인을 만나러 회사를 방문해 둘러보고 설명을 듣기 전까지는 이런 회사가 있는지조차 전혀 알지 못했다. 존재 자체를 몰랐으니 이 회사의 장점이나 가치는 당연히 알 수가 없었다. 어떤 제품을 만드는지, 그 제품이 어디에 쓰이는지, 구매는 어디에서 하는지도 몰랐다. 하지만 헬리녹스는 그렇지 않았다. 아웃도어 분야에 조금이라도 관심을 가진 사람이라면 대부분 브랜드에 관해 알고 있었고, 그중 상당수는 매우 구체적인 부분까지 잘 알고 있었다.

"혹시 동아알루미늄이라는 회사를 아시나요?"

"네? 알루미늄을 만드는 회사인가요? 처음 듣는데요?"

"그러면 DAC라고 들어보신 적 있나요?"

"DAC요? 가수 이름 같기도 한데…… IT 기업인가요?"

글을 쓰면서 사람을 만날 때마다 물어보면 대개 이런 식의 답변이 돌아왔다.

그런데 헬리녹스는 달랐다.

"혹시 헬리녹스라는 회사를 아시나요?"

"아, 헬리녹스? 캠핑용 의자와 텐트 등을 만드는 회사 말이죠?"

"네, 맞아요. 잘 아시네요?"

"그럼요. 얼마나 유명한 브랜드인데…… 저도 그 브랜드 제품 갖고 있어요."

보통 이런 반응이 돌아왔다. 이게 히든 챔피언과 페이머스 챔피언의 차이였다.

DAC는 소비자들이 직접 구매하는 완제품을 만드는 회사가 아니다. DAC의 폴은 세계 최고지만, 소비자들은 이 폴을 사용해서 만들어진 유명 텐트 메이커와 아웃도어 브랜드 로고가 새겨진 제품을 구매한다. 따라서 유명 텐트 메이커와 아웃도어 브랜드는 알아도 그 제품에 가장 중요한 핵심 부품을 만드는 DAC의 존재는 잘 알지 못한다.

라제건 회장이 오랫동안 세계 최고의 자리를 지켜왔으면서도 가장 안타깝게 생각하고 있던 게 이것이었다. 그래서 그는 오래전부터 새로운 브랜드를 구상하고 있었다. 그러다가 꺼낸 비장의 카드가 바로 헬리녹스다. 아무리 세계 최고의 품질을 자랑하는 제품이라도 완제품의 일개 부품에 머무는 존재로는 한계가 있다는 걸 절감하고 소비자들과 직접 눈을 맞출 수 있는 자체 완제품 브랜드를 만들기로 한 것이다. 2009년의 일이다. 그의 판단은 적중했고 헬리녹스는 그야말로 대박이 났다.

처음에는 등산할 때 쓰는 스틱을 만들었고 이어서 캠핑용 퍼니처와 액세서리들을 출시했다. 휴대하기 간편하고 조립이 쉬우며 튼튼하고 아름다운 제품들이었다. DAC 폴을 사용했으니 고강도와 초경량은 말할 것도 없었다. 가까운 곳으로 나들이하거나 가족끼리 모임을 가질 때는 물론 멀리 여행을 떠날 때도 안성맞춤이었다. 시장의 반응은 뜨거웠고 헬리녹스의 성장세는 무서웠다. 헬리녹스는 2013년 별도 법인을 설립하고 DAC로부터 분사했다. 이후로도 헬리녹스는 여행과 레저 문화에 익숙한 젊은 세대를 겨냥해 전혀 새로운 방식으로 아이디어를 창출하고 기발한 디자인을 만들어내며 생각지도 못한 방향으로 마케팅을 시도해나갔다. 지금은 DAC보다 헬리녹스의 매출이 훨씬 크다.

헬리녹스라는 배를 출범시킨 건 라제건 회장이었으나 지금껏 헬리녹스를 이끌어온 선장은 아들인 라영환 대표다. 시작은 우연일 수 있지만, 성장과 결실에는 많은 피와 땀이 필요하다는 차원에서 보면 라영환 대표의 역량 또한 아버지 못지않다.

"저는 설계하고 개발하고 뭔가를 만들어내는 데는 나름의 안목과 실력을 갖췄다고 자평할 수 있어요. 하지만 경영 능력이라는 측면에서 보자면 좀 갸우뚱하게 되죠. 저는 경영을 잘하는 사람이 아니라고 생각해요. 하지만 아들은 다르더라고요. 경영 능력이 있어요. 깜짝 놀랄 때가 한두 번이 아니었죠. 저보다 훨씬 나아요."

라영환 대표의 생각은 어떨까?

"저는 아버지랑 성격이 좀 다릅니다. 그렇지만 아버지께 많이 배웠어요. 그래서 회사가 무엇을 하는 곳인지 알게 되었죠. 구체적 방법보다는 큰 틀에서의 철학을 많이 배웠던 것 같아요. 아버지는 회사는 부가가치를 만들어내는 곳이라고 생각하세요. 단순히 돈을 벌기 위해 일하는 게 회사가 아니라는 거죠. 부가가치를 만들기 위해 최선을 다해 일하다 보면 돈은 그 결과로 따라오는 거예요. 이것이 아버지의 중요한 철학 중 하나입니다. 저에게도 큰 영향을 미쳤죠. 제가 고민하는 지점도 바로 그겁니다. 어떻게 하면 더 나은 부가가치를 만들어 낼 수 있을까 하는 거죠."

라영환 대표는 2008년 말 공익근무요원으로 군 복무를 끝낸 뒤 미국에 가서 좀 쉬다 올 생각이었다. 그때 아버지가 회사 사정이 여의치 않다며 일을 좀 도와줬으면 좋겠다는 제안을 했다. 당시 리먼 사태

(2008년 9월 15일 미국의 투자은행 리먼브러더스의 파산으로 시작된 글로벌 금융 위기)로 한국 기업들이 큰 어려움을 겪고 있었는데, DAC 역시 환차손으로 큰 손실을 보고 있었다. 라영환 대표가 처음 한 일은 막 개발된 트레킹 폴을 판매하는 일이었다.

20년 가까이 노력해서 완성한 획기적인 트레킹 폴은 기본형을 제안하면 바이어들이 자신들의 요구사항에 따라 사양을 조절할 수 있는 텐트와 달리 색상 이외에는 최적화되어 있는 사양을 조절할 수 있는 제품이 아니었다. 라제건 회장은 아들과 몇 달을 두고 숙고하여 결론 내렸다. 어차피 여러 바이어에게 제안할 수 있는 것이 아니라면 이제는 우리의 브랜드를 시작할 때가 되었다고. 브랜드 이름은 라제건 회장이 천체망원경 자동마운트를 개발했을 때 사용하려고 고민 끝에 만들었던 헬리녹스를 사용하기로 했다. 유명한 디자인 회사에 브랜드 네이밍을 의뢰했지만, 마음에 들지 않아서 라제건 회장이 직접 만들어 낸 이름이었다. 다행히 'Helinox.com'을 도메인으로 등록할 수 있었다. 천체망원경 자동마운트를 포기하게 됨에 따라 도메인 이름만 소유하고 있던 터였다.

헬리녹스의 '헬리'는 그리스 신화에 나오는 태양의 신 '헬리오스(Helios)' 중 앞 두 글자를 따온 것이다. '녹스'는 그리스 신화에 나오는 밤의 여신 '녹스(Nox)'를 가리킨다. 그리스 신화에 등장하는 태양의 신과 밤의 여신을 조합한 말이다. 젊고 밝은 빛을 발하는 태양의 신 헬리오스와 대지를 품은 밤의 여신, 생산의 여신 녹스는 천체망원경보다는 지금의 헬리녹스와 DAC의 관계를 더 잘 설명하는 이름인 듯하다. 세상일이란 참 알 수가 없다.

그렇다면 헬리녹스 로고는 처음부터 다이아몬드 문양이었을까?

"브랜드는 아버지가 지어놓은 걸 사용했지만, 로고는 제가 만들었습니다. 2009년 12월이었죠. 다이아몬드처럼 보일 수 있으나 사실은 개기일식을 디자인한 거예요. 개기일식은 태양-달-지구 순서로 배열될 때 달이 태양을 완전히 가리는 현상이죠."

드물게 일어나는 일이지만, 엄연히 존재하는 우주의 신비로운 현상 가운데 하나인 개기일식이 헬리녹스 로고에 담긴 비밀이었다. 태양-달-지구가 일직선에 놓일 때처럼 멋지고 환상적인 세계를 만들어보고 싶다는 바람이 녹아 있는 로고라는 생각이 들었다. 그 어떤 빛나는 존재라도 높여 보거나 낮춰 봄 없이 같은 눈높이에서 바라보고 평등하게 대하겠다는 신념을 표현한 것일 수도 있다. 브랜드와 로고에 태양과 달이 등장하니 반짝반짝 빛나는 다이아몬드와 전혀 무관한 것 같지는 않았다. 나만 홀로 빛나는 게 아니라 다른 사람과 이웃과 세상을 빛나게 하는 존재라면 이보다 더 아름다운 존재가 어디 있을까? 부자가 꿈꾸는 기업이 이와 비슷한 것 같았다.

코로나바이러스 공포가 전 세계를 휩쓸면서 2020년 3월 세계보건기구(WHO)에서 코로나 팬데믹을 선언한 이후 세계 경기는 얼어붙고 여행을 비롯한 지역 간 이동은 전면 중지되다시피 했다. 소규모 여행사들은 견디다 못해 문을 닫았고 대형 여행사들도 규모를 줄인 채 명맥만 유지했다. 여행객들로 붐비던 공항은 손님보다 직원이 많을 정도로 한산해졌다. 이에 따라 사람들의 관심은 해외에서 국내로 급격히 이동했다. 사람들로 붐비지 않는 국토의 이곳저곳을 찾아다니며 캠핑과 레저를 즐기려는 사람들이 많아진 것이다. 캠핑카 혹은 스포츠 유틸리티 자동차, 즉 SUV를 몰고 다니면서 차박(車泊, 차에서 숙박하는 것을 일컫는 신조어)을 즐기는 젊은 층도 늘어났다. 캠핑 레저용품 수요가 폭발적으로 증가했다. 해외 각국 사정도 마찬가지였다. DAC에 주문이 폭주했고 헬리녹스 제품은 생산하기 무섭게 팔려나갔다.

지난 2019년 헬리녹스는 국내 사모투자펀드(PEF) 운용사인 스카이레이크로부터 300억 원을 투자받은 데 이어 2021년에는 같은 사모투자펀드 운용사인 IMM인베스트먼트로부터 400억 원을 더 투자받았다. 이들은 현재 헬리녹스의 3대, 2대 주주다. 헬리녹스는 이번 투자를 계기로 본격적인 세계 시장 진출을 모색하는 한편 2024년 이후 기업공개(IPO)를 추진한다는 계획이다. 이로써 헬리녹스는 약 2000억 원의 기업 가치를 인정받게 됐다. 최근 3년간 연평균 33퍼센트 이상의 무서운 성장세를 이어오고 있는 헬리녹스의 질주가 언제까지 계속될지 업계의 관심이 집중되고 있다.

헬리녹스의 성장 비결은 과연 무엇일까?

"글쎄요. 2년 전에 이런 고민을 해본 적이 있습니다. 회사의 주요 멤버들이 모여 이야기를 나눴어요. 헬리녹스 같은 브랜드를 또 하나 만들어보면 어떨까? 그러자 마케팅을 담당하는 친구가 피식 웃으면서 이렇게 말하더군요. 또 한다고 될 것 같아? 다들 그 친구 말에 공감했죠. 무슨 일이든 성공하려면 여러 조건이 다 맞아야 해요. 타이밍도 중요하고 사람들도 좋아야 하고 운도 맞아야죠. 아버지나 저나 임직원 누구 한 사람만의 힘으로는 안 됩니다. 헬리녹스에선 여러 사람이 진심으로 일했고 운도 좋았어요. 서로에게 감사할 일만 있는 거죠. 똑같은 걸 지금 만들면 될까? 쉽지 않을 겁니다. 타이밍과 운이 참 좋았다는 말씀밖에 드릴 수 없을 것 같네요."

라영환 대표의 표정은 의외로 덤덤했다. 최고의 자리에 오른 입지전적 인물이나 CEO를 여럿 만나봤지만, 성공 비결에 관해 물어보면 으레 대답은 이와 비슷했다.

아무것도 없는 데서 출발해 세계 최고라는 찬사를 받게 된 라제건 회장의 아들 라영환 대표에게는 어떤 자부심이 있을까? 경쟁 상대로부터 어떤 위기의식을 느끼고 있는 건 아닐까?

"헬리녹스의 경쟁 상대는 없습니다. 국내는 물론 전 세계에도 없죠. 노스페이스가 비슷하긴 하지만, 그 회사는 거대한 규모라 아웃도어 분야는 일부분일 뿐이에요."

망설임 없는 대답이었다. 그 아버지에 그 아들이었다.

Chapter 5

거대한 정원이 된 공장

어느 날 국내 굴지의 기업군을 경영하는 회장이 직접 임원들을 데리고 DAC를 찾았다. 사업 현안을 의논하기 위함이 아니었다. 워낙 공장이 아름답다고 소문이 나서 대체 어떤 공장인지, 어떻게 해놨기에 그토록 칭송이 자자한지 눈으로 확인하기 위해서였다.

"대단하네요."

"소문대로 아름답습니다. 어떻게 이럴 수가 있는지⋯⋯."

2013년 본관 건물이 인천시로부터 건축상을 받은 데 이어 2016년

인천시가 주최한 '인천에서 가장 아름다운 공장 어워드'에 선정된 이후 종종 벌어지는 일이다.

DAC 인천 공장은 하나의 거대한 정원이다.

본관 외관은 수직 정원(Vertical Garden)으로 불린다. 땅에 든든히 뿌리를 내리되 하늘을 향해 힘차게 웅비하는 기상이 담겨 있다. 2012년 건물을 신축하면서 김상균 조각가에게 의뢰해 탄생한 작품이다. 그는 도시 건축에 온기를 불어넣는 한국 현대 미술을 대표하는 조각가로 잘 알려져 있다. 작가는 2011년부터 건축사무소 온고당의 안우성 건축가와 함께 머리를 맞댄 끝에 건물에 정원 개념을 도입하기로 했다. 환경을 소중히 여기면서 자연 속의 생활을 추구하는 기업의 정체성을 구현하려는 생각에서였다. 인공과 자연의 조화를 지향하는 정원은 이렇게 만들어졌다.

외벽 중앙에는 사슴, 금강송, 소녀 세 개의 조형물이 들어서 있다. 건물 가장 높은 곳에 큼직한 뿔이 달린 사슴을 배치한 것이 의미심장하다. 사슴의 건장한 뿔이 알루미늄 폴을 연상시킨다. 사슴은 환경에 대한 적응성이 뛰어난 초식동물로 불로장생을 상징하는 열 가지 사물인 십장생에 속하기에 예로부터 각종 장식이나 무늬로 많이 쓰였다. 맑은 눈망울 때문에 연약해 보이지만, 의외로 강인한 기질을 가진 사슴은 고전 동화나 설화 속에서 인간을 돕는 착하고 의로운 동물로 등장한다.

옥상 주변에는 갖가지 나무가 자라고 있고, 그 아래 2층과 3층에 걸쳐 세 그루의 금강송 조형이 가지를 드리운 채 건물을 감싸고 있다. 상록 침엽수인 금강송은 시들지 않는 상승의 기운을 내뿜는다. 소나무는 우리 삶에 없어서는 안 될 요긴한 존재였다. 소나무가 없었다면 한옥 건축이 불가능했을 정도로 중요한 건축 자재이며, 솔방울은 기름을 많이 머금어 불쏘시개로 자주 쓰였고, 속껍질은 생식하거나 송기떡을 만들어 먹었으며, 솔잎은 갈아서 죽을 만들어 보릿고개를 버티는 데 쓰였다.

금강송 형상 옆 난간에는 오른쪽 다리를 구부린 채 오른손으로 턱을 괸 짧은 머리의 어여쁜 소녀가 함초롬히 앉아 있다. 눈이 내릴 때나 비가 올 때나 꽃이 필 때나 항상 같은 자세인 소녀는 무슨 생각이 그리 많은지 늘 사색에 잠긴 표정이다.

모가지가 길어서 슬픈 짐승이여
언제나 점잖은 편 말이 없구나

마치 노천명 시인의 시 '사슴'을 읊조리고 있는 듯하다.

본관과 맨 처음 지어진 공장인 1관 사이에는 조각 정원(Sculpture Garden)이 조성되어 있다. 소나무를 배경 삼아 파란 잔디 위에 세워진 여러 조각품을 감상하며 걷다 보면 여기가 공장인지 미술관인지 헷갈릴 정도다. 나는 특히 모성애를 강조한 작품이나 남녀 간의 사랑을 표현한 작품에 눈길이 갔다. 아이를 품에 안은 어머니의 표정과 자세는 언제나 넉넉하고 편안하다. 반면 남녀가 조화를 이룬 멋진 작품은 황홀하고 신비스럽지만, 어딘지 모르게 위태롭기도 하다. 정원에는 언제나 제 계절의 꽃들로 충만하고, 연못에는 현란한 색깔의 물고

기들이 자유로이 헤엄친다.

　본관 로비에서 3층까지는 나무 계단으로 연결되어 있다. 계단을 오르노라면 왼쪽 측면에 자그마한 조각품이 놓여 있는 걸 볼 수 있다. 첫 번째 조각은 반항적 기질의 청바지 차림 남자다. 왼손은 바지 주머니에 넣은 채 오른손을 허리춤에 걸치고 서 있는 모습이다. 두 번째 조각은 주머니에 양손을 넣고 하늘을 바라보는 넥타이 차림의 신사다. 태양이 작열하는지 눈을 감고 있다. 세 번째 조각은 앉아서 턱을 괸 자세로 생각에 잠긴 청년이다. 반바지에 티셔츠 차림의 남자는 인상을 잔뜩 찡그리고 있다. 언뜻 회사의 역사를 보는 듯도 하고 인생의 축약판을 보는 듯도 하다.

　그림과 조각에 눈을 맞추다 보면 3층 전시관을 지나 갑자기 깜짝 놀랄 만한 공간이 나타난다. 탁 트인 하늘 정원(Sky Garden)이다. 어지간한 사람이라면 "아~" 하는 탄성을 내지르지 않을 수 없는 장소다. 건물 한가운데 녹음이 우거진 연못이 등장한 것이다. 연못 속에는 수련이 자란다. 봄부터 가을까지 소담하게 꽃이 핀다. 자줏빛 꽃은 부끄러운 얼굴 같고, 새하얀 꽃은 순진무구한 속내 같다.

　개구리도 보였다. '인공 연못 속에 개구리가 살다니…….' 자세히 보니 조각 작품이었다. 개구리는 두 마리다. 한 마리는 나뭇가지를 붙들고 떨어지지 않으려 기를 쓰고 있다. 가느다란 가지에 매달려 용을 쓰는 모습이 아슬아슬하기도 하지만, 생의 의지가 끈질기게 분출되는 것 같기도 하다. 다른 한 마리는 기다란 뒷발을 이용해 펄쩍 뛰어오르는 형상이다. 용솟음치는 기백이 느껴진다. 화룡점정이라고 할까. 연못 속에 개구리 두 마리가 없었으면 몹시 허전할 것 같았다. 프랑스 조각가의 작품이다.

하늘 정원 여기저기에는 김상균 조각가의 '인공 낙원(The Artificial Paradise)'이 놓여 있다. 시멘트로 만들어진 갖가지 모양의 건축물로 인간의 끝없는 문명의 꿈과 욕망을 투사한 작품이다. 작가는 하늘 정원에 들여놓은 인공 낙원을 통해 끊임없이 낙원을 찾아 헤맨 화가 고갱이 물었던 '우리는 어디에서 왔는가? 우리는 누구인가? 우리는 어디로 가는가?'라는 질문을 다시 한번 던지고 있는지도 모른다.

외국 손님들이 DAC를 방문해 정원을 둘러본 뒤에는 이런 말을 덧붙인다고 한다.

"마치 갤러리 같군요."

갤러리 같다는 말은 유럽 사람들에게 최고의 찬사다. 객관적으로 평가할 수밖에 없는 기술의 우수성이나 디자인의 탁월함은 쉽게 인정하는 편이지만, 예술이나 문화의 영역에서는 워낙 자부심이 강해 어지간해서 칭찬하지 않는 유럽인들이 공장을 갤러리라고 불러준다는 건 그 내공의 깊이를 인정했다는 이야기다. 입소문을 타고 외국 바이어들 사이에서도 'DAC 갤러리'는 꽤 유명한 명소가 되었다.

요즘도 DAC를 다녀가는 사람 중 십중팔구는 이렇게 말한다.

"공장 같지 않아요."

그러면 옆에 있던 라제건 회장이 빙그레 웃으며 이렇게 묻는다.

"공장은 어때야 하는 건데요?"

Chapter 6

바이올린과 가야금 선율이
울려 퍼지는 로비

2021년 7월 하순 한여름 땡볕 더위가 기승을 부리던 어느 날, 서울 강남에 있는 한 갤러리를 찾았다. 라선영 작가의 조각 전시회를 보기 위해서였다. 주제는 'SKIN AND FLESH'였다. '피부와 살?' 아니면 '껍질과 고기?' 으스스한 기분이 들었다.

지하 전시장에 놓인 작품들은 기다란 나무 조각이었다. 소나무 여기저기를 끌로 깎아내고 비틀어 갖가지 모양을 만들어 세워둔 작품들이다. 깎여나간 부분의 선명한 자국들에서 아픔이 느껴졌다. 무엇이 피부이고 무엇이 살일까? 무엇이 본체이고 무엇이 외피일까? 작가는 작품을 통해 인간과 세계를 둘러싼 모든 존재와 비존재, 의미와 무의미, 보이는 것과 보이지 않는 것, 생명과 죽음의 차이에 관해 묻고 있는 듯했다. 자세히 보니 서 있는 나무가 꼭 사람 같았다. 침묵으로 말하는 사람들.

"깎여진 나무 하나가 독자적이고 유니크한 삶을 살아가는 개인이에요. 그런데 생각해 보면 '나는 정말 나의 판단과 나의 방식으로 나의 삶을 살아가고 있는가?' 묻지 않을 수 없어요. 성공의 기준도 똑같고 뭔가를 소유한다든가 성취한다든가 하는 게 다 같아요. 전 세계가 일관되어 있죠. 심지어 살면서 겪게 되는 문제나 이를 해결하는 방식조차 똑같아요. 하나의 거대한 시스템 안에서 인식도 못 한 채 복제된 욕망과 복제된 방법으로 복제된 삶을 영위하고 있는 거죠. 저는 그걸 비판하고 있는 거예요. 여기에 하나를 더한 게 음악이에요. 음악은 단선율에서 시작해서 여러 성부로 나뉘죠. 저는 한 인간은 하나의 단선율이고 70억 인구가 살아가는 세계는 70억 성부의 음악이 존재한다고 생각해요. 하나씩 떼어내도 음악이 되고 몇 개를 붙여도 음악이 되죠. 이것이 바로 모든 사람의 관계예요. 하나의 선율은 계속 한 방향으로 갈 수도 있고 가다가 다른 선율과 만날 수도 있으며 서로 부딪칠 수도 있어요."

라선영 작가는 라제건 회장의 딸이다. 이화여대 조소과를 졸업하고 영국왕립미술대학에서 공부한 탄탄한 실력을 갖춘 젊은 조각가다. 이번 전시회에서 특이했던 점은 작품마다 QR 코드가 붙어 있는 것이었다. QR 코드를 스마트폰으로 찍어 실행하면 스피커를 통해 누군가의 음성이 들린다. 귀를 쫑긋 세워도 무슨 소리인지 알아들을 수가 없다. 음성을 기술적으로 뭉개버린 까닭이다. 각기 다른 사람의 이런저런 사연들이지만, 도통 알아들을 수가 없다. 의미가 제거된 음성은 소음에 지나지 않는다. 작가는 또 하나의 질문을 던진다. 우리는 정말 제대로 소통하며 사는 걸까?

DAC가 갤러리로 가꿔지게 된 데에는 예술에 관한 라제건 회장의 애정과 식견에 힘입은 바 크지만, 라선영 작가의 영향 또한 지대한 것이었다. 본관 로비에서 3층까지 수직으로 이어진 계단 중간에 놓인 사람 조각은 라선영 작가의 작품이다. 지금까지 다섯 차례에 걸쳐 개인전을 가진 그녀의 작품은 회사 여기저기에 전시된다. 직원들은 전시회에 가지 않고도 촉망받는 작가의 작품을 언제든 감상할 수 있다.

대기업 사옥에 가면 유명 작가의 그림이나 조각품이 전시된 걸 볼 수 있다. 직접 갤러리를 운영하는 기업도 여럿이다. 그러나 DAC에는 한 점에 수억 원이나 수십억 원을 호가하는 비싼 작품 또는 유명 작가의 작품은 없다. 누군가에게 보여 주기 위한 작품이나 재산 축적을 목적으로 사들인 작품이 없기 때문이다. 예술품은 감상을 통한 자기 정화에 있는 것이지 자신의 넘치는 욕망을 투영하는 데 있지 않다. DAC 갤러리가 사람들의 마음을 울리는 건 예술을 사랑하고 감상하는 이 같은 마음이 자연스레 녹아 있기 때문이다.

DAC 갤러리에서는 회화와 조각 작품만 감상하는 게 아니다. 창립 기념일이나 블로거들과의 만남 등 특별히 기념할 만한 일이 있을 때마다 아름다운 선율이 울려 퍼진다. 이른바 로비 음악회가 진행되는 날이다. 곱디고운 한복을 차려입은 연주자들이 거문고를 연주하기도 하고, 멋지게 연미복을 갖춰 입은 성악가들이 아리아나 가곡을 열창하기도 한다. 바이올린, 비올라, 첼로 등 현악기와 플루트, 오보에, 클라리넷 등 관악기 연주도 이어진다. 눈물이 날 듯 청아하면서도 심금을 애절하게 울리는 국악기의 선율과 금방이라도 동화 속 세상으로 인도할 것 같은 아스라한 현악기의 화음이 파문처럼 흩어지면 순식간에 모든 공간이 음악의 숲으로 변신한다.

DAC 로비는 공간음이 좋다. 3층까지 막힘없이 트여 있기 때문이다. 3층 천장에는 갖가지 텐트 폴을 이용해 만들어진 거대한 상들리에가 매달려 있다. 자사 제품을 활용해 조명 하나도 예술품으로 승화시키는 재치와 감각이 돋보인다. 울림이 좋은 공간에서 다양한 연주가 이루어지면 공명감 덕분에 음악이 더 풍성하게 들린다. 초대받은 손님이나 직원들이 이곳이 공장이 아니라 콘서트홀이라고 느낄 만하다.

"오늘 소개해 드릴 팀은 남성들로 이루어진 중창단 '블루 스카이(Blue Sky)'입니다. 음악을 사랑하는 중앙고등학교 재학생들로 구성된 중창단이죠. 1965년에 제1기가 모여 창단했으니까 연륜이 상당합니다. 아마 우리나라에서 가장 오래된 전통을 가진 남성 중창단이 아닐까 생각합니다. 예전에 제가 고등학생일 때 이 중창단에서 노래를 불렀습니다. 기수별로 제각각 특색이 있다 보니 장르 불문하고 다양한 화음을 만들어내는 게 특징이라고 할 수 있죠. 오늘 이분들이 창립 기념일을 맞은 우리 회사 직원들을 위해 멋진 노래를 들려주실 겁니다. 뜨겁게 박수로 맞아주시죠."

연주자를 소개하고 곡을 설명하는 건 라제건 회장이다. 다른 사람에게 맡겨도 되지만, 직원들과 손님들을 위해 특별히 마련한 자리이니만큼 조금이라도 더 그들을 존중하고 섬기려는 마음에서다. 음악 특히 국악에 대한 그의 조예는 상당한 수준이다.

"가야금 곡은 기본적으로 정악과 민속악 두 종류가 있습니다. 정악은 궁중 음악이나 상류층에서 연주되던 풍류 음악을 가리키고, 민속악은 독주곡인 산조, 민요 반주나 시나위 연주 등 서민층이 즐기던 민속 음악을 가리킵니다. 현대 창작 국악에는 산조 가야금이 많이 쓰이죠. 전통 음악은 입으로 전하고 마음으로 받는 구전심수(口傳心授)가 원칙이라 구음(口音), 즉 입소리만으로 가르치고 배웠기에 악보가 많이 남아 있지 않습니다. 서양 음악과 국악은 굉장히 다릅니다. 저는 예전에 왜 서양 음악은 음이 12개로 묶여 있는지 궁금했어요. 사람들은 보통 '도'면 '도'고 '레'면 '레'지 그 사이를 흐르는 음이 있는지 없는지 잘 생각하지 않거든요. 그런데 국악은 음 사이를 흘러 다닙니다. 국악의 음에는 음과 음 사이를 잇는 음이 있어요. 흔히 국악은 숨에서 오는 리듬이고 서양 음악은 맥박에서 오는 리듬이라고 해요. 왜 그럴까요? 오늘 가야금 연주를 들으면서 국악 음의 느낌과 서양 음악과의 차이를 온전히 즐겨보시기 바랍니다."

로비 음악회 때 클래식 음악과 국악만 연주하는 것은 아니다. 2017년 창립기념일에는 대중가요 가수인 서유석 씨를 초청해서 노래와 강의를 들은 적이 있다. '가는 세월', '아름다운 사람' 등 서정적이고 은유적인 노래를 오랫동안 불러온 그의 노래에는 인생에 관한 진지한 철학이 담겨 있다. 로비 음악회 무대는 장르를 가리지 않는다. 독주든 합주든 노래든 공감과 감동만 있으면 되는 소박한 실내악 무대다.

왜 공장에서 이런 음악회를 하게 된 걸까?

"직원들의 행복을 위해서죠. 창립기념일이면 오전에만 근무하고, 점심을 먹은 다음 다 같이 모여 초청 연사의 강의도 듣고 로비에서 아름다운 음악도 듣습니다. 좋은 음악은 우리 삶을 행복하고 풍요롭게 만들어줍니다. 공장이 워낙 바쁘게 돌아가고 일이 고되니까 직원들이 자기 돈 들여서 일부러 콘서트홀에 가기가 어려워요. 회사에서 이런 기회를 제공하면 직원들은 편안한 마음으로 문화생활을 할 수 있습니다. 행복해하는 직원들을 보면 제가 행복합니다. 결국 모두가 행복해지는 거죠."

라제건 회장의 대답이다.

그의 제안으로 2004년 봄부터 시작된 로비 음악회는 현재 코로나 팬데믹으로 중단된 상태다. 머지않아 일상이 회복되면 텐트 폴 샹들리에가 별빛처럼 반짝이는 로비에서 다시 음악이 울려 퍼질 것이다. 어서 그날이 와서 현악4중주단이 브람스의 '헝가리 춤곡'을, 피아노 독주자가 모차르트의 '터키 행진곡'을, 단아한 한복 차림의 가야금합주단이 '진도아리랑'을 연주하는 장면을 보고 싶다.

Chapter 7

보 힐레베르그와의
20년 우정

　캠핑을 좋아하는 사람이라면 꼭 갖고 싶은 텐트가 있게 마련이다. 그리고 마침내 그것을 손에 넣게 된 순간, 시간만 나면 자연 속으로 가서 텐트를 펼치고 싶을 것이다. 가족이나 사랑하는 사람과 캠핑을 즐기는 사람도 많지만, 1인 가구가 급증한 요즘에는 혼자서 캠핑을 떠나는 사람도 꽤 된다. 이들은 캠핑에서 돌아온 후 SNS에 글과 사진을 올려 감상을 공유한다. 텐트 사용에 대한 느낌 역시 매우 구체적이다. 일반인들의 이런 평가는 전문가들의 평가 못지않게 시장에 큰 영향을 미친다.

많은 사람이 갖고 싶어 하는 텐트, 전문가는 물론 일반인 사이에서도 좋은 품평이 이어지는 텐트 중에 빠지지 않고 등장하는 이름이 있다. 힐레베르그다. 스웨덴의 텐트 메이커인 힐레베르그는 전 세계 사람들이 인정하는 최고의 명품 브랜드다.

인터넷에 올린 캠핑 마니아들의 힐레베르그 텐트 사용 후기 몇 개만 살펴보자.

"혼자 캠핑을 즐기는 저는 힐레베르그의 나마츠 3GT 텐트를 좋아합니다. 조금은 넓고 호화로운 백패킹이 가능하면서도 미니멀한 오토캠핑을 가능하게 해주기 때문입니다. 그렇게 생각하고 사용하니 이보다 더 좋은 텐트가 없습니다. 힐레베르그 하면 생각나는 특유의 굼벵이 모양 텐트는 강한 바람과 돌풍도 견디게 해줍니다."

"캠핑할 장소에 대한 확신이나 별다른 정보가 없을 때 또는 노지를 찾을 때는 항상 힐레베르그 텐트를 가지고 떠난다. 어떤 상황에서도 캠핑을 즐길 수 있을 것 같은 브랜드에 대한 믿음 때문이랄까……. 소나기 소식이 있어 이번에는 힐레베르그 케론 4GT 밀리터리 버전과 스노피크 헥사 PRO-M을 가져가서 세팅을 했다."

보 힐레베르그는 1970년대 초반까지만 해도 스칸디나비아반도에 살던 한 평범한 산꾼에 지나지 않았다. 그의 직업은 숲을 가꾸는 산림 감독관이었다. 좋아하는 일과 생계를 위한 일이 일치하는 행운아였던 그는 틈만 나면 전국의 명산을 오르내렸다. 그러다가 1971년에 이르러 산림 작업용 도구를 만들어 파는 작은 회사를 차렸다. 당시만 해도 텐트를 가지고 산에 올라 이를 설치하고 철수하는 일은 중노동에 가까울 정도로 힘들고 번거로웠다. 그의 머릿속을 가득 채운 질문은 단 한 가지였다.

"어떻게 하면 텐트 치는 일이 좀 더 쉽고 편리해줄 수 있을까?"

그즈음 그는 아내 르네를 만나 결혼했다. 그녀의 바느질 솜씨는 놀라울 만큼 뛰어났다. 두 사람은 자신들의 경험을 바탕으로 불편함을 최소화하고 편리함을 극대화한 텐트를 개발했다. 필요는 발명의 어머니라는 말은 사실이었다. 이들이 만든 텐트를 써본 사람들은 극찬을 아끼지 않았다. 힐레베르그 텐트는 유럽 시장에 그 이름을 알리기 시작했다. 초기에 만들어진 텐트가 아직도 개선을 거듭하며 만들어지고 소비자들에게 선택되는 것을 보면 진가는 시간이 흘러도 훼손되지 않는 듯하다.

시장의 반응에 고무된 그는 자신의 이름을 딴 회사를 텐트 메이커 전문 회사로 탈바꿈시켰다. 틈만 나면 원단을 연구하고, 텐트의 구조를 분석하고, 폴에 매달리고, 디자인에 심취하다 보니 해가 지날수록 그의 텐트는 진화를 거듭했다. 오랜 연구 끝에 그가 만들어낸 혁신적인 제품은 텐트 원단에 실리콘을 살짝 입혀 찢어지지 않게 만든 3중 실리콘 코팅 원단 컬론 시리즈와 이너텐트와 플라이를 탈부착할 수 있도록 형태를 전면 개선한 케론 모델 등이다. 이는 모두 세계 최초로 출시된 제품들이며, 텐트 메이커는 물론 소비자들을 깜짝 놀라게 한 획기적인 상품들이었다.

회사가 계속 승승장구하는데도 불구하고 새로운 개발에 대한 그의 열정은 좀처럼 식을 줄을 몰랐다. 폴 4개를 사용하는 케론 구조의 텐트에 변화를 줘 폴을 3개로 줄인 스탈론과 2개로 줄인 나마츠를 출시한 것이다. 1987년에는 터널형 텐트 구조를 활용하여 날로 텐트를 만들기도 했다. 이후 폴을 하나만 사용하는 1인용 텐트인 악토가 출시되면서 힐레베르그는 유러피안 아웃도어 대상을 수상하기에 이른다.

힐레베르그의 가치와 위상을 여실히 보여 준 멋진 장면이 있다. 2011년에 개최된 스위스 아웃도어의 명가 마무트 창립 150주년 기념 베이스캠프의 모습이다. 스위스 융프라우 북벽 아랫자락에 150동의 사이보가 설치된 것이다. 이는 아웃도어 역사상 전무후무한 규모였다. 아름다운 설경으로 잘 알려진 알프스산맥의 고봉 융프라우에 힐레베르그 사이보 텐트 150동이 빼곡히 자리한 모습은 눈으로 보고도 믿기지 않는 장쾌한 광경이었다. 행사 후 현장에 있던 사이보 텐트는 불티나게 팔려나갔다.

힐레베르그는 사업가이자 개발자이지만, 누구보다 자연을 사랑하는 산악인이자 탐험가다. 아울러 그는 둘도 없는 애처가이면서 자녀를 사랑하는 인자한 아버지다. 그는 사업 초기에 가족과 함께 텐트 안에서 캠핑을 즐기는 모습으로 화제를 모았다. 그것은 마케팅을 위해 꾸며낸 게 아니었다. 그는 지금도 기회만 되면 가족과 함께 자연으로 들어간다. 이런 그의 유별한 가족 사랑은 경영에도 이어져 단란한 가족 경영이 뿌리내렸다. 아내와 딸과 아들이 모두 회사 안팎에서 활발하게 일하고 있다.

힐레베르그는 박제된 전설이 아니다. 살아 있는 전설이다. 그가 자신을 제외하고 전 세계 텐트 업계에서 전설로 꼽는 사람이 바로 라제건 회장이다. 라제건 회장에게 먼저 손을 내민 사람도 힐레베르그다. 힐레베르그가 명품 텐트의 명성을 이어가기 위해서는 세계 최고 품질인 DAC 폴이 필요했기 때문이다. 이후 둘의 우정은 20년 넘게 이어지고 있다. 한국을 방문할 때면 그는 가장 먼저 DAC를 찾는다. 그러다 보니 그의 딸인 페트라와 라 회장의 딸인 라선영 작가 역시 친구가 되었다.

2021년은 힐레베르그가 창립된 지 50주년이 되는 해였다. 이를 기념해 힐레베르그에서는 『텐트 핸드북』을 만들었다. 1971년부터 50년이 지나는 동안 회사가 어떻게 변해왔으며, 세계 텐트의 역사가 어떤 모습으로 발전해왔는지를 한눈에 볼 수 있게 만든 책자였다. 책의 앞부분에 활짝 웃는 두 남자의 사진이 실렸다. 왼쪽에 서 있는 사람이 라제건 회장, 오른쪽에 서 있는 사람이 힐레베르그 창업자다. 핸드북에 실렸던 라제건 회장이 친구인 힐레베르그에게 보낸 축하 메시지는 다음과 같다.

20여 년 전 어느 날, 저는 스웨덴으로부터 팩스 한 장을 받았습니다. "우리는 풍동 실험을 포함해서 철저하게 DAC 폴을 시험했습니다. 그 결과 DAC 폴은 뛰어난 성능을 보였습니다. 그래서 우리는 DAC 폴을 사용하고 싶습니다."
이것이 보 힐레베르그로부터 받은 첫 번째 메시지였으며, 그가 저를 찾아 연락한 이유였습니다. 그 무렵 DAC는 페더라이트를 소개한 지 얼마 되지 않아 잘 알려지지 않았던 때입니다. 그는 항상 눈을 크게 뜨고 그가 찾을 수 있는 최고의 재료를 찾고 있었습니다. 저는 텐트 브랜드들과 일하면서 보통 폴의 구조, 힘의 균형, 패턴과 액세서리 같은 텐트 디자인에 관여하곤 했습니다. 그런데 보가 만든 힐레베르그 텐트는 완벽하게 균형이 잡혀 있어서 제가 추가로 더하고 말고 할 게 없었습니다.

대부분의 텐트 브랜드들은 텐트에만 전념하지 않았기 때문에 힐레베르그 텐트 메이커에게는 매우 도전적인 일이었을 겁니다. 하지만 보 힐레베르그는 해냈습니다. 반세기에 걸친 그의 삶은 오로지 텐트에만 전념한 삶이었습니다. 그는 걸작을 만들 수 있다는 확신을 품고 있었으며, 자신의 외골수적인 성실함으로 그것을 세상에 보여주었습니다.

(중략)

힐레베르그 텐트가 있다는 것은 텐트 사용자들에게 축복입니다. 보는 최고의 텐트를 만든 사람입니다. 그는 "실행이 완벽을 만든다"라는 말을 확실히 증명해 보였습니다. 저는 텐트에 관해 그보다 더 많은 시간을 보낸 텐트 디자이너를 지금껏 본 적이 없습니다. 그는 작고 미세한 부분까지 파고들며 질문을 던졌고, 그 자신의 경험에 바탕을 둔 해결책을 찾는 데 헌신했습니다. (후략)

Chapter 8

DAC에 장기근속 직원이 많은 까닭

2021년 7월 2일 금요일 오후 2시, DAC 식당 안에서 33주년 창립 기념식이 열렸다. 새로 입사한 직원에게 사령장을 주고, 생일을 맞은 직원에게 축하 인사를 건네는 건 어느 회사 창립 기념식에서나 흔히 볼 수 있는 장면이었다. 특별했던 건 다음 순서였다. 장기근속 직원에 대한 표창이었다. 20년, 10년, 5년 장기근속 직원들이 줄줄이 호명되어 앞으로 나갔다. 다 합쳐서 20명이 넘었다. 업무 특성상 어쩔 수 없이 유지할 수밖에 없는 생산직 시간제 근무자와 파견직 근로자를 제외하고 전체 정직원이 150명도 채 되지 않는 중소기업에서 매년 이렇게 많은 장기근속 직원이 나온다는 건 예사롭지 않은 일이다. 그 가운데는 주방 책임자인 조순남 씨도 있었다. 장기근속 직원들에게는 순금으로 만든 행운의 열쇠가 선물로 주어졌다.

DAC에는 왜 이렇게 장기근속하는 직원이 많은 걸까?

"저는 대학에서 정치외교학을 전공했어요. 졸업 후 대우통신에 입사했죠. 거기서 회장님을 만났어요. 같은 사무실에서 일했지만, 과도 다르니까 겨우 이름만 알 정도였죠. 그러다 회장님이 회사를 그만둔 뒤 창업할 생각을 하신 모양이에요. 선대 회장님이 만드신 동아컴퓨터에 김순남 전무님이라고 계셨는데, 그분 소개로 다시 회장님을 만나 초창기 동아알루미늄에 합류하게 됐죠. 1988년 무렵이에요. 남들은 대기업 잘 다니던 사람이 왜 미래도 불투명한 작은 회사에 몸담게 되었냐고 묻지만, 저는 그렇게 생각하지 않았어요. 대기업에 다니다 보면 자신이 마치 부품 같다고 생각하게 됩니다. 일도 제한적이면서 툭하면 윗사람 수발이나 들어야 하니까요.

하지만 동아알루미늄은 그렇지 않았어요. 공장은 처음이었지만, 일하는 만큼 성취를 느끼고 변화가 주어졌어요. 그게 사람을 신나게 만들더군요. 전부 모르는 일이고 새로 하는 일임에도 불구하고 재미가 있으니까 몰입하게 되더라고요. 우리 회사가 가진 세 가지 장점이 있어요. 뭔지 아세요? 첫째, 세계 최고가 되자는 목표가 있어요. 기술력이나 제품에서 말이죠. 둘째, 좋은 회사를 만들려는 의지가 있어요. 직원 모집 공고를 내면 입사하고 싶은 사람들이 줄을 서는 회사로 만들려는 거죠. 셋째, 사회에 기여하고 서로 돕는 회사가 되려는 꿈이 있어요. 타인을 위해 공헌하는 회사가 되는 거죠. 여기에 공감하며 일하다 보니 오래 함께할 수 있는 것 같아요."

창립 멤버인 김태형 사장은 DAC에 장기근속 직원이 많은 이유를 이렇게 설명했다. 본인의 경험을 토대로 한 이야기니까 근거 있는 해석이라는 생각이 들었다.

장기근속 직원 표창에 이어 정면에 있는 화면으로 영상 한 편이 상영되었다.

"꽝꽝, 하고 이상한 소리가 들렸어요. 제 남편이 대포 소리라고 그러더라고요. 대포 소리가 멀리서 들려오는데, 앉아 있는 동안에 점점 가까이 들려와요. 그게 6·25였어요. 그때는 사람들이 미처 피란할 시간이 없었어요. 꽝꽝, 하고는 인민군이 들어왔고, 쌀 같은 거 곡식 같은 거 그 사람들이 와서 다 가지고 갔어요. (중략) 지금 일흔 살이 넘었습니다. 건강해요. 전쟁이라는 것이 왜 젊은이들이 생명을 다 앗아갑니까? 전쟁은 있어서는 안 되는 일입니다. 젊은이들은 역사를 공부해야 해요. 6·25전쟁이 왜 일어났는지, 이런 것을 우리가 알아야 한다고 생각합니다."

며칠 전 YTN '뉴스가 있는 저녁' 프로그램에 방영되었던 '103세 할머니의 6·25전쟁 이야기' 영상이었다. 또렷한 목소리로 6·25전쟁에 관해 증언한 할머니는 라제건 회장의 어머니인 각당복지재단 김옥라 명예 이사장이었다. 우리나라에 걸스카우트 운동이 뿌리를 내리게 했고, 세계감리교 여성연합회 회장을 지냈으며, 자원봉사 분야의 선각자이자 사회공헌 분야의 대모라는 수식어를 빼고서라도 103세의 할머니가 전혀 흐트러짐 없는 자세로 들려주는 이야기 속에는 진한 호소력이 있었다.

라제건 회장은 직원들이 모인 자리에서 역사 이야기를 많이 한다. 전공이 역사인 탓도 있지만, 오늘의 삶을 살아가고 내일의 삶을 준비하기 위해서는 어제의 역사를 돌이켜보는 것이 꼭 필요하다고 믿기 때문이다. 최소한 같은 잘못을 되풀이하지 않기 위해서라도 역사를 보는 눈을 길러야 한다는 게 그의 생각이다. 그가 이런 생각을 하게 된 데에는 부모님의 영향이 컸다. 그의 부모님은 남다른 애국자였다.

아버지 라익진 박사는 1941년 연희전문학교 상과를 졸업한 다음 해방 후 체신부 차관과 상공부 차관, 한국산업은행 총재, 서울상공회의소 부회장, 한국무역협회 부회장 등을 역임하며 활약했다. 공직에 있으면서도 청렴과 정직을 신념으로 여기던 그는 부정한 청탁이나 금전 거래를 철저히 배척했다. 이뿐 아니라 그는 유능한 경영자였다. 1952년 동서통상주식회사를 설립했고, 공직을 떠난 1962년부터는 동아무역, 동아스포츠, 동아컴퓨터, 한국정보서비스 등을 창업하여 경영 최일선에 서기도 했다. 이론과 실무를 겸비한 그는 가난을 운명이라 여기며 살던 국난의 시기에 공공과 민간 부문을 가리지 않고 국가의 부흥과 국민의 안녕을 위해 헌신했다.

6·25전쟁으로 온 국토가 잿더미가 된 대한민국은 빈곤에 허덕이는 최빈국이었다. 자원이나 기술이 전혀 없는 나라가 살길은 무역뿐이었다. 그러나 외국에 내다 팔 물건이 없었다. 한천, 오징어 등 수산물과 주석, 철광석 등 광물을 닥치는 대로 내다 팔았다. 수출품을 실어나를 차량이 없어 소달구지가 수출품을 갖고 오면 망에 담아 배에 실

어 올리기도 했다. 여성들의 머리카락을 잘라 모아 가발을 만들고, 쥐 잡기 운동으로 모은 가죽으로 코트와 가방을 만들어 수출했다. 당시 대한민국 무역 정책의 선봉에 서 있던 인물 중 한 명이 바로 약관의 나이에 한국무역협회 설립에 참여하여 주도적으로 협회를 키운 라익 진 박사였다.

해방 직후인 1946년 우리나라의 수출액은 360만 달러, 수입액은 6070만 달러였다. 수입이 수출보다 17배나 더 많았다. 외국 원조로 먹고살던 시절이다. 1960년대부터 정부와 민간이 힘을 모아 무역에 사활을 걸면서 대한민국 경제는 급속도로 성장하기 시작했다. 1964 년 11월 30일 마침내 수출 1억 달러를 돌파했다. 이를 기념해 이날을 '수출의 날'로 제정한다. 행사에 참석한 박정희 대통령은 라익진 박 사의 청을 들어 한국무역협회에 무역특계자금을 지정하기로 약속해 주었다. 2011년 12월 5일에는 세계에서 아홉 번째로 무역 규모 1조 달러를 돌파했다. 정부는 이를 기념하고자 이날을 '무역의 날'로 제 정했다. 이런 기적이 가능했던 건 라익진 박사 같은 선각자들이 있었 기 때문이다.

"아버지가 안타까워하셨던 게 이런 거예요. 무역만이 살길인데, 무 역할 환경이 전혀 갖춰져 있지 않았던 거죠. 미역이나 홍합 캐다 팔아 서 언제 잘사는 나라를 만들겠어요. 그래서 한국무역협회를 키우며 수출 진흥에 진력을 쏟으신 겁니다. 언젠가는 컴퓨터나 자동차를 만 들어 수출하는 나라가 되기를 간절히 꿈꾸셨습니다."

그 꿈은 대를 이어 실현되고 있다. 라제건 회장의 DAC는 세계 최고 의 기술력과 경쟁력을 인정받은 지 오래고, 라영환 대표의 헬리녹스는 세계 최고의 명품 브랜드로 자리 잡았기 때문이다. 이들에게는 하나의 목표만을 향해 매진하는 뚝심만 있었던 게 아니다. 미지의 세계에 끊임없이 도전하는 근성과 새로운 것을 만들어내는 데 주저함이 없는 창업가 DNA가 있었다. 돈을 주고도 절대 살 수 없는 기질이다.

'레드닷 디자인 어워드(Red Dot Design Award)'라는 상이 있다. 1955년부터 독일 노르트하임 베스트팔렌 디자인센터가 주관하여 제품, 커뮤니케이션, 콘셉트 부문으로 나누어 산업 제품의 디자인을 평가하는 저명한 시상식이다. 독일의 iF 디자인 어워드, 미국의 IDEA와 함께 세계 3대 디자인 어워드로 꼽힌다. 자동차, 전자제품, 패션, 건축 등 굴지의 글로벌 기업들이 참여하여 디자인의 우수성을 평가받는 국제적인 상이다. 헬리녹스는 지금까지 10여 차례에 걸쳐 이 상을 받았다. 헬리녹스 제품이 세계적으로 얼마나 뛰어나며 디자인이 우수한지를 확실하게 공인받은 셈이다.

문득 라익진 박사가 하늘나라에서 DAC와 헬리녹스의 활약상을 본다면 얼마나 흐뭇할까 상상해보았다. 돈 많이 벌어 호의호식하며 편안하게 사는 길보다 이웃과 사회를 위해 좀 더 나은 가치를 만들어 전파하는 일에 관심을 둔 이들 3대의 삶이 앞으로 이 땅 위에 어떤 모습으로 그 영향력을 뿌리내릴지 기대되지 않을 수 없다.

Part 2

마스터를 만든 결정적 순간들

Chapter 9

꽃이 향기로우면
벌과 나비가 찾아든다

"너는 스스로 너의 우물을 파라."

청년 라제건은 아버지의 말을 가슴에 담았다. 나만의 우물을 파되 어떤 우물에서도 맛볼 수 없는 맑고 깨끗한 최상의 물을 길어 올리고 싶었다. 그의 목표는 오직 하나 세계 최고가 되는 것이었다. 그래서 기술로 승부를 가리는 사업을 택했다.

제24회 서울올림픽 준비로 온 나라가 부산하던 때인 1988년 7월 라제건은 동아알루미늄을 창업했다. 그의 나이 서른네 살 때였다. 세계의 이목이 대한민국에 집중되고, 우리나라가 비로소 세계라는 넓은 세상에 눈뜨게 된 시점에 그가 세계 시장을 바라보며 창업의 길로 들어섰다는 것은 여러모로 의미심장한 일이다. 캠핑이 대중화하지도 않았고, 아웃도어 문화가 생겨나기도 전이었다. 그럴 때 그는 왜 하필이면 생소한 알루미늄 분야, 그것도 텐트 폴 만드는 일을 시작했던 것일까?

"세계 최고의 반열에 오르려면 엔지니어링에 기반을 둔 제조업에 승부를 걸어야 한다고 생각했습니다. 돌이켜보면 아무 경험도 없이 제조업에 뛰어든다는 것이 얼마나 무모했는지 지금 생각해도 등골이 오싹한 일이었지만, 그때는 앞만 보고 달렸습니다."

그의 남다른 도전정신과는 달리 주변에서는 모두가 나서서 뜯어말렸다.

"사업이 의욕만 가지고 되는 줄 아냐? 뭘 안다고 알루미늄 공장을 한다는 거야?"

"좋은 회사 잘 다니다 이게 무슨 짓이야? 제조업 그거 아무나 하는 거 아니다."

지인들의 걱정은 곧바로 현실이 되었다. 역사학과 경영학을 전공하고 공대 근처에는 가보지도 않은 그가 기계와 금속을 다루는 거친 일이 손에 익을 리 없었다. 모든 것이 낯설었고 모든 것이 어색했다. 동아알루미늄에서 처음 만든 제품은 고강도 알루미늄을 소재로 한 화살이었다. 당시 세계 최고의 제품은 미국 브랜드였다. 시장의 절대강자였던 그 브랜드와 맞서 보겠다는 의지로 만들어 낸 제품이었다. 당연히 만만치 않은 도전이었다. 아기가 걸음마 하듯이 하나하나 배워

나갔다. 그렇게 고강도 알루미늄 소재에 대한 기술력을 쌓아가던 중 차츰 텐트 폴 제조에 눈을 돌리게 되었다. 철보다 강도가 두 배나 더 높은 고강도 알루미늄을 튜브 형태로 압출(壓出, 금형에서 제품을 뽑아내는 과정)한 뒤 이를 원하는 사양으로 가늘게 늘리는 인발(引拔, 정해진 크기의 금속 재료를 틀에 넣어 다른 쪽으로 끌어냄으로써 여러 모양과 굵기의 단면 형상을 뽑아내는 작업) 공정을 거쳐 열처리로 완성한 텐트 폴은 만들기가 쉽지 않았다. 원하는 정밀도의 설비들도 시장에서 구매할 수 없었다. 스스로 만드는 수밖에 없었다. 초기의 DAC는 제조업체라기보다 연구소에 가까웠다. 빨리 제품을 생산해야 한다는 생각보다 제대로 만들어야 한다는 생각에만 빠져 있다 보니 제품 생산과 판매는 뒷전이었다.

"경쟁사가 만든 제품은 '아끼바리(일본에서 도입한 벼로 밥을 했을 때 쫄깃하고 윤기가 흐르며 조직감이 부드러운 최상의 품종)'고 당신 회사가 만든 제품은 '통일벼(우리나라에서 개발한 벼로 식량 자급에 크게 이바지했으나 품질이 좋지 않아 사라진 품종)' 수준이에요."

회사 초기에 영업을 담당했던, 지금은 강남 프리마 호텔 주인이 된 이상준 사장은 누구도 따르기 힘든 영업력으로 DAC가 초기의 어려움을 헤쳐 나가는 데 결정적인 기여를 했지만, 제품의 품질 수준 때문에 마음고생을 많이 했다. 통일벼라니…….

다른 회사 제품은 강하고 탄력이 우수한데, 동아알루미늄 제품은 현저하게 완성도가 떨어진다는 지적이었다. 냉정한 평가였다.

세계 최고는 고사하고 일단 살아남는 것이 가장 급한 발등의 불이었다. 야무진 꿈만 가지고 만만하게 생각했던 것이 너무나도 명확해졌다. '저 정도밖에 못 만드나?' 하는 눈길로 바라보던 경쟁사들이 위대하게 보였다. 무엇을 아는지 모르는지조차 분간이 가지 않고, 어느 만큼 알아야 시장에서 받아들일 수 있는 제품을 생산할 수 있는지도 알 수 없었다. 처음에 의지하고 시작했던 기술자는 설비 제작 분야의 기술자였음이 제작을 마친 기계를 시운전할 때쯤에서야 알게 되었다. 앞이 캄캄했다. 서울대학교, 연세대학교, KAIST 그리고 여러 도서관을 돌아다니며 금속학에 관한 책을 봐도, 기구 설계에 관한 책을 봐도 도무지 무슨 말인지 알 수가 없었다. 의지할 데 없는 라제건에게 큰 도움이 되어준 사람은 동갑내기 처남인 KAIST 오준호 교수와 연세대학교 재료공학과 백홍구 교수였다. 오준호 교수는 기계공학의 기초가 되는 부분들을 알기 쉽게 설명해주었다. 백홍구 교수는 "라 사장에게는 엔지니어가 필요해"라면서 알루미늄 전문가인 연구원을 소개해주었다. 수많은 날을 밤샘하며 라제건은 조금씩 조금씩 고강도 알루미늄에 대해, 생산 공정에 대해, 그리고 기계 장치들에 대해 배워 나갔다. 그러나 길은 다른 데서 열리고 있었다. 라제건 특유의 궁금증이 발동하기 시작한 것이다.

'텐트 폴을 구매하는 텐트 제조업체에게는 무엇이 중요한가?'

'텐트 제조업체에게 텐트를 주문하는 브랜드에게는 무엇이 중요한가?'

'텐트를 사용하는 소비자에게는 무엇이 중요하고 아쉬운가?'

그는 계속해서 질문을 던졌다.

Chapter 10

3년간의 개발 끝에
탄생한 DA17

텐트는 크게 두 종류가 있다. 대개 여러 날 이동하며 잠자리를 해결하기 위한 높이 1미터 내외의 백패킹 텐트와 한 곳에 여러 날 머물때 사용하는 높이 2미터 내외의 패밀리 텐트다. 당시 백패킹 텐트는 노스페이스, 힐레베르그 등이 주류를 이루고 있었고, 텐트 폴은 거의 전량 이스턴 폴을 쓰고 있었다. 라제건의 눈에 띈 것은 무게가 평균 30~40킬로그램에 달하는 패밀리 텐트였다. 무거운 스틸 프레임을 사용하는 가옥형 패밀리 텐트는 설치도 어렵고 운반도 어려웠다. 그는 패밀리 텐트에 관심을 두기 시작했다. 패밀리 텐트에 알루미늄을 사용할 수는 없을까?

그런데 막상 들여다보니 간단치 않았다. 알루미늄의 비중이 스틸의 3분의 1 정도여서 가볍기는 했지만, 강성도 스틸의 3분의 1이었다. 강성을 같게 하기 위해서는 무게가 같아질 수밖에 없었다. 그러면 방법이 없나? 오랜 시간을 고민하던 그의 눈에 들어온 것이 있었다. 알루미늄은 합금과 열처리에 따라 스틸과는 비교할 수 없을 만큼 탄성을 높일 수 있다는 데 생각이 미쳤다. 적당한 탄성을 가지고 생산하기에도 비교적 어렵지 않은 소재의 개발. 라제건은 창원에 있는, 당시 국내 유일의 고강도 알루미늄 생산업체를 찾았다. 수도 없이 창원을 오가며 완성한 소재에 그는 'DA17'이라는 이름을 붙였다.

하지만 이 새로운 소재의 특성을 활용해 텐트 구조를 만드는 것은 또 다른 문제였다. 그는 이번에는 텐트 구조의 설계에 매달렸다. 수없는 시행착오를 거치며 DA17의 특성에 맞는 텐트 구조가 완성되어 갈 무렵 뜻밖의 손님이 찾아왔다. 일본 텐트업계의 전설이라 불리던 오가와 텐트의 다마우라 씨였다. 그는 라제건의 DA17과 그가 설계한 텐트 구조에 적극적인 관심을 보였다. 다음 해에 이 텐트는 '굿펠로(Goodfellow)'라는 이름으로 오가와 텐트 라인에 소개되었다. 일본 텐트 시장에 지각변동을 알리는 신호탄이었다.

그러나 그때 라제건은 앞으로 어떤 일이 벌어질지 감도 잡지 못하고 있었다. 굿펠로가 소개된 이후 5~6년간 일본의 텐트 시장은 가히 폭발적인 성장을 이루었다. 라제건 사장의 DA17 모델들이 변화를 이끌었다. 그는 매년 수많은 텐트 모델들을 개발했다. 텐트 폴 공급업체가 텐트 모델을 제안하는 업체가 되었다. 새로운 길이 열리는 계기였다.

필요는 발명을 부르고, 발명은 시장을 만들며, 시장은 문화를 형성한다. 그때까지 캠핑 마니아들에게는 가격이 비싼 백패킹 텐트가 주류인 상황이었는데, 가격을 절반으로 낮추고 폴 탄성도는 일정 수준으로 유지할 수 있는 DA17 폴이 시장에 나와 입소문을 타기 시작하자 이 폴을 사용해 만든 텐트는 없어서 못 팔 정도로 뜨거운 반응을 보였다. 특히 캠핑 문화가 발달한 일본과 미국 등에서 큰 호응을 얻었다.

쇠는 압력을 가하면 부러지고, 알루미늄은 구부러지면 안 펴지는게 일반적인 금속의 속성이었다. 그런데 DA17 폴은 압력을 받으면 구부러졌다가 압력이 사라지면 다시 본래의 형태로 되돌아왔다. 합금과 열처리를 얼마만큼 어떻게 하느냐에 따라 전혀 다른 속성을 가진 제품이 만들어졌다. 텐트 메이커들의 숙원이던 가벼우면서도 견고한 텐트를 생산할 수 있게 된 것이다. 순식간에 DA17은 기다렸다 사야 하는 물건이 되었다. 초창기에 겪은 숱한 어려움이 이 제품 하나로 일순 해소되었다.

그즈음 라제건 대표가 일본에 가서 업계 사람을 만나면 보통 이런 말을 들었다.

"みんな東亞です."

'민나동아데스', 즉 "전부 동아 제품뿐입니다"라는 말이었다. 캠핑 붐이 일고 있던 일본에서 혁신적인 제품이 선보이자 그 인기는 하늘 높은 줄 모르고 치솟았다. 소비자들은 텐트 제품의 사양을 보고 DA17 폴대를 사용한 제품과 그렇지 않은 제품을 구분해서 구매했다. 대표적인 일본의 텐트 메이커들이 DA17을 사용해 텐트를 제작했고, 시장 반응이 대단히 좋게 나타나자 너도나도 DA17을 구매하려고 했다.

처음 텐트 폴 납품을 시작할 때는 텐트 메이커가 제공하는 규격에 따라 생산했다. 텐트 폴 굵기와 길이에 따라 가격도 정해져 있었다. 하지만 DA17을 이용해 개발한 텐트 모델을 제공하면서부터 DAC를 대하는 텐트 메이커와 바이어들의 태도는 완전히 달라졌다. DAC가 텐트 공급망의 핵심 역할을 하는 주체로 인식되기 시작한 것이다.

라제건 대표가 개발한 DA17은 패밀리 텐트의 무게를 줄일 수 있게 해 주었을 뿐만 아니라 패밀리 텐트의 형상에도 근본적인 변화를 가져왔다. 직선형 스틸 프레임으로 이루어진 가옥형에서 미려한 곡선으로 다양한 형태를 만들어내는 DA17과 이를 활용한 라제건 대표의 프레임 설계는 패밀리 텐트의 한 시대를 끝내고 다음 시대로 넘어가는 촉매제가 되었다. 텐트가 무겁고 설치와 해체도 어려워 캠핑은 엄두를 내지 못하던 많은 사람이 캠핑에 관심을 가지게 되었고, 이는 텐트 시장의 폭발적인 성장으로 이어졌다. DAC가 창업 시기의 어려움을 딛고 정상적인 회사로 자리 잡을 수 있었던 것은 패밀리 텐트의 다음 세대로 통하는 문을 열었던 라제건 대표의 노력과 함께 사업 초기의 어수선한 생산 공정을 정상 궤도로 올려놓기 위해 밤낮을 가리지 않고 정열을 쏟은 동료들의 눈물겨운 헌신 덕분이었다.

그러나 천신만고 끝에 맞이한 순풍은 그다지 오래 불지 않았다. 전혀 예상치 않았던 역풍 혹은 태풍이 불어왔다. 동아알루미늄에 소재를 공급하던 회사에서 경쟁 업체에 정보를 유출하는 일이 벌어지고, 이 정보가 중국으로 넘어가면서 시장이 혼란스러워졌다. 설상가상으로 일본 캠핑 시장의 거품이 급격히 빠지면서 호황의 시대가 막을 내리기 시작했다. 우리나라 외환보유고가 바닥나면서 국가부도 위기에 처해 IMF(국제통화기금)로부터 구제금융을 받게 된 시기, 즉 IMF 외환위기 당시의 일이다.

기업의 흥망성쇠는 한 치 앞을 알 수 없는 것이었다. 과도한 칭찬에 취해서도 안 되고, 현재의 성공에 자만해서도 안 되며, 지금의 시장 상황을 낙관해서도 안 된다. 위기와 기회는 동전의 양면과 같다는 말은 단순한 격언이 아니라 당면한 삶 자체였다. 라제건 대표는 그때 일로 이와 같은 깨달음을 얻었지만, 실상은 너무 가혹했다.

Chapter 11

패더라이트,
백패킹 시장의 판도를 바꾸다

일본과 한국의 패밀리 텐트 시장이 뜨겁게 달아올라 여러 브랜드 업체가 동아의 문지방이 닳도록 드나들던 시절 라제건 대표는 또다시 엉뚱한 꿈을 꾸고 있었다. 패밀리 텐트 시장을 평정하고 나니 백패킹 텐트 시장에 관심을 갖게 된 것이다. 이스턴이 견고하게 자리 잡고 있는 백패킹용 텐트 폴은 당시 시장에서 하나의 표준으로 인정받고 있었다. 라제건 대표는 백패킹 텐트의 무게를 줄일 수는 없을까 궁리하기 시작했다. 이스턴은 최초로 고강도 알루미늄 텐트 폴을 개발해 세계 시장을 지배하고 있던 회사였다. 이스턴의 '.340인치'라고 불리던 폴은 오랜 기간 사용자들의 다양한 피드백을 수용하며 무게 대비 강성에서 최적의 균형을 갖추고 있었다. 길이 없어 보였다. 무게를 줄이려다 보니 텐트 폴의 강성도 함께 줄어들었다. 아니 오히려 강성은 무게보다 더 가파른 비율로 줄어들었다. 라제건 대표는 이를 자나 깨나 머릿속에 달고 살았다.

그러던 어느 날 불현듯 생각지도 못했던 부분이 눈에 들어왔다. 텐트 폴은 보관과 이동을 위해 짧은 마디들에 연결대로 긴 폴을 만드는 것이 상식이었다. 그런데 연결대의 무게가 전체 폴 무게의 30퍼센트 이상이나 됐다. 텐트를 작게 접기 위해 텐트 폴 마디를 짧게 할수록 텐트 폴 연결대의 숫자가 늘어났고 무게도 함께 늘어났다. 연결대의 무게를 줄일 수는 없을까? 라제건 대표는 연결대의 무게를 줄이는 방법에 매달렸다. 이스턴의 아성을 무너뜨린 '패더라이트(Featherlite)'는 이렇게 탄생했다.

패더라이트의 성공은 주 무대인 미국과 유럽 등 세계 시장에서 최고의 텐트 폴이라는 명성을 가져다주었지만, 동시에 라제건 대표에게 이전에 경험해 보지 못한 엄청난 부담을 주었다. 시장에서 모두의 타깃이 된 것이다. 과거에는 이스턴이 타깃이었다. 라제건 대표에게도 마찬가지였다. 이스턴보다 가볍고, 이스턴보다 강한 것. 그것이 목표였다. 그런데 이제는 DAC 패더라이트가 타깃으로 등장한 것이다. 남들의 타깃이 된다는 것은 세계 최고라는 평가를 받기 전에는 생각해본 적 없던 일이었다. 대처할 방법은 한 가지뿐이었다. 그 이전에 비해 더욱 열심히 달려가는 것이었다. 그중의 하나가 새로운 소재 개발이었다. 라제건 대표가 개발에 성공했던 DA17은 패밀리 텐트를 위한 것이었다. 이번에는 백패킹 텐트용 폴을 위한 소재였다. 초등학교 동기 동창으로 연세대학교에서 금속학 석사를 마치고 대기업 연구소에서 알루미늄을 연구하던 김영호 전무가 소재 개발에 뛰어들었다.

몇 해를 고생하던 끝에 뜻밖의 행운이 찾아왔다. DAC에게 고강도 알루미늄 소재를 공급하던 국내 업체를 세계적인 알루미늄 업체인 알코아가 인수한 것이다. 우여곡절 끝에 라제건 대표는 미국 피츠버그에 있는 알코아기술센터(ATC, Alcoa Technical Center)를 방문하여 지금까지 20년 가까이 라제건 대표가 '마스터'라고 부르게 된 로버트 샌더스 박사를 운명처럼 만나게 된다. 그는 박사학위를 받고 나서 정년퇴직할 때까지 고강도 알루미늄의 연구에만 몰두해 온 알코아 최고의 기술자였다. 라제건 대표의 간절한 요청이 샌더스 박사의 마음을 움직였다. 그러나 샌더스 박사는 DAC가 원하는 물성의 합금을 개발하는 지름길을 알려주지 않았다. 그는 지도와 컴퍼스를 던져주고 "당신이 원하는 길은 스스로 찾으라"라고 하는 방식으로 도와주었다. 때로는 반년 이상 길을 찾아 헤맨 뒤에야 다음 힌트를 내주곤 했다. 김영호 전무의 'TH72A'로부터 'TH72E'까지 몇 해, 그리고 샌더스 박사를 만나 도움을 받으며 드디어 '완성'이라고 스스로 평가할 수 있을 때까지 또 몇 해가 지나갔다. 라제건 대표는 DAC만의 이 합금을 'TH72M'이라고 명명했다. 이 합금은 지금까지 DAC만이 할 수 있는 새로운 개발의 원동력이 되어주고 있다. 패더라이트의 네 번째 버전인 초경량 텐트 폴 'Featherlite NFL'은 TH72M이 개발되지 않았더라면 가능하지 않았을 것이다.

Chapter 12

시속 162킬로미터 바람을 일으키는 세계 유일의 풍동실험실

DAC 본사 정문을 들어서면 옥상에 우뚝 솟아 있는 사슴상 아래로 구름다리처럼 기다랗게 이어진 시설물 하나를 볼 수 있다. 사방이 벽으로 둘러싸여 어떤 용도인지 알기 어려우나 예사롭게 보이지는 않는다. 끝부분은 원통 모양이다. 밖으로 개방되어 있어 비행기 프로펠러가 달린 원통처럼 보이기도 한다. 외벽에 쓰인 대로 이 시설이 바로 DAC의 자랑이자 정체성이기도 한 'Wind Lab', 즉 풍동실험실이다.

텐트는 야외에서 사용하기 때문에 언제든지 강풍에 노출될 수 있다. 특히 탐험용 텐트는 얼마나 강풍에 잘 견딜 수 있는가에 따라 생사가 결정될 만큼 중요하다. 노스페이스는 공군 비행장의 대형 수송기에서 뿜어져 나오는 바람으로 텐트를 테스트한 것으로 유명했다. 다른 업체들은 달리는 자동차 지붕 위에 텐트를 설치하여 고속도로를 달리면서 테스트하기도 했다. 라제건 대표는 1990년대 중반 일본의 던롭 텐트 팀이 일본자동차협회 소속의 풍동실험실에서 풍동실험을 할 때 초대받게 되어 흥분했었으나 자동차협회의 회원사 직원만 입장할 수 있다고 해서 뜻을 이루지 못한 적 있다. 몇 년 뒤에는 미국 육군이 보유한 기상실험 설비를 방문하는 팀이 함께 가자고 했지만, 외국인은 출입이 안 된다고 해서 또다시 좌절되었다. 궁금증을 이기지 못한 라 회장은 아쉬운 대로 공장 뜰에서 영화 특수효과팀을 초청해 풍속을 측정하며 첫 번째 풍동실험을 해보았다. 물론 기대에는 턱없이 못 미쳤다.

마침내 라제건 대표에게 풍동실험에 참여할 수 있는 첫 번째 기회가 주어졌다. 2000년 들어서였다. 미국의 메이저 텐트 브랜드 중 하나인 시에라 디자인 사장인 샐리 매코이가 라제건 대표가 보여준 텐트 프레임 보강 장치에 깊은 관심을 가지고 이를 시험해보자고 해서 시애틀에 있는 워싱턴대학교의 커스틴 풍동실험실을 사용하기로 예약했다. 시애틀은 보잉사가 있는 보잉 필드를 중심으로 미국 항공산업의 메카인 도시다. 워싱턴대학교에는 이미 1930년대에 만들어진 풍동실험실이 있었다. 라제건 대표가 개발한 보강 장치는 놀라운 위력을 발휘했다. 텐트의 네 코너에 설치한 이 장치는 두 배 이상의 바람의 힘을 견뎌냈다. 샐리는 이 장치를 라제건의 영문 이름을 딴

'Jake's Corner'라고 명명하고 라제건 명의로 특허 출원을 해주었다.

2002년부터는 우리나라 대덕연구단지의 한국항공우주연구원(KARI)에 새로 설치한 아음속 풍동실험실(최대 풍속 초속 80미터)에서 풍동실험을 본격적으로 하기 시작했다. 그 후 5년간 매년 엄청난 비용을 들여가며 실험을 진행했다. 바이어들에게 시험하고 싶은 텐트들을 보내달라고 해서 무료로 실험을 해주고, 그 결과를 동영상과 사진으로 보내주었다. 2009년에는 대형 트럭 전용 풍동실험실을 방문하기도 했다.

그러나 라제건 대표에게는 늘 가슴속 깊이 아쉬운 것이 있었다. 풍동실험은 항상 텐트가 완성된 뒤에 확인 차원에서 이루어질 수밖에 없다는 사실이었다. 그는 텐트 개발 과정에서 수시로 시험해보고 싶었다. 방법은 자체적으로 풍동실험실을 만드는 것뿐이었다. 그것이 과연 가능한 일일까? 텐트 폴을 생산하는 업체에서 텐트 제조업체나 텐트 브랜드 중 단 한 곳도 보유하고 있지 않은 풍동실험실을 설치한다는 것이 가당키나 한 일인가?

오랜 고민 끝에 그는 마음을 굳혔다. 그리고 임원들에게 말했다.

"풍동실험실은 제가 간절히 원하는 '장난감'이에요. 비용은 엄청나게 들고 기대되는 수익은 없습니다. 전기 소모도 엄청날 거예요. 투자에 대비해서 별로 기대할 것도 없어요. 그러니까 이번에는 그냥 한번 봐주세요……."

다행히 풍동실험실 건설에 경험이 많은 훌륭한 업체를 만났지만, 안전에 가장 중점을 두는 특성상 건물 3층에 풍동실험실을 올리는 것에 대해 반대했다. 대형 팬이 설치되는 곳과 풍동실험실 몸체가 설치되는 곳의 기초를 분리하여 각각 파일을 박겠다고 설득해서 겨우 넘어갔다. 수백 톤에 이르는 풍동실험실은 이렇게 해서 건물 3층에 올라앉게 되었다. 노즐이라 불리는 'DAC Wind Lab'의 실험 공간은 바람이 부는 폭이 5미터, 양쪽에 바람이 불지 않는 부분이 2미터씩 있어서 총 9미터에 이른다. 워싱턴대학교의 2.4미터, 한국항공우주연구원의 4미터 폭에 비해 굉장히 큰 규격이다. 어지간한 대형 텐트도 실험할 수 있는 규모다. 500마력의 모터에서 뿜어 나오는 바람은 초속 45미터, 즉 시속 162킬로미터에 달한다. 미국 유명 잡지의 한 작가는 대형 로켓이 건물 측면에 추락한 것 같은 모습이라고 했다.

라제건 회장과 그의 팀은 이곳에서 수많은 풍동실험을 실시하고 있다. 텐트 구조의 작은 변경이 어떤 변화를 일으키는지 수많은 데이터베이스를 확보하고 있는 곳은 이 세상에 DAC뿐이다. 공장을 방문해 건설 중인 풍동실험실을 바라보며 한 바이어가 말했다.

"당신, 텐트 모델들은 모두 무료로 나누어 주었지만, 풍동실험실은 반드시 실험 비용을 받아야 해!"

그러나 라제건 회장은 이 가까운 미국 친구의 권고도 듣지 않았다. 어쩌면 무료였기에 DAC는 더 많은 데이터를 축적할 수 있었는지도 모른다.

예전에 읽었던 책 한 권이 생각났다. 글 쓰는 농사꾼 전우익 선생이 쓴 『혼자만 잘 살믄 무슨 재민겨』라는 책이다. 지금은 고인이 된 저자는 책에 이렇게 썼다.

"혼자만 잘 살믄 별 재미 없니더. 뭐든 여럿이 노나 갖고, 모자란 곳을 두루 살피면서 채워주는 것, 그게 재미난 삶 아니껴."

라제건 회장은 나누는 걸 참 좋아한다. 여럿이 더불어 잘 사는 게 정말 재미난 삶이라는 걸 터득한 걸까? 그래서인지 외부에서 풍동실험실을 빌려 쓰기 위해 찾아오면 다른 직원 시켜도 될 걸 자신이 나서서 안내하고 설명하기를 주저하지 않는다.

Chapter 13

반입식 캠핑 문화를 선도한 헬리녹스 체어원

 DAC가 상대를 찾아볼 수 없을 만큼 독보적인 세계 최고의 회사이긴 하지만, 거대한 메이커로부터 수주를 받아 정해진 부품을 납품하는 회사라는 업의 본질은 벗어날 수 없다. 여기에만 머물렀다면 굴곡은 없을지언정 큰 성장도 기대하기 어려운 고급 텐트 폴 시장의 영역 안에서 벗어나기 힘들었을 것이다. 오직 소비자를 바라보면서 그들의 요구를 끊임없이 탐색했던 DAC는 텐트에만 머물지 않았다.

 야외생활에서 편리함을 제공해줄 수 있는 것은 무엇일까? DAC의 역량으로 해결할 수 있는 제품은 무엇일까? 라제건 회장이 끊임없이 찾던 것 중의 하나가 의자, 즉 체어였다. 다행히 그의 곁에는 최고 수준을 자랑하는 텐트 제조사 반포테크의 패턴사 최준석이 있었다. 그는 일반 텐트 패턴사와는 전혀 다른 차원에 이른 디자이너였다. 라제건 회장의 아이디어를 실체화해준 것은 오종빈 이사, 왕장호 상무 그리고 최준석 상무였다. 그것은 세상에 없던 제품을 만드는 일이었다. 기준도 없었다. 스스로 기준을 만들며 개발이 이어졌다. 프레임을 만들면 원단의 패턴이 적절치 않았다. 패턴에 맞추려면 프레임이 작동하지 않았다. 수도 없는 반복을 거쳐 완성에 다가갔을 때 라영환 대표는 이를 '체어원(Chair One)'이라고 이름 붙였다.

처음에는 노스페이스, 보이스카우트, 코오롱스포츠 그리고 미국의 REI 등이 관심을 보였다. 이들 중 REI에는 본격적으로 지원을 해주었다. REI가 3년 만에 REI의 전 퍼니처 카테고리를 합한 1000만 달러에 접근하는 매출을 보이자 라제건 회장을 압박했다. 헬리녹스를 포기하기만 하면 REI에서 퍼니처류에 대해 전폭적으로 밀어주겠다는 것이었다. REI 임원 7~8명이 모인 자리에서 부사장이 이런 제안을 했다.

라제건 회장의 대답은 자명했다.

"저는 두 브랜드 중 하나를 선택할 수밖에 없다면 당연히 헬리녹스를 선택하겠습니다."

REI는 라제건 회장이 개발해 준 조금 기능이 떨어지는 체어를 가지고 DAC를 떠났다. 그 후 REI가 체어로 성공했다는 이야기는 들리지 않는다.

체어원의 대히트는 DAC와 헬리녹스 모두에게 전환점이 됐던 일대 사건이었다.

체어원의 무게는 850그램밖에 되지 않는다. 펼쳐서 앉으면 편안하고 안락한 의자임이 분명하지만, 다 접으면 성인 남성 신발 크기 정도다. 배낭이나 가방에 넣어 다니기 좋고 그냥 손에 들고 다녀도 부담이 전혀 없다. 그런데도 성인 남성 두 명의 몸무게인 145킬로그램의 무게를 지탱한다. 이전에 그 어디서도 볼 수 없던 신기하고 놀라운 제품이었다. 당연히 소비자들의 반응은 폭발적이었다. 세계 최대인 미국 아웃도어 시장의 약 절반을 장악한 제조 및 판매업체 REI가 캠핑 가구 부문 전체를 통틀어 연간 800만 달러에서 1200만 달러 정도의 판매액을 올리는데, 체어원이 출시된 첫해에 이 한 제품만 가지고도 매출을 800만 달러나 기록했으니 말이다.

새로운 마케팅 콘셉트도 크게 한몫했다. 당시 화제가 된 사진 한 장이 있다. 손끝에 달랑 종이 하나 얹어놓은 듯 체어원을 가볍게 올려놓은 장면이다. 이 정도로 가볍고 이만큼 작다는 확실한 메시지를 한 장의 사진으로 강렬하게 표현한 것이다. 이 사진은 대단한 선풍을 불러일으켰다. 그전까지 DAC는 일반 소비자를 직접 상대하지 않았기에 오직 제품력과 기술력으로만 승부를 걸었지만, 헬리녹스는 일반 소비자를 직접 상대해야 했기에 홍보와 영업 면에서 전혀 새로운 마케팅 전략과 기법이 필요했다. 이걸 라영환 대표가 이끄는 젊은 두뇌들이 멋들어지게 해낸 것이다.

그즈음 어떤 기자가 라제건 회장에게 짓궂은 질문을 던졌다.

"새로운 알짜 사업을 아들에게 넘긴 게 아쉽지 않으신가요?"

이에 대한 라제건 회장의 대답은 이랬다.

"라영환 대표가 없었다면 지금 체어원은 노스페이스 또는 REI 브랜드로 팔리고 있을 겁니다. 우리 세대에서는 못 했던 브랜드 사업을 아들 세대는 할 수 있다는 걸 알았습니다. 성실하고 꼼꼼하게 오래 버텨야 하는 제조업과 소비자를 상대로 한 브랜드 마케팅은 전혀 다른 일이었습니다. 아들 세대는 우리와 달리 해외 문물도 일찍 경험하고, 여러 나라의 좋은 물건을 쓰고 자라서 확실히 눈높이가 다르더군요. 이제 한국의 중소기업도 세계적인 브랜드를 만들 수 있게 됐다고 생각합니다."

체어원의 성공은 예상치 않은 어려움도 가지고 왔다. 짝퉁의 출현이었다. 체어원이 출시된 지 채 1년이 되지 않아 짝퉁 체어가 보이기 시작했다. 곧이어 여기저기 우후죽순처럼 터져 나오는 짝퉁들은 가히 짝퉁 쓰나미라고 불릴 만했다. 라제건 회장은 깊은 고민에 빠졌다. 어떻게 쓰나미에 쓸려나가지 않고 생존할 수 있을까?

그는 개발력의 차이를 생각했다. 체어원 하나의 모델이 있을 때는 오리지널 체어와 짝퉁 체어의 대결이지만, 다양한 체어와 테이블, 야전침대 등 따라오기 힘들 만큼의 다양한 제품들을 개발하면 퍼니처대 짝퉁 체어 하나의 대결이 될 수 있다. 시간이 흘러 소비자들이 품질의 차이를 인지할 수 있을 때까지 견뎌내면 된다. 이렇게 생각한 라제건 회장은 바로 다음 제품들의 개발에 매달렸다. 보다 착석감이 편안한 캠프체어, 머리 받침이 있는 선셋체어, 좌우 회전이 가능한 스위블체어, 보다 가벼운 그라운드체어 그리고 라이트코트, 코트원 등 야전침대도 선보였다. 아울러 무게가 490그램에 불과한 체어제로도 선보였다.

"캠핑 그루 대부분이 체어원을 사용하고 있어요."

"내가 가진 체어 중 가장 작은 체어원. 캠핑 의자의 끝판왕이라고 할 수 있어요."

"해외 캠핑 여행에서는 체어원 같은 경량 의자가 가장 좋은 선택이에요."

인터넷에는 체어원을 써본 사람들의 후기가 굉장히 많이 올라와 있다. 이들의 사용 후기 공통점은 편리하고 편안하다는 것이다. 작은 신발 가방 크기라서 휴대가 간편하고, 무겁지 않아 들고 다니기 부담이 없다. 설치와 철거도 아주 간단하다. 뭘 끼우고 조립하고 돌리느라 끙끙거리거나 고민할 필요가 없다. 프레임을 이리저리 흔들기만 해도 자동으로 맞춰진다. 다리 4개, 좌석과 등받이 기둥 4개가 저절로 자리를 잡는다. 그대로 스킨만 입히면 완성이다. 캠핑 초보자나 어린이도 쉽게 설치할 수 있다. 높이가 낮은 편이라 아늑한 느낌을 준다. 한번 체어원에 앉아보면 다른 무겁고 둔탁한 의자에 앉기가 싫어진다. 많은 사람에게 오랫동안 사랑받는 이유다.

앞에서 필요는 발명을 부르고, 발명은 시장을 만들며, 시장은 문화를 형성한다고 했다. 체어원이 시장에서 뜨거운 반응을 보이면서 캠핑 문화에도 변화가 생겼다. 반입식 캠핑 문화가 자리 잡기 시작한 것이다. 입식(立式)은 서양 스타일로 모든 걸 서서 하는 방식이다. 침대, 의자, 식탁 등을 사용해 캠핑을 즐긴다. 활동이 편리하지만, 넓은 공간이 필요하고 설치와 철거가 복잡하고 힘들다. 좌식(坐式)은 한국 스타일로 대부분을 바닥에 앉아서 하는 방식이다. 장비가 많이 필요 없고 가구의 규모도 입식에 비해 작다. 공간이 좁아도 되고 설치와 철거도 간단하지만, 활동이 불편하고 독립성이 떨어진다. 반입식(半立式)은 이를 절충한 방식이다. 좌식의 편안함과 입식의 편리함을 모두 취했다. 가볍고 튼튼하며 설치와 철거가 쉬운 캠핑 의자와 각종 아웃도어 용품들이 진화를 거듭했기 때문이다. 그 시작이 바로 체어원이었다.

체어원이 2013년 레드닷 디자인 어워드를 수상한 데 이어, 체어제로는 2014년 프리드리히하펜에서 열린 '독일아웃도어쇼'에서 금상을 받았다. 미국의 저명한 아웃도어 잡지 「백패커(Backpacker)」는 체어제로를 '2017년 편집자가 뽑은 최고의 상'에 선정하기도 했다. 아울러 체어원과 그라운드체어 역시 세계 최대 스포츠 · 아웃도어 박람회인 ISPO에서 2013년과 2014년 연달아 본상을 수상하면서 기술력을 인정받았다. 해외에서 이들을 먼저 알아준 것이다.

설립 4년 만에 세계 각지에서 55개 거래처를 확보한 헬리녹스의 초경량 의자들은 자타공인 세계 선두를 향해 쾌속 질주 중이다. DAC가 20여 년에 걸쳐 이룩한 매출을 헬리녹스가 창업한 지 단 3년 만에 달성한 걸 보면 얼마만큼 무서운 속도로 성장하고 있는지를 잘 알 수 있다.

라제건 회장이 20여 년간 개발해 온 DA17을 기반으로 한 패밀리 텐트, 패더라이트를 기반으로 한 초경량 텐트, 트레킹 폴이 기존 시장에 있는 제품들을 개선한 것이라면 체어원을 출발점으로 한 새로운 개념의 초경량 아웃도어 체어의 개발은 땅바닥에 앉아 피크닉을 즐기던 사람들이 간편하게 의자에 앉아 자연을 즐길 수 있도록 만들어 준 가히 혁명적인 발상의 전환이었다. '우리나라에서 개발한 제품이 세계의 문화를 선도한다.' 그의 오랜 꿈이 구체화되는 출발점이 체어원의 성공이었던 것으로 보인다. 다음 행보는 과연 어떻게 펼쳐질까?

Chapter 14

건물에 기둥이 있듯
텐트에는 폴이 있다

풍동실험실 외에 DAC의 기술력을 상징적으로 보여주는 건 기술연구소다. 최고의 기술이 만들어지고 유지되려면 적절한 환경과 함께 우수한 인력이 필수적이다. 기술연구소는 선대 라익진 회장이 경영하던 동아무역주식회사 시절에 라제건 대표가 금융기관에서 사용하던 통장 프린터를 개발하기 위해 설립한 곳이다. 1987년에 오준호 교수와 함께 작은 프로젝트를 시작하며 만난 사람이 지금 DAC에서 엔지니어링을 총괄하는 왕장호 상무다. 첫 프로젝트에서 만났던 왕장호 사원은 라제건 대표와 오준호 교수의 눈에 쏙 들어왔다. 발군이었다.

'저만한 사람이 한 명 있으면 연구소를 차려도 되겠다.'

이렇게 생각한 라제건 대표와 오준호 교수는 오랜 상의 끝에 당시 동아무역에서 일본으로부터 부품을 도입해 조립하던 통장 프린터를 국산화해보자는 계획을 세웠다. 왕장호 사원은 기술연구소의 핵심 요원이었다. 오준호 교수의 진행에 맞춰 국내 최초로 개발된 통장 프린터는 대성공이었다. 그러나 같은 시기에 동아알루미늄을 시작한 라제건 대표로서는 연구소와 공장을 계속 오가는 것이 무리였다. 라익진 회장의 타계 이후에 라제건 대표는 DAC에만 전념하기로 했다.

얼마 전까지만 해도 오준호 교수가 꾸준히 연구 자문을 해왔다. 오준호 교수는 미국 캘리포니아대학교 버클리캠퍼스대학원 기계공학 박사 출신으로 KAIST 기계공학과 교수 겸 휴머노이드로봇연구센터 소장을 역임한 세계적인 로봇공학자다. 2014년 그가 개발한 휴보(HUBO)는 휴머노이드(Humanoid)와 로봇(Robot)의 합성어로 국내에서 처음 만들어진 인간형 로봇이다. 두 발로 서서 걷는 등 사람의 동작 70퍼센트 이상을 따라 할 수 있는 휴보는 2015년 세계재난로봇대회(DRC)에서 우승을 차지하기도 했다.

DAC가 패더라이트의 성공으로 자리를 잡을 무렵 오준호 교수는 라제건 대표에게 그의 기술력을 활용할 수 있는 다양한 로봇 개발을 제안했다. 어느 날은 탁구 치는 로봇을 만들어보자고 했고, 또 어느 날은 골프 치는 로봇을 만들어 타이거 우즈와 시합하도록 하면 어떻겠느냐는 제안을 하기도 했다. 실제로 그 무렵 라제건 대표는 개발프로젝트를 함께하던 나이키에 이런 제안을 한 바 있다. 그러나 나이키는 '사람의 땀과 노력'이 개념인 회사여서 로봇은 어울리지 않을 것 같다고 정중하게 거절했다. 그 후에 오준호 교수가 제안한 것이 천체 망원경 자동마운트였다.

"제가 2002년 즈음 동아무역을 그만두고 동아알루미늄으로 왔습니다. 그때 회장님, 오준호 박사님과 함께 뭘 개발할까 논의하던 중에 천체망원경을 만들어보자는 이야기가 나왔어요. 알루미늄을 다루는 기술로 천체망원경 자동마운트도 할 수 있다고 생각한 거죠. 어떻게 팔지? 기존 회사들과 경쟁이 될까? 우려도 있었지만, 오준호 박사님이 워낙 실력 있는 분인 데다 자신 있다고 해서서 시작했죠. 천체망원경은 추적 장치가 핵심이에요. 우여곡절 끝에 어렵사리 만들었는데, 성능은 최고 수준이었지만, 시장도 몰랐고 판매망도 없었어요. 다섯 개를 만들었죠. 하나도 못 팔았을 거예요. 새로운 사업이 쉬운 게 아니죠. 1층 로비에 있는 게 그중 하나입니다."

기술 개발을 책임지고 있는 왕장호 상무의 회고다.

본관 로비 근사한 조각상 옆에 피아노와 나란히 놓여 있는 커다란 천체망원경이 바로 그때 만든 개발품이었다. 보기에는 너무 멋졌지만, 이런 아픈 사연이 있었다.

그리스 신화에 등장하는 태양의 신과 밤의 여신을 조합해서 헬리녹스라는 브랜드를 만들어낸 라제건 회장다운 작품이었다는 생각이 들었다. 천체망원경 자동마운트는 포기했지만, 이때 라제건 회장이 만든 헬리녹스라는 이름은 아웃도어 용품의 브랜드로 다시 태어났다. 밤하늘을 바라보며 우주의 신비를 마음껏 즐길 수 있게 해주고 싶다는 소박한 꿈은 이루어지지 않았으나 계속된 도전으로 허황한 듯 보였던 작은 소망들이 하나씩 현실이 되어갔다.

알루미늄 원형 파이프가 여러 단계의 공정을 거치는 동안 고강도 튜브로 만들어진다. 그 하나하나의 과정이 최고의 제품을 탄생시키기 위한 비밀의 열쇠일 것이다. 그렇다 해도 이 전체 생산 공정 가운데 DAC만이 가지고 있는 히든카드는 무엇일까?

"전부 다예요."

알루미늄 텐트 폴을 만드는 경쟁 회사의 사장이 DAC 폴의 표면은 어떻게 그렇게 매끈하고 미려한지 물어보자 거침없이 나온 라제건 회장의 대답이었다. 고강도 알루미늄 튜브는 생산 공정이 대단히 복잡하다. 굵기가 50~70밀리미터 정도 되는 알루미늄 봉을 받아 압출과 인발, 다양한 열처리를 거쳐 9밀리미터 내외의 텐트 폴 완제품이 만들어지기까지 약 70~80가지의 공정을 거친다. 그 많은 공정 가운데 소홀히 할 수 있는 공정은 단 한 군데도 없다. 라제건 회장은 가장 중요한 압출기, 인발기, 열처리로 등 주요 설비들을 자체적으로 개발했다. 시중에서 구할 수 있는 장비들의 정밀도로는 DAC가 추구하는 품질 수준을 맞출 수 없었기 때문이다.

"고강도 알루미늄 튜브의 생산은 불량과의 싸움입니다. 불량은 거의 마지막 공정에서야 판별 가능합니다. 불량이 발견되면 그 앞에 있는 어느 공정에서 문제가 생겨 불량이 발생했는지 추적해야 합니다. 마치 열이 나서 병원에 가면 의사가 열이 나는 원인이 무엇인지 추적하는 것과 비슷하다고 생각합니다. DAC 제품이 신뢰받는 이유 중에 핵심적인 부분은 균일성입니다. 미국의 REI에서 20여 년간 엄청난 물량을 판매하면서도 품질에 단 한 번의 문제도 없었던 업체는 DAC뿐이라고 합니다. 불량의 원인을 파악하기 위해 전자현미경까지 보유하고 있는 업체는 흔치 않을 것입니다."

그가 '전부 다'라고 말한 이유를 알 것 같았다.

꼭 필요한 핵심적인 기계의 경우, 이미 있는 기계를 사다가 제품을 만드는 게 아니라 최고의 제품을 생산하기 위해 기계를 직접 구상하고 설계해서 제작해 사용하는 건 DAC에 익숙한 방식이다. 그렇게 만든 기계를 끊임없이 개선하고 보완해나가니까 어디에도 없는 독자적인 기계 설비를 갖출 수 있게 되었다. 그렇지만 DAC가 필요로 하는 만큼의 기계만 만들어 쓸 뿐이다. 기계 자체를 따로 생산해 팔지는 않는다. 아마 DAC 연구진이 기계를 만들어 팔 생각이었으면 이 부분에서만 상당한 성과가 있었을 것이다. 그러나 그것은 DAC의 길이 아니다. 우수한 기계는 목표를 이루기 위해 전진하는 과정에서 나온 부산물이다.

텐트 폴도 마찬가지다. 최고의 텐트 폴을 만들려다 보니 소비자들이 원하는 텐트를 구상하게 되었고, 세상에 없는 새로운 텐트 모델을 개발하기 위해 그에 최적화된 텐트 폴을 만드는 방식에 익숙해지게 되었다. 그래서 DAC는 텐트 브랜드에게 새로운 텐트 모델을 제안하고 설계해 주는 일을 꾸준히 해왔다.

DAC 홈페이지에는 '다섯 명의 히어로'라는 페이지가 있다. 이 페이지에는 작업복을 입은 채 미소를 짓고 있는 다섯 명의 사진이 올라와 있다. 그 아래에는 라제건 회장이 써넣은 글이 있다.

"이 다섯 명은 침몰하는 배를 떠나지 않고 살려낸 분들입니다. 지난 30년을 이분들과 함께 지낼 수 있어서 영광이었습니다."

어찌 이 다섯 명뿐이랴. DAC에 장기근속하며 회사에 애정을 가지고 내 일처럼 애쓰는 대부분의 직원은 라제건 회장이 가장 자랑스럽게 생각하는 부분이다.

이 다섯 명 중에서 라제건 회장이 가장 존경하는 사람이 박동오 이사다. 박동오 이사는 동아알루미늄을 창업하던 1988년에 젊은 라제건 대표의 운전기사로 처음 만났던 사람이다. 당시 여의도 연구소와 인천 공장을 오가며 밤낮없이 일하던 막내아들에게 교통사고가 날까 봐 걱정하던 아버지가 운전기사를 붙여준 것이다. 그는 매사에 헌신적이고 지나치리만큼 정직했다. 주변 사람들을 배려하고 도움이 필요한 곳에는 늘 발 벗고 나서는 사람이었다. 그의 성장 과정은 불우했다. 학교 교육도 제대로 받지 못했다. 그러나 타고난 아름다운 성품은 어려운 환경도 망가뜨리지 못했다. 박동오 기사는 라제건 대표보다 몇 살 아래였지만, 일찍 결혼해 슬하에 두 아들이 있었다. 어느 날 라제건 대표가 박동오 기사에게 이야기했다.

"다음에 박 기사의 아들들이 장성해서 '아버지는 남들 챙기느라 바빠 자신과 가족들은 제대로 돌보지 못했어요. 저는 아버지처럼 살지는 않을래요'라고 생각하게 될까 봐 두려워요. 아들들이 자랑스럽게 생각하는 아버지가 되었으면 좋겠어요."

라제건 대표는 무려 3개월을 설득해 박동오 기사를 생산 현장으로 밀어 넣었다.

세월이 흘러 장성한 박동오 이사의 두 아들이 결혼하게 되었다. 주례를 맡은 라제건 회장이 결혼 전에 두 아들을 만나 물었다.

"아버지를 어떻게 생각하니?"

따로 만났던 두 아들에게서 환한 표정과 함께 똑같은 대답이 돌아왔다.

"아버지를 존경하고 자랑스럽게 생각해요. 아버지처럼 살고 싶어요."

라제건 회장이 박동오 이사에게 이 이야기를 전해주었다.

"박 이사, 이만하면 우리 인생은 성공한 셈이지?"

어려운 환경을 이겨내고 자신의 노력으로 고강도 알루미늄 생산 기술의 세계 일인자로 성장한 박동오 이사. 그와 함께 지낼 수 있었던 지난 30여 년을 라제건 회장은 자신에게 주어진 복으로 여긴다.

건물에서 가장 중요한 건 뭘까? 튼튼한 기초다. 기반이 든든해야 흔들리지 않는 건물이 세워진다. 그 기반 중에서도 핵심적인 건 기둥이다. 기둥이 바로 서야 건물이 바로 선다. 서양 건축이든 한옥 건축이든 매한가지다. 그렇다면 텐트에서 가장 중요한 건 뭘까? 튼튼한 폴이다. 폴이 든든해야 흔들리지 않는 텐트가 세워진다. 건물은 움직일수 없지만, 텐트는 움직일 수 있다. 그래서 텐트 폴은 가볍기까지 해야 한다. 튼튼하고 가벼운 폴. 자유와 행복을 선물하는 텐트. 이것은 DAC가 추구하는 목표고, 포기할 수 없는 본질이다. 이 신념이 DAC를 세계 최고로 만든 비결이다.

Chapter 15

세상에 없던
제품만을 내놓는다

2017년 3월 중순 경기도 고양시에 있는 킨텍스에서는 '캠핑 앤드 피크닉 페어'가 열렸다. 이때 헬리녹스에서 처음 공개한 초대형 텐트를 보고 사람들은 깜짝 놀랐다. 크기가 일반 텐트의 약 17배에 이르는 이 텐트는 '코스모스 돔'이었다. 지름 8미터, 높이 3.6미터로 성인 35명이 한 줄로 빙 둘러앉을 수 있을 정도였다. 이런 텐트를 설치하고 해체하려면 굉장한 시간과 노력이 필요할 것 같지만, 실제로는 매우 간단했다. 일반인 몇 명이 20분이면 텐트 하나를 후다닥 세울 수 있였다. 전문가들이 아니면 설치와 해체를 엄두도 낼 수 없는 다른 대형 텐트와는 확연하게 달랐다.

잔디밭, 흙, 콘크리트, 아스팔트 등 어디에서나 설치가 가능한 이 텐트는 세계에서 유일한 간편한 초대형 텐트였다. 한데 이런 텐트는 무엇 때문에 만든 것일까?

"실외 이벤트, 스포츠팀 야외훈련, 페스티벌, 단체연수 등에서 쉽게 사용할 수 있게 만든 겁니다. 밖에서 행사를 하면 전문가들에게 의뢰해 대형 그늘막 등을 설치하곤 했는데, 이제는 그럴 필요 없이 누구나 텐트를 치고 그 안에서 모임도 하고 식사도 할 수 있습니다. 피크닉 페어에서는 카누 전지훈련팀 등 많은 사람이 관심을 보였습니다."

라제건 회장은 코스모스 돔을 보기 위해 모여든 사람들에게 다가가 열심히 설명했다. 보통 사람들은 크기에만 관심을 보이며 "와~ 대단하다"라고 탄성을 지르지만, 이런 텐트 하나를 만들기 위해서는 온갖 기술과 정보가 다 동원되어야 한다. 30여 년 동안 꾸준히 축적해온 실력이 없으면 시도할 수 없는 도전인 셈이다.

그런데 사실 코스모스 돔이 세상에 처음 등장한 건 이때가 아니었다. 2008년 제29회 베이징올림픽을 앞둔 어느 날 DAC에 텐트 제작 의뢰 하나가 들어왔다. 히말라야에서 성화 봉송을 거행할 예정인데, 베이스캠프에 설치해 성화 봉송 기지로 사용할 만한 거대한 텐트를 하나 만들어달라는 요청이었다. DAC로서는 그렇게 큰 텐트는 만들어본 적이 없었다. 하지만 올림픽 성화 봉송용 텐트라는 의미가 있는 데다 생전 안 해본 일을 할 수 있게 되었다는 호기심과 창작열이 발동한 라제건 회장은 이 제안을 받아들여 연구팀과 함께 코스모스 돔 제작에 들어갔다. 규모를 키우는 건 지름과 높이만 곱하면 되는 일이 아니다. 장소가 히말라야라는 점을 감안하면 바람의 세기와 눈의 하중까지 견딜 수 있는 정밀한 과학적 설계가 필요했다.

기존의 텐트와는 전혀 다른 복잡한 기술적 검토가 요구되었다. 프레임을 짜서 골격을 갖춘 다음 강성을 가늠하려고 직원 한 명이 폴대를 잡고 매달려보기도 했다. 눈이 쌓여 녹으면 그 무게는 가중된다. 젖은 눈의 무게는 1입방미터당 300킬로그램 정도로 추정한다. 바닥 면적 50제곱미터 가운데 절반인 25제곱미터에 50센티미터의 눈이 쌓였다고 하면 무게는 무려 3.75톤에 달한다. 이는 60킬로그램 몸무게의 성인 남자 63명이 올라선 무게다. 이를 고려한 치밀한 계산 아래 히말라야에서도 문제없이 성화 봉송 행사가 진행되도록 만들어진 텐트가 바로 코스모스 돔이었다. 덕분에 베이징올림픽 당시 히말라야에서 이루어진 성화 봉송은 성공적으로 거행되었다.

그로부터 9년이 흐른 뒤 '캠핑 앤드 피크닉 페어'에 헬리녹스 브랜드를 달고 코스모스 돔이 새롭게 선보인 것이다. 2008년에 비해 상당한 기술적 진화가 이루어졌음은 물론이다. 실평수 15평의 코스모스 돔은 아늑한 방처럼 따사롭고 평온했다.

그해 겨울 일본 쓰시마(對馬島)에서 '2017 플롬아웃도어 쓰시마 캠프 페스타'라는 크리스마스 백패킹 행사가 개최되었다. 이때 해변에 설치되어 폭발적 인기를 끌었던 게 헬리녹스 코스모스 돔이다. 참가자들은 좁은 텐트가 아닌 거대한 집 같은 텐트 안에서 마음껏 대화를 나누고 식사를 하며 여행의 즐거움을 만끽했고, 겨울 바다의 낭만을 원 없이 누릴 수 있었다. 돔 텐트 안에서 서로 도와가며 일하다 보니 협동심은 물론 동료애가 새록새록 솟아나 너무 좋았으며, 이번 캠프에서 꼭 하나 가져가고 싶은 게 있다면 코스모스 돔이라는 의견을 남긴 참가자도 많았다.

50제곱미터의 면적에 눈의 무게 5톤까지 견딜 수 있게 만들어진 텐트는 현재 대한민국 육군에 납품하고 있다. 이 같은 DAC의 실험정신을 배우기 위해 여러 나라 텐트 메이커와 브랜드들이 인천을 찾는다. 일본 몽벨(mont-bell)의 다쓰노 다케시 부사장도 그중 한 명이다. 몽벨은 오사카시에 본사를 둔 스포츠 용품 제조 판매 회사다. 몽벨은 프랑스어로 '산'을 의미하는 'Mont'와 '아름다운'을 뜻하는 'Bell'의 합성어로 이름 때문에 프랑스 브랜드로 오해받는 경우가 있지만, 일본 내에만 100개가 넘는 직영 점포를 두고 있는 아웃도어 1위 기업이다. 다쓰노 다케시 부사장은 창업자인 다쓰노 이사무 사장의 아들이다. 누구보다 바쁜 다케시 부사장이 DAC를 찾는 것은 헬리녹스 제품 중 텐트·의자 등의 일본 내 독점 판매 계약을 맺은 데 이어 수입을 늘리기 위해서다. 아울러 그는 경쟁 상대이기도 한 헬리녹스의 장점을 배우고 싶어 한다.

"헬리녹스 제품처럼 애프터서비스 요청이 없는 제품은 찾아보기 힘듭니다."

그는 정색하고 헬리녹스를 칭찬한다. 헬리녹스 제품에 하자가 적고 소비자들의 애프터서비스 요청이 드문 건 모든 제품을 설계하고 출시하기까지 소비자 관점에서 문제가 될 만한 부분이 없는지 끊임없이 점검하고 실험하는 완벽주의 정신이 녹아 있기 때문이다. 2013년 별도 법인으로 독립한 뒤 불과 2년 만에 연간 수출액이 1000만 달러를 넘어선 헬리녹스는 특히 일본에서의 성장세가 꽤 가파르다. 일본은 무척 까다로운 시장이다. 국내 기업이 일본에서 성공한 사례는 찾아보기 쉽지 않다.

비결이 뭘까? 업계에서는 대개 세 가지 이유를 꼽는다. 기술력, 명품전략, 현지 디자이너와의 협업이다. 헬리녹스는 자사 제품의 기본 구조에 일본 디자이너의 특징을 가미해서 만든 상품을 한정판으로 생산해서 판매했다. 이는 선풍적인 인기를 얻었다. 일부 야외용 탁자는 소비자 가격이 12만 원, 디자이너 한정판 가격이 20만 원대였는데, 단시간에 품절이 되는 바람에 일본 옥션에서 100만 원이 넘는 가격으로 거래된 적이 있다. 그만한 돈을 지불하고도 사고 싶은 가치를 지닌 제품이었다.

2015년 연말경 라제건 회장이 여러 명의 청년과 어울려 찍은 사진 한 장이 있다. 회장 앞이라고 해서 주눅이 든 기색 없이 자유분방하기 이를 데 없는 표정과 차림새였다. 설치미술에서 실력을 인정받은 디자이너 겸 화가 김태헌 씨, 일본에서 패션을 공부한 뒤 일본 시장 개척을 위해 동분서주하고 있는 유상하 씨, 패션 업계에서 일한 경험을 바탕으로 제품 전시와 브랜드 홍보에 여념이 없는 서성호 씨 등이었다. 이들은 전부 캠핑 마니아로 헬리녹스에서 신상품을 개발하고 마케팅 활동을 펼치는 식구들이다. 업계에서는 이들을 '공포의 외인구단'이라 부른다. 이들에게는 세계라는 무대도 좁아 보인다. 뻔한 것, 이미 있는 것, 누구나 생각할 수 있는 것은 이들의 관심 대상이 아니다. 지금까지 세상에 없던 것, 누구도 생각하지 못했던 것, 불가능하리라 예상해서 아무도 손대지 않았던 것이 이들의 관심 대상이다. 헬리눅스는 이들에게 일터이자 놀이터다. 이들이 또 무엇을 만들어낼지, 어떤 걸 생각해서 현실로 구현해낼지, 언제 우리를 화들짝 놀라게 할지 기대해봐도 좋을 것 같다.

Chapter 16

ESG 경영을 선도입하다

    코로나19의 지속적 확산으로 경영환경의 불확실성이 커지는 가운데 너나없이 ESG의 중요성을 강조하고 있으며, ESG 경영에 박차를 가하는 기업들이 계속해서 늘어나고 있다. ESG란 E(Environmental, 환경), S(Social, 사회), G(Governance, 지배구조)를 의미한다. 기업의 사회적 책임(CSR, Corporate Social Responsibility)이라는 개념을 정립한 사람은 미국의 경제학자인 하워드 보웬이다. 그는 1950년대부터 기업이 이윤 추구 외에 사회적 책임을 다해야 한다고 강조했다. 윤리적 소비라든가 착한 기업이라는 개념은 과거에도 생소한 개념은 아니었으나 인권과 환경오염 또는 동물 복지 등이 사회적 이슈로 자리 잡으면서 CSR은 점차 기업 경영에 필수적 요소로 인식되었다. ESG의 핵심은 기업의 활동이 환경과 사회에 미치는 영향을 지표화한 것이며, CSR의 일부 개념을 확장해 평가할 수 있도록 변형한 것이다. 지속 가능한 발전의 관점에서 기업이 투자를 결정할 때 고려해야 할 요소로 환경, 사회, 지배구조 이 세 가지를 제시하기 시작하면서 본격적으로 ESG의 개념이 태동했다.

이런 차원에서 보자면 DAC는 ESG 경영이 전 세계 경영환경에 대세로 자리 잡기 이전부터 자연스럽게 친환경 경영을 실천하고 있었다. 대표적인 게 2006년 1월부터 새롭게 시행 중인 그린 아노다이징 공법이다. 아노다이징(Anodizing)은 양극(Anode)과 산화(Oxidizing)를 합성한 단어다. 알루미늄의 표면을 미리 산화하여 경도와 내식성 등을 증가시키면서 원하는 색상을 입히는 가공법이다. 알루미늄은 표면에 스스로 산화층을 만든다. 한 번 산화층이 생기면 부식을 멈추고 내구성과 내식성이 뛰어난 보호막 역할을 한다. 아노다이징은 알루미늄을 전해액에 집어넣고 전류를 흘려보내는 방식으로 이 산화 과정을 인위적으로 극대화하는 것이다. 그러면 표면 경도가 훨씬 높아지면서 페인트칠로는 구현하기 힘든 금속의 은은한 광택을 유지할 수 있다. 따라서 알루미늄 텐트 폴 제작에서 이 과정은 대단히 중요하다.

하지만 기존의 방법은 아노다이징을 준비하는 공정에서 인체에 해로운 질산과 인산을 사용해왔다. DAC는 이 같은 방법을 개선하기 위해 무려 7년여에 걸친 연구 끝에 환경오염의 원인이 되는 화학물질을 사용하지 않고도 튜브 표면의 경도와 내식성을 증가시키고 유려한 색깔을 입힐 수 있는 그린 아노다이징 공법을 개발했다. 이는 고온에서 산화막을 제거하는 방식과 피막에 소모되는 물을 재활용하는 시스템이다. 현재 DAC에서 생산하는 텐트 폴의 17가지 색상은 모두 그린 아노다이징 공법으로 색상을 입힌 제품들이다. 더불어 큰 비용을 들여 세척제 재생설비도 설치했다. 이뿐 아니라 텐트와 캠핑 의자에 사용되는 천도 100퍼센트 재활용된 폴리에스터 메시 패널을 사용한 모델도 출시했다. 일찌감치 친환경 경영을 앞장서서 시작한 것이다.

생산관리를 책임지고 있는 홍찬호 이사는 이 부분에 대한 자부심이 대단했다.

"환경오염 방지, 즉 친환경 문제에 관한 우리 회사의 대응은 놀랄 만큼 철저하고 선제적입니다. 법적인 기준을 꼼꼼히 갖추는 것은 물론 비용이 많이 들더라도 미래를 내다보고 준비하는 스타일이죠. 전담요원을 두고 철저하게 관리하고 예방합니다. 요즘은 이 문제가 워낙 민감해서 어느 한 곳에서만 감시하고 감독하는 게 아니에요. 인천시, 구청, 한강사업본부 등에서 이중 삼중으로 단속을 합니다. 정기적으로 또는 불시에 점검을 나오지만, 단 한 번도 문제가 된 적이 없어요. 오히려 친환경적으로 공장을 잘 운영한다고 해서 상을 받기도 했죠. 단순히 법적·도의적 책임을 면하기 위해 환경오염을 방지하는 게 아니라 일터에서 함께 일하는 직원들과 가족 그리고 지역 사회와 이웃 모두를 위해 자발적으로 친환경의 길로 나아가는 겁니다."

친환경에 대한 라제건 회장의 관심은 공장 설립 때부터 시작되었다. 1988년 7월, 인천 산업단지 내 한편 구석에 모인 사람들은 연탄재가 바람에 날리는 황량한 빈터에 알루미늄 튜브를 생산하기 위한 공장 건설의 첫 삽을 떴다. 젊은 라제건 대표는 공장 터 구석에 있는 잔디밭 한쪽에 작은 사과나무 다섯 그루를 심었다. 5년이 흐른 뒤 흙먼지 날리던 공장 마당에 드디어 아스콘을 덮게 되었을 때 그는 공장 건물 벽을 따라 빨간 벽돌로 화단을 만들었다. 그리고 그 화단에 소나무, 모과나무, 진달래, 영산홍 등 각종 나무를 심었다. 아름다운 정원이 만들어졌으나 직원들이 담배를 피우고 담배꽁초를 버리는 곳이 되리라고는 상상하지 못했었다. 라제건 대표는 거의 3년간 화단을 돌아다니며 꽁초를 주웠다. 이후 화단에 꽁초가 없어졌다. 간혹 외부 인력이 회사에 들어와 작업할 때 화단에 꽁초를 버리면 회사 직원들이 짜증을 내며 이를 말리기까지 했다. 초기에는 사과가 미처 빨개지기도 전에 모두 서리해 갔으나 언제부턴가 딸기가 빨갛게 익어 짓물러도 따가는 직원이 없었다.

"맛있게 익었는데 왜 안 따먹어요?"

"고운 딸기를 눈으로 보라는 거잖아요."

몇 년의 세월이 흐르면서 회사 직원 모두가 푸르름을 즐기고 감상하는 장소로 변한 것이다.

입사 5년째로 접어든 기획실 황서현 씨는 친환경적인 일터에서 일하는 기쁨을 누구보다 만끽하며 살아가는 사람이다. 물론 처음부터 그런 건 아니었다.

"공장? 내가 공장에서 일할 수 있을까? 처음에는 공장에 대한 선입견이 많았어요. 삭막하고 경직된 느낌일 거라 상상했죠. 그런데 입사해보니 전혀 그렇지 않았어요. 3월에 첫 출근을 했는데, 봄이 되니까

곳곳에 꽃들이 만발하고 연못도 있고 회사 내부가 너무 잘 꾸며져 있
어서 좋았어요. 출근하면 힐링이 됐어요. 겨울에 눈이 내리면 얼마나
예쁜지 몰라요. 공장에서 일한다는 느낌이 전혀 나질 않아요."

Part 3

조금 다른 생각이 특별한 결과를 만든다

Chapter 17

바이어가
찾아오는 회사

일류 회사와 이류 회사의 차이는 무엇일까? 이류 회사는 돈을 좇고 일류 회사는 시대를 좇는다. 이류 회사는 물건을 팔러 다녀야 하고 일류 회사는 물건을 사기 위해 찾아온다. 이류 회사는 홍보·마케팅에 많은 돈을 쓰고, 일류 회사는 홍보·마케팅에 별로 돈을 쓰지 않는다. 명품은 호객하지 않아도 언제든 명품 대접을 받는다.

라제건 회장은 회사를 설립할 때 누구도 따라올 수 없는 최고의 제품을 만들어 세계 어디서나 명품 대접을 받게 될 날을 꿈꿨다. 그때는 말 그대로 꿈같았던 그날이 의외로 빨리 다가왔다. DAC에도 영업부가 있지만, 영업활동을 하러 국내외를 누비지 않는다. 세계 3대 텐트 브랜드인 스웨덴의 힐레베르그, 미국의 블랙다이아몬드, 캐나다의 인테그랄디자인을 비롯해 유명 텐트 메이커인 노스페이스, 콜맨, 빅 아그네스, K2, 블랙야크, 몽벨 등이 DAC를 찾아오기 때문이다. 한번 써본 사람들의 입소문이 그 어떤 홍보·마케팅보다 큰 영향을 발휘했다.

"텐트업체 대표들이 '다른 건 몰라도 댁(DAC)만큼은 절대 포기할 수 없다'라고 말합니다. 그래서 자꾸 찾아와요. 폴을 안정적으로 공급받기 위한 목적도 있고, 새로운 텐트 설계에 대한 아이디어도 얻으려는 것이죠. 꽃이 나비를 따라가지 않잖아요? 꽃이 향기롭게 피면 나비가 찾아오게 마련이죠. 그런 원리 아닌가 싶습니다."

라제건 회장의 말에는 마케팅 전략이 아니라 그의 삶이 녹아 있었다. 과연 이 말이 사실일까? 이경란 영업부장에게 물었더니 거침없는 답변이 나왔다.

"제가 하는 일은 기존 브랜드들과 커뮤니케이션하면서 들어오는 오더를 총괄하는 겁니다. 영업부 다른 직원들도 거래처로부터 수주를 받고 긴밀히 소통하는 일을 하죠. 저희와 거래하는 브랜드들은 오랫동안 관계를 맺어온 회사들입니다. 신규 회사가 진입하기 쉽지 않은 시장이니까요. 우리 회사는 영업 방식이 좀 다릅니다. 다른 회사는 열심히 영업을 뛰어야 오더가 들어오는데, 우리 회사는 바이어들이 제 발로 찾아옵니다. 한참을 기다리는 한이 있어도 꼭 우리 제품을 써야 한다고 생각하는 거죠. 지금은 1년 치 이상 오더가 차 있습니다. 주문이 들어와도 받아주기 힘든 실정이에요. 우리는 작년만큼밖에 못 해준다. 이런 공문을 보내야 할 정도예요. 영업부 직원 개인의 능력이 뛰어나서 오더를 많이 받는 게 아니라 신뢰관계에 있는 브랜드들이 알아서 오더를 주니까 커뮤니케이션만 잘하면 됩니다. 말만 영업이지 관리 기능이 강한 거죠. 공격적으로 영업하거나 제품을 팔러 다녀 본 적이 없습니다."

다행히 텐트 폴은 흔히 구할 수 있는 일반적인 부품이 아니어서 바이어인 텐트 제조업체들로부터 직접적인 '갑질'은 별로 당하지 않았으나 라제건 회장이 공장을 설립해 제조업을 선택하며 꿈꾸었던 세상과 막상 생산을 시작하며 부딪친 현실은 너무나도 괴리가 컸다. 바이어인 텐트 제조업체가 말로만 듣던 갑질을 당하는 것을 보면 그들의 납품업체인 DAC에는 어떤 미래가 펼쳐질까 앞길이 막막했다. 텐트 제조업체들은 그들의 바이어인 브랜드 업체들로부터 개발이 완성된 샘플을 받아 견적을 제시하는 것이 거래의 시작이었다. 규모가 있는 브랜드들은 샘플을 세 개 정도 만들어 몇 개의 텐트업체에 나눠주고, 견적을 받아 비교하여 업체를 선정하곤 했으니 수익성도 형편없어 보였다. 이것이 라제건 회장이 맞닥뜨린 업계의 모습이었다. 텐트 폴의 최종 소비시장인 캠퍼들을 관심 있게 관찰하던 그는 새로운 길을 찾기 시작했다. '텐트 모델은 프레임 구조에 의해 결정되고, 프레임은 DAC가 만든다.' 그는 이 부분에 착안했다. 새로운 텐트 모델을 위해서는 새로운 텐트 폴이 필요했다. 새로운 텐트 폴을 만들려면 새로운 소재와 제조 공정이 필요했다. 라제건 회장은 개발에 매달렸다. 새로운 소재와 텐트 폴이 완성되고, 이를 활용한 텐트 프레임이 그의 손에서 개발되기 시작할 무렵, 그는 비교적 가깝게 지내던 두 텐트 제조업체에 새로운 모델을 제시했다. 그들의 사업모델이 바뀌지 않고서는 그들에게 납품해 사업을 꾸려나가야 하는 DAC 역시 희망이 없어 보였기 때문이다.

"새로운 텐트 모델을 개발했으니 이 모델을 바이어에게 제시해보면 어때요?"

바이어들이 제공한 샘플로 견적을 내기만 하던 텐트 제조업체들은 반색했다. 자연스럽게 구매팀들에게 시달리던 입장에서 영업팀들과 직접 일하는 방식으로 변경되었다. 라제건 회장과 호흡을 맞춰 1990년대에 텐트로 명성을 떨치던 ㈜진웅의 전무는 다음과 같이 말했다.

"영업을 맡고 있으니 납품업체들은 만나주지를 않습니다. 만나서 할 이야기가 뻔하거든요. 오더가 더 필요해요, 가격이 너무 낮아요, 결제가 너무 늦어요, 대부분 이런 거죠. 그런데 DAC 라제건 사장님은 한 번도 자신의 애로사항을 이야기하지 않았어요. 늘 우리에게 필요한 것이 무엇인지를 듣고 그 해결책을 제시하곤 했죠. 그러니 라제건 사장님은 오히려 우리가 청해서 만나곤 했습니다."

그러나 DAC가 뒤에서 프레임을 개발해 텐트 제조업체에 제시하면 텐트 제조업체가 전면에서 브랜드들과 상담하여 모델을 제시하고 주문을 받는 방식은 썩 잘 작동하지 않았다. 대부분 주문생산 방식인 텐트에는 브랜드들의 요구사항에 따른 사양 변경이 필수적이었기 때문이다.

"모델이 새롭고 좋아 보이니 이 모델로 개발을 진행해봅시다. 그런데 천장은 10센티미터쯤 높이면 좋겠고, 입구도 따라서 높이면 좋겠군요."

이런 식이었다.

신이 난 텐트 제조업체 사장에게서 연락을 받은 라제건 회장의 반응은 텐트 제조업체 사장을 당황하게 했다.

"프레임 구조상 높이를 높일 수가 없는데요…… 입구도 못 올리고요."

"아니, 벌써 상담을 성공적으로 마치고, 사양 변경에 대해 약속을 다 했는데, 안 된다고 하면 어떡하란 말이에요?"

"에구…… 진작 저와 상의를 하시지 그랬어요?"

"……."

입장이 난처해진 텐트 제조업체 사장은 라제건 회장과 브랜드 업체와의 상담을 주선할 수밖에 없었다. 라제건 회장이 브랜드들과 직접 상담하게 되니 주객이 바뀌었다. 상담을 라제건 회장이 주도하게 된 것이다. ㈜진웅의 대일본 영업을 담당하던 직원이 일본에서 콜만 재팬과 상담하고 나서 라제건 회장에게 말했다.

"마치 구름 위를 걷는 기분이었어요."

"네?"

"보통 두 시간쯤 상담하면 대부분은 가격, 품질, 납기에 대한 불만을 듣고, 마지막에 샘플을 던져주며 견적을 내라고 하는 것이 바이어들과의 일반적인 상담인데, 몇 시간 동안 시장에 대한 분석, 시장에서 브랜드의 위치, 새 전략 방향 등에 관해 상담을 진행했으니 말이죠."

초기에는 구매팀에서의 반발도 만만치 않았다.

구매팀에서는 아직 모델이 어떻게 생겼는지, 가격은 얼마인지, 납기는 어떻게 조절해야 할지 전혀 알지 못하는 상황에서 오히려 DAC 측으로부터 모델, 텐트 폴 가격, 납기 등에 관한 정보를 듣고 발주서를 발행해야 하는 상황이 되었으니 달가웠을 리 없다. 바이어가 제시한 샘플에 따라 텐트 샘플을 개발하는 개발팀에서도 못마땅한 반응들이 터져 나왔다. 라제건 회장이 개발한 모델들은 과거에 그들이 하던 방식으로는 텐트 샘플을 만들기도 힘들었다. 오히려 라제건 회장이 개발한 모델은 모델 자체에 문제가 있어서 개발이 불가능하다는 것을 증명하려는 듯한 태도를 보이는 개발자도 있었다.

그러던 중 DAC의 앞길을 바꿔줄 운명적인 만남이 시작되었다. 텐트 제조업체로는 처음으로 텐트 모델을 개발해 브랜드들에 제시했던 회사. 처음으로 품질에 까다롭기로 유명한 일본 시장을 개척해 장악하고 있던 회사. 1990년대 국내 텐트 시장을 소유하고 있었다고 말할 수 있는 코오롱스포츠의 텐트를 전량 납품하던 회사. 그리고 대만 업체인 타이청 캔버스와 함께 최고급 텐트 제조의 쌍두마차이던 반포테크의 최태식 차장과 최준석 대리와의 만남이었다. 첫 만남은 라제건 회장으로서도 썩 즐거운 만남은 아니었다. 코오롱스포츠를 위해 자체적으로 개발한 텐트의 프레임 샘플을 만들어 달라는 반포테크의 요청을 받고 라제건 회장은 긴 고민에 빠졌다. 프레임 사양만 봐도 텐트 모델을 유추할 수 있을 정도의 내공이 쌓인 그에게 이 모델은 실패할 것이 뻔히 보였기 때문이다.

하지만 거래관계가 없는 콧대 높은 반포테크를 찾아가서 "당신네 모델은 문제가 있으니 수정이 불가피하다"라고 불쑥 이야기하는 것이 영 내키지 않았다. 게다가 자칫하면 "오더 좀 주세요……"라고 사정하러 온 것 같은 취급을 받을까 봐 나서기 싫었다. 그러나 의외였다. 고등학교 후배이기도 한 최태식 차장은 깍듯하게 선배 대접을 해주었다. 라제건 회장의 의견을 경청하고 수긍했다. 그리고 개발 담당인 최준석 대리를 불러들였다. 질문이 쏟아졌다. 그가 별다른 생각 없이 던진 말에도 "왜?"라는 질문이 계속되었다. 최태식 차장은 시장을 읽고 있었다. 반포와 DAC의 시너지를 생각했다. 최고의 프레임과 최고의 봉제 완제품의 만남이었다. 첫 만남 후 20여 년 동안 공동의 기술이 축적되었다. 최준석 대리는 늘 남들을 생각했다. 라제건 회장이 만나온 숱한 개발자들과 달리 그는 창의적이고 개방적이며 뛰어났다. 최태식 차장은 최준석 대리가 라제건 회장과 호흡을 맞춰 개발하는 것들을 전폭적으로 지지하고 지원했다. 그가 프레임 개발에 머물지 않고 프레임과 패브릭을 결합한 다양한 제품을 개발할 수 있게 된 데에는 이들과 팀을 이룬 것이 결정적인 힘이 되었다. 최태식 차장은 지금은 DAC의 베트남 생산기지인 DAC VN의 사장으로 일하며 DAC의 미래를 열어가고 있다. 최준석 대리는 JKL의 개발 담당 상무로 이영수 차장과 함께 팀을 이루어 다양한 신제품들을 개발하고 있다. 최준석 상무는 헬리녹스의 체어원 개발 과정에서도 결정적인 역할을 했다. 체어원 이후에 이어지는 헬리녹스의 다양한 체어와 코트 등 대부분의 제품이 왕장호 상무와 그의 손을 거쳐 명품으로 탄생했다.

Chapter 18

실패가 거듭될수록
성공은 가까워진다

　지구촌을 망라한 명사들이 참여하는 첨단기술 관련 강연회인 테드(TED)에서 5700만 조회 수를 달성하며 '전 세계인이 가장 많이 본 TED 강연 톱 5' 기록을 세운 미국 최고의 심리학자 브레네 브라운은 불확실성과 위험을 돌파하는 대담한 리더십의 힘에 관해 다루고 있는 자신의 책 『리더의 용기』에서 이런 말을 했다.

　"대담함은 '실패를 기꺼이 각오할 것'이라는 뜻이 아닙니다. '결국 실패할 수도 있지만, 그래도 전력을 다할 것'이라고 말하는 것입니다.

지금까지 내가 만났던 대담한 리더들은 실패는 알지만, 좌절은 모르는 사람들이었습니다."

이 책의 부제는 '대담하게 일하고, 냉정하게 대화하고, 매 순간 진심을 다하여'다. 인생 앞에는 불확실성과 위험이 지뢰처럼 깔려 있다. 경영환경도 마찬가지다. 확실하게 성공이 보장된 길이란 없다. 모든 것이 불확실하고 모든 것이 위험하다. 그렇다고 해서 아무것도 하지 않거나 가장 안전한 것만 추구한다면 어떤 것도 개척할 수 없고 성취할 수 없다. 불확실하고 위험하지만, 과감하게 발을 내디뎌 걸어가야 한다. 그것이 대담함이다. 리더의 용기란 이와 같은 대담함이다. 실패를 각오했기에 대담한 게 아니다. 실패할 가능성이 있음에도 전력을 다하는 것이 대담함이다. 각오하는 것은 순응이지만, 전력을 다하는 것은 극복이다. 조직을 성공으로 이끈 대담한 리더들은 실패할지언정 좌절하지는 않는다. 대담하게 일하고, 냉정하게 대화하며, 매 순간 진심을 다하는 까닭이다. 브레네 브라운이 발견한 것은 바로 이것이었다.

초창기 DAC의 역사를 되돌아보면 실패의 연속이었다. 아니 처음부터 실패에서 시작했다고 해도 과언이 아니다. 애초의 계획이 다 틀어지고 얼마 되지 않는 자본금은 전부 잠식된 상태에서 가까스로 만들어 낸 제품마다 불량이 났다. 한 치 앞을 내다볼 수 없는 상황이었다. 당장 이번 달 직원들 월급을 주기도 어려운 지경이었다. 설상가상으로 제품이 생산되기도 전에 라제건 회장의 든든한 후원자였던 라익진 선대 회장이 급작스레 타계했다. 선대 회장의 부재는 정신적 버팀목이 없어졌다는 것과 경제적 마중물이 고갈되었음을 의미했다. 당시 지금의 본관 옆에 예전 본관 건물이 있었는데, 절반 정도를 동아무역에서 임대해 동아알루미늄이 사용하도록 해주었다. 그러니까 동아알루미늄은 최대 주주인 동아무역의 계열사였던 셈이다.

처음 공장을 시작할 때는 인발기 두 대, 압출기 한 대, 교정기 한 대가 설비의 전부였다. 모두 직원들이 머리를 맞대고 연구해서 만든 것들이다. 수많은 시행착오 끝에 1989년 7월 처음으로 압출을 시작했다. 그러나 생산하는 것마다 100퍼센트 불량품이었다. 하는 수 없이 공장 가동을 멈춘 적도 있다. 열심히 일하면 불량품이 쏟아져 손해가 막심하고, 그렇다고 일하지 않고 있으면 월급만 나가니 역시 손해였다. 겨우 제품다운 제품이 만들어져 조금씩 판매를 시도한 게 1990년 8월이었다. 이런 중차대한 시기에 선대 회장이 지병으로 유명을 달리하게 된 것은 아들인 라제건 회장에게는 물론 직원들에게도 커다란 충격이었다. 그로부터 5~6년 동안 라제건 회장은 홀로서기를 이루어야 했다. 1년 365일 중 364일을 출근했고, 70~80일가량을 공장에서 꼬박 밤을 지새웠으며, 매일 새벽 1~2시에 퇴근하는 나날을 이어갔다.

회고해보면 고단한 시절이었으나 라제건 회장과 동료들은 좌절하지 않았다. 실패가 거듭되었음에도 그것이 끝이라고 생각하지 않았다. 얼마나 더 많은 실패가 기다리고 있을지 모르지만, 늘 전력을 다했다. 포기하지 않고 최선을 다했다. 브레네 브라운의 표현대로 대담하게 일하고, 냉정하게 대화하며, 매 순간 진심으로 일했다. 그사이 조금씩 그들이 꿈꾸던 세상이 현실로 다가오기 시작했다.

"어떻게 세계 최고가 되었냐고 묻는다면 대략 네 가지를 말씀드릴 수 있습니다.

첫 번째는 꿈이 있었습니다. 돈을 벌겠다는 생각으로 기업을 시작한 게 아니라 세계 최고가 되겠다는 생각으로 기업을 시작했습니다. 작지만 좋은 회사를 만들어 우리 사회와 국가에 이바지했으면 좋겠다는 꿈이 있었죠. 그래서 이게 세계 최고에 이르는 길이라고 하면 선택하고, 돈을 버는 길이라고 하면 선택하지 않았어요.

두 번째는 길게 본 겁니다. 오늘 미국의 제일 큰 텐트 회사 대표와 줌으로 회의를 했는데, 새로 온 개발 담당 이사를 소개해주더군요. 그러면서 저를 텐트 업계의 대부라고 표현했어요. 왜 제가 그들에게 텐트 업계의 대부라고 불릴까요? 대부분 내년에 뭐가 잘 팔릴까, 내후년에는 어떤 게 잘 팔릴까를 생각해요. 20~30년 후를 내다보면서 하나의 트렌드를 만들어가는 사람은 없어요. 폴 만들어 돈 벌면 그만이 아니라 저는 오랜 시간을 두고 세계 텐트 업계의 미래 트렌드를 디자인한 거예요.

세 번째는 항상 사용자, 즉 소비자를 생각했어요. 저희에게 오더를 주는 회사를 바라본 게 아니라 텐트를 사서 쓰는 사람들이 뭘 원하는지, 뭐가 불편한지를 먼저 파악한 겁니다. DA17이 그렇게 해서 탄생한 거예요. 텐트가 왜 그렇게 무거워야 하지? 좀 더 간편하게 들고 다닐 수 없을까? 조립이 간단한 텐트를 만들 수는 없을까? 이런 질문을 던지고 답을 찾아 나가다 보니 새로운 합금을 개발하고 공정을 개발한 거죠. 새로운 소재를 이용해서 텐트를 설계할 사람이 없으니까 제가 설계를 한 거고요. 초경량 텐트 개발과 아웃도어 문화 개선은 그렇게 이루어진 겁니다.

끝으로 실패의 두려움에 늘 가슴을 조이면서도 새로운 시도를 멈추지 않았어요. 그러다 보니 실패에서 많은 걸 배운다는 사실을 알게 되었습니다. 실패할 가능성을 알고 있기에 감당할 수 있을 정도 이상은 모험하지 않으려고 늘 조심했습니다. 그래서 실패라고 판단되면 미련 없이 포기하고 접어둡니다. 쌓여 있는 실패의 기억 중에서 몇 해가 흐른 뒤에 새로운 무언가를 발견하면 다시 끄집어내 살려낸 경우도 종종 있습니다. 제 성향이 이렇다 보니 바이어를 당황스럽게 만들 때가 종종 있었죠. 바이어의 개발을 도와주는데, 예정된 기간 내에 프로젝트가 마음에 들 만큼 완성되지 않으면 저는 쉽게 다음 해로 넘기자고 합니다. 바이어들은 어쩔 줄 몰라 하죠. 기간 내에 개발을 완료해야 한다는 생각만 했지, 실패해서 다음을 기약해야 한다는 생각을 별로 안 하거든요. 정해진 기간 내에 반드시 성공해야 하는 프로젝트는 아무런 새로운 시도를 할 수가 없습니다. 알고 있는 것, 뻔하게 완성할 수 있는 모델을 개발할 수밖에 없는 거죠. 그러면 발전이 없어요. 저는 바이어들에게 종종 이런 말을 합니다. 나만큼 많이 실패해본 사람 있으면 나와 보라고, 나만큼 수없이 엎어져본 사람 있으면 나와 보라고 말이죠. 분명한 건 한 번 넘어졌다 일어나는 게 낭비가 아니라는 겁니다. 거기서 배웁니다. 피라미드 꼭대기에 서려면 널찍한 밑바닥에서부터 수많은 단계를 거쳐 올라가야 합니다. 저는 그 과정을 건너뛸 수는 없다고 생각했습니다. 돌이켜보면 반복되는 실패를 경험한 것이 축적되어 경쟁력이 되었다고 생각합니다. 우리는 어떤 생선이 도마 위에 올라와도 요리할 수 있다는 자신감이 생겼습니다. 수없이 생선을 요리해봤기 때문입니다."

라제건 회장의 말을 들으며 실패와 창조는 동전의 양면과 같다는 생각이 들었다.

라제건 회장은 모교인 연세대학교에서 특강을 하곤 한다. 그런데 한번은 강의를 의뢰한 대학 후배 교수가 조금 난감한 부탁을 했다.

"요즘 학생들이 취업에 관심이 많으니까 취업과 관련된 말씀을 해주시면 안 되겠습니까?"

"아니 치열한 입시를 치르고 입학한 지 얼마 안 된 1학년 학생들에게 취업 이야기를 하라고?"

"그래도 학생들이 사업하는 선배로부터 취업 이야기를 듣고 싶다는데 어쩌겠습니까?"

라제건 회장은 초롱초롱한 학생들의 눈을 쳐다보며 입을 열었다.

"여러분 이제 대학에 들어온 지 얼마 안 된 1학년인데도 취업에 관심이 있어요?"

"네~!"

난감한 표정의 라 회장이 잠시 침묵한 후에 다시 입을 열었다.

"여러분은 취업하고 싶은 회사나 기관에서 어떤 사람을 원하는 것 같아요?"

학생들의 눈빛이 흔들렸다. 전혀 예상하지 못한 질문을 받은 표정들이었다.

"여러분을 채용해서 함께 일할 분들이 어떤 사람들을 원하는지 모르는 상태에서 어떻게 취업 준비를 해요? 작은 물건을 하나 팔더라도 내가 원하는 것을 파는 것이 아니라 상대방이 원하는 것을 팔아야 하지 않나요? 세상 모든 일이 다 같아요."

학생들의 진지한 얼굴을 보며 그는 호소하듯 이야기했다.

"여러분이 살아갈 미래에는 아무것도 확실한 게 없습니다. 불확실성투성이입니다. 하지만 불확실한 미래를 열심히 읽어봐야겠죠? 계속되는 세상의 변화 조짐을 면밀하게 관찰하고 들여다보면서 다른 한편으로 나는 누구인지, 나는 무엇을 원하는지를 함께 숙고하는 시간을 보내다 보면 새로운 세상에서 내가 할 수 있는 일을 찾을 수 있지 않겠어요? 남들이 원하는 것과 내가 하고 싶은 일의 접점을 찾으면 어떤 준비를 해야 할지 감을 잡을 수 있을 거예요. DAC가 성공했다고 한다면 그것도 역시 이미 성공한 제품을 따라서 생산하기보다는 소비자들의 요구에 맞춰 끊임없이 새로운 제품 개발에 도전했기 때문에 가능했던 것입니다. 실패를 피하려고 하면 창조도 혁신도 미래도 없습니다."

Chapter 19

상대방 입장을
읽어내라

모든 인간관계는 상대적이다. 내가 어떻게 말하고 행동하느냐에 따라 상대방의 대응과 태도가 달라지고, 상대방이 어떻게 말하고 행동하느냐에 따라 내 대응과 태도가 달라진다. 상대방이 어떻게 하든 상관하지 않고 끝까지 호의를 베풀고 정성을 다하는 사람은 자신을 낳고 기른 어머니 외에는 없을 것이다. 결국 상대방이 나에게 어떻게 하느냐는 내가 상대방에게 어떻게 하느냐에 달려 있다고 할 수 있다.

라제건 회장은 세계 어디를 가든 텐트 메이커나 바이어를 만나면 그들의 애로사항을 먼저 물어보고 경청한다. 때로는 그들이 말하지 않는 불편함과 애로사항을 들으려고 애를 쓴다. 그리고 그들이 생각해 보지 못했던 개선사항을 제시한다. 그들의 입장에서 생각하고 행동하는 것이다. DAC 이야기를 꺼내면서 부탁하거나 하소연해본 적이 없다. 상대방을 만나 나누는 이야기의 태반은 텐트의 미래에 관한 것이다. 그들의 관심사는 자신들의 사업, 즉 텐트에 관한 것이지 DAC나 한국에 관한 것이 아니다. 그들로서는 자기들 마음을 제대로 알고 배려해주는 라제건 회장과 DAC를 남다른 파트너로 받아들이게 된다.

한번은 DAC가 폴을 납품하는 회사의 대표가 라제건 회장을 만나 푸념했다.

"바이어들이 라 회장님 말만 듣고 제 말은 통 듣지를 않아요."

그 말을 들은 라제건 회장이 정색하고 되물었다.

"사장님, 그게 왜 그런 줄 아세요? 알려드릴까요?"

그랬더니 그 회사 대표가 얼굴이 굳어지면서 얼른 다른 곳으로 화제를 돌렸다. 본인도 아는 것이다. 바이어들이 왜 자신들과 DAC를 다르게 대하는지를 말이다.

라제건 회장은 그 이유를 알면서도 '대접을 받을 수 있도록' 행동하지 않는 그분이 답답했다. 눈앞의 작은 이익과 손실에 매달리다 보면 신뢰라는 큰 것을 잃는다.

미국의 유명 아웃도어 브랜드인 N사는 메이커를 선정할 때 꼭 두세 개 업체에서 견적을 받아 비교한다. 그런 다음 가장 싼 가격으로 견적을 낸 회사에 오더를 준다. 그러고는 이렇게 덧붙인다. "다른 회사는 품질이 더 좋은데도 불구하고 당신네 회사와 같은 가격에 납품한다."
그러면서 가격을 또 깎는다. 이런 분위기의 시장에서는 희망이 없어
보였다. 라제건 회장은 새로운 방법을 찾기 시작했다. 무슨 방법이 있
을까? 텐트 전시장을 살펴보니 텐트 브랜드들은 새로운 모델 개발을
굉장히 중요하게 생각하는 것 같았다. 전시장에 별도 구역을 정해 초
대받은 핵심 바이어들만 그 방으로 불러서 새 모델을 보여 주기도 했
다. 텐트는 새 모델이 그렇게 중요한 것인가? 라제건 회장의 관심은
자연스럽게 텐트를 사용하는 소비자들에게 옮겨갔다. 사람들이 어떤
여건에서 어떻게 텐트를 사용하는지, 어떠한 점들이 불편할지 살펴
보기 시작했다. 그의 눈에 들어온 것이 스틸 폴을 사용한 가옥형 패밀
리 텐트였다. 엄청난 무게와 더불어 어떻게 조립해야 할지 마치 퍼즐
조각을 맞추는 듯한 프레임 구조의 텐트들이다. 이러한 텐트를 가볍
게 만들기 위해 알루미늄을 사용할 수 있을까? 그러나 알루미늄은 강
성이 스틸에 비해 턱없이 낮아 스틸 폴의 강성을 대체하려면 오히려
스틸 폴보다 훨씬 굵은 폴을 사용해야 했다. 결국 무게가 스틸과 같아
야 비슷한 강성을 얻을 수 있었다. 도저히 방법이 없어 보였다. 고민
을 계속하던 그에게 한 줄기 희망의 빛이 보이기 시작한 것은 고강도
알루미늄이 가지고 있는 탄성이었다. 강성은 떨어지지만, 탄성을 활
용하면 가능할 듯도 싶었다. 시중에 있는 일반 알루미늄 폴은 가격이
저렴하나 그가 원하는 탄성은 없었다. 한편 그가 생산하는 텐트 폴은
탄성은 뛰어나지만, 생산 공정이 워낙 복잡해 가격 경쟁력이 없었다.
희망이 보이나 했는데 또 길이 막혔다. 그의 고민이 깊어졌다. 그러다
가 문득 떠오른 것이 있었다. 패밀리 텐트에 사용할 수 있을 만한 강

성의 굵은 프레임에는 백패킹 텐트에 사용하는 굵기가 10밀리미터도 안 되는 가느다란 텐트 폴처럼 높은 탄성이 필요하지 않을 수도 있을 거라는 생각이었다. 갈대는 바람에 쉽게 휘지만 부러지지 않고, 굵은 나무는 갈대와 같은 정도의 탄성은 없어도 강성으로 버텨 바람에 견디지 않는가!

그런데 문제는 이런 가설을 증명할 수 있는 알루미늄 합금이 존재하지 않았다. 새로운 소재가 필요했다. 새로운 소재를 찾기 위한 라제건 회장의 긴 여정이 시작되었다. 이렇게 해서 탄생한 것이 DA17이었고, 이 소재는 세계 패밀리 텐트 시장을 근본적으로 흔들어놓았다. 시장에서 생소한 DA17로 텐트 구조를 설계할 수 있는 사람은 라제건 회장 외에 아무도 없었다. 새로운 소재를 붙들고 혼자서 직원들 눈치를 봐가며 이런 형태로도 세워보고 저런 형태로도 세워보기를 수없이 반복하던 라제건 회장만이 새로운 텐트 모델을 설계할 수 있었다. 브랜드들이 텐트 모델을 개발하면 텐트 제조업체들이 주어진 사양에 따라 샘플을 제작하고 텐트 제조업체의 요청에 따라 사양대로 텐트 폴을 공급하던 공급체계에 변화가 생겼다. 브랜드들은 프레임 설계자인 라제건 회장과 직접 텐트 모델 개발을 원하기 시작했다. 텐트 모델은 주문 사양에 따라 개발하도록 되어 있어서 텐트 제조업체에서는 브랜드들이 원하는 사양에 따라 프레임을 조절하는 것이 불가능하기 때문이었다. 게다가 모델의 프레임 자체를 라제건 회장이 설계한 것이 브랜드들 사이에 알려지다 보니 모델 개발을 위해 DAC를 찾는 브랜드들이 늘어났다.

"新しいモデルください(아타라시이 모데루 구다사이)."

새로운 모델을 부탁한다는 이 말은 그가 브랜드들로부터 흔히 듣는 말이 되었다.

주문자 사양에 따라 텐트 폴을 제작해 공급하는 업체에서 텐트 모델을 개발해주는 텐트 디자이너로 변신하게 된 것은 DA17을 개발하면서부터였다. 창업 10년 만에 개발에 성공해 초경량 백패킹 텐트 시장을 열게 한 패더라이트, 텐트 구조의 혁신을 가능케 한 해바라기 커넥터(Sunflower Hub), 새로운 아웃도어 체어 및 다양한 아웃도어 퍼니처의 개발 그리고 인도어의 활동을 아웃도어로 확장시키는 초대형 텐트의 개발에 이르기까지 라제건 회장과 그의 팀들은 지금도 새로운 시도를 멈추지 않고 있다.

"소비자들을 끊임없이 관찰하십시오. 그리고 소비자들이 말하지 않는 그들의 요구를 살피십시오."

라제건 회장이 그를 찾아 텐트 개발을 요청하는 바이어들에게 자주 하는 말이다.

수많은 바이어가 DAC를 찾아오는 것은 그들에게 필요한 것을 얻을 수 있기 때문이다. DAC가 원하는 것을 들어주기 위하여 찾아오는 바이어는 없다.

Chapter 20

누구를 위한 회사인가,
무엇을 위한 회사인가?

"회사의 목표는 뭔가요? 이윤 극대화 혹은 최적화죠? 어떻게 해야
이윤을 극대화할 수 있을까요? 직원들이 열심히 일해야겠죠? 어떻게
해야 직원들이 회사를 위해 열심히 일할까요? 직원들을 가족같이 잘
대해줘야겠죠? 자, 이제 사례를 분석해봅시다."

라제건이 미시간대학교 MBA 과정에 입학했을 때 첫 학기 케이스
스터디 과목에서 교수가 수업을 시작하면서 던진 말이었다. 그는 곧
바로 손을 들었다.

"그게 그렇게 되나요? 직원들을 가족처럼 대해주다 보면 자기 일처럼 열심히 하겠죠. 직원들이 열심히 일하다 보면 결과적으로 돈도 벌수 있겠죠."

교수가 바로 반박했다.

"지금 저와 같은 이야기를 하는 것 아닌가요? 직원들이 열심히 일해야 회사가 이윤을 극대화할 수 있다."

라제건은 같은 이야기가 아니라고 반론을 제기했다.

"그게 어떻게 같나요? 이윤을 목표로 직원들에게 잘해준다면 그 목표를 계속 숨길 수 있나요? 언젠가 어떤 이유로든 직원들이 회사는 돈을 벌기 위한 목적으로 자신들에게 잘한다는 것이 드러나게 될 겁니다. 그러면 직원들을 가족같이 여긴다는 진정성이 무너지지 않을까요?"

교수의 표정이 일그러졌다. 첫날은 그 정도로 넘어갔다.

그러나 교수와 라제건은 한 학기 내내 끊임없이 부딪쳤다. 나중에는 라제건이 손을 들면 교수가 아예 시선을 돌려버렸다. 당연히 그는 전 과목에서 유일하게 C 학점을 받았다. 그로서는 참으로 많은 것을 생각하게 만들어준 과목이었다. 이때의 경험은 학교를 졸업한 뒤 대우통신과 미국 은행을 다니면서도 계속 머릿속을 떠나지 않았다. "이제 몇 해 바깥에서 일을 해봤으니 회사에 들어와서 아버지를 도와라." 아버지의 부름으로 동아무역 기획실장을 맡게 되면서 이 문제는 더 절실해지기 시작했다. 아버지는 그가 원하는 사업이 있으면 창업해 보라고 격려해주었다.

창업의 기회가 가까워짐에 따라 라제건은 유학 시절의 논쟁을 떠올렸다. 회사를 경영해본 경험이 전혀 없는 학생의 관점에서 마음껏 큰소리쳤지만, 막상 현실에서 그 말대로 실행이 가능할 것인가? 자신은 없었지만 믿음을 바꿀 수는 없었다. 그는 어떻게 창업할지도 모르는 상태에서 창업할 회사의 목표부터 정했다.

세계 최고 회사 – 매출액 최고가 아니라 기술력, 품질에서 최고로 인정받는 회사
좋은 회사 – 직원들과 거래처가 자랑스럽게 생각하는 신뢰받는 회사
사회에 기여하는 회사 – 우리가 빚지고 사는 사회에 기여하는 회사

그는 이 세 가지 목표를 품고 DAC를 창업했다. 최고가 되려니 남이 쉽게 할 수 없는 품목을 택했다. 그래서 힘들었다. 좋은 회사를 만들려니 신뢰와 배려가 바탕이 되어야 했다. 사회에 대한 기여는 일단 회사가 흑자가 나야 생각해 볼 수 있는 미래의 꿈이었다. 이 목표에 따라 라제건에게는 몇 가지 도전과제가 생겼다.

'투명하게 경영해 세금을 원칙대로 다 내고도 회사를 경영할 수 있을까?'

투명하지 않고서는 신뢰를 쌓을 수 없다고 생각했다. 신뢰가 없는 경영은 불가능하다고 생각했기 때문이다. 회사는 사업주와 주주들의 배를 불리는 것이 목표가 될 수 없다고 생각했다. 사업하는 많은 사람이 '세금 다 내고 어떻게 사업을 해?'라고 생각하며 탈세를 당연한 것으로 치부하던 시절이었다. 그의 부친은 국세청장으로부터 모범납세

자로 표창까지 받을 만큼 투명 경영을 하려고 애를 썼지만, 당연히 탈세할 것을 기준으로 세제 행정을 펼치던 때에 불합리한 세정으로 고생을 많이 했던 기억이 있었다.

라제건은 상속받은 개인 돈 대부분을 이자도 없이 회사에 빌려주는 것을 포함해 모든 가용자금을 회사에 쏟아부었다. 간신히 생활할 수 있는 생활비 이외에는 그가 회사에서 가져간 돈이 없었다. 단속을 나와 다그치던 환경청 공무원이 라제건의 월급이 보너스 없이 180만 원에 불과하다는 말을 듣고 그냥 인사만 하고 돌아간 적도 있다. 창업 후 몇 해가 지나 회사가 흑자로 돌아선 후에 그는 돌이켜 생각해봤다. 투명하지 않은 경영을 하려면 세무서를 속여야 하고, 그렇게 하려면 자기 자신도 회사 상황을 투명하게 들여다보면서 대처할 수가 없다. 탈세로 세금을 줄이는 이득보다 투명하지 않은 자료를 보며 경영하는 피해가 훨씬 크다. 더구나 투명하지 않게 회계 처리를 하려면 그 일에 관련된 직원이 있게 마련이고, 그러다 보면 직원들과 신뢰가 쌓일 수 없다. 그는 결론을 내렸다. 투명 경영만이 답이다.

또 한 가지 라제건의 도전과제는 직원들과 신뢰를 쌓는 일이었다. 그가 창업한 1988년은 민주화 운동 이후 노동자들의 요구가 전국을 휩쓸던 시기였다. 심지어는 회사 경영자를 드럼통에 넣고 굴리고 다니는 것이 신문에 날 정도였다. 분위기는 살벌했다. 그러나 그에게는 믿음이 있었다. 우리나라 사람들은 서로 믿을 수만 있으면 신바람 나게 일할 수 있는 사람들이라고. 전체 직원의 숫자가 50명을 넘고 보니 노동부에서 매 분기 노사협의회를 하고, 그 결과를 노동부에 보고하라고 했다. 처음으로 노사협의회를 구성하고 회의를 했다. 몇 가지 노사위원들의 요구사항이 있었지만, 당시 회사 상황으로는 들어줄 수 없는 것들이었다. 그는 진솔하게 설명했다. 노사위원들도 모두 수긍했다.

그런데 회의가 끝나고 나가는데, 노사위원 한 명이 혼잣말처럼 중얼거렸다.

"에이, 씨…… 에이, 씨……."

라제건 대표가 그를 불렀다.

"모두 잘 이해해준 것 같은데 왜 그래?"

노사위원인 그 직원은 노동자는 무엇인가 요구하고 경영자를 압박해서 얻어낸 결과를 동료들에게 알려주어야 하는데, 빈손으로 돌아가게 되었으니 난감하다는 것이었다. 라제건 대표는 그에게 차분히 이야기했다.

"왜 노와 사는 꼭 싸워야 한다고 생각해? 서로 이해하고 잘 지내면 좋지 않아?"

불편한 표정은 사라지지 않았지만, 별 탈 없이 넘어갔다. 라제건 대표와 함께 회사를 이끌던 김순남 부장, 김영호 차장, 김태형 과장은 모든 일을 생산직 직원들 위주로 풀어나갔다. 한번은 김순남 부장이 급여 인상을 놓고 이야기할 때 회사가 감당할 수 있는 인상분 전부를 생산직에만 나눠주자고 했다. 월급을 조금 더 받는 것보다 생산직 직원들에게 조금 더 당당할 수 있는 게 마음이 편하겠다는 이유에서였다. 논란 끝에 3 대 1로 김 부장의 제안을 받아들였다. 한 해가 지났다. 이번에는 라제건 대표가 지난해의 동결분을 고려해 사무직 월급 인상률이 생산직보다 높아야 한다고 주장했다. 지난해가 어찌 됐든 사무실이 현장보다 높은 인상률로 급여를 받는 것은 안 된다고 김 부장이 또다시 가로막고 나섰다. 김 차장, 김 과장도 동조했다. 이번에도 라제건 대표는 그들의 뜻을 꺾지 못했다. 3년을 고심하던 끝에 라제건 대표는 특별상여라는 것을 만들어 사무실 간부들의 월급을 보전해 주었다. 생산을 맡은 김 부장과 김 차장은 늘 솔선수범으로 현장을 이끌었다.

라제건 대표가 '이제 신뢰가 쌓였구나'라고 확신하게 된 것은 10년 정도 지난 후였다. 초기에 정해놓은 취업규칙은 잘 모르는 상태에서 다른 회사 것을 참고한 것이어서 불합리한 부분이 많았다. 그래서 취업규칙을 개정하려니 직원에게 불리한 방향으로 취업규칙을 개정하려면 근로자 전원의 동의를 받아야 한다는 것이었다. 회사에서 전 직원의 동의서를 첨부해 취업규칙 개정안을 노동부에 제출했더니 노동부 근로감독관이 놀라서 달려왔다. 어떻게 근로자에게 불리한 취업규칙 개정안을 전 직원의 동의를 받았는지 조사해보려는 것이었다. 노동청에서도 믿지 못할 수준으로 경영자와 근로자들 간에 신뢰가 쌓인 증거라고 라제건 대표는 받아들였다.

그렇다면 현재 가장 힘든 일을 하는 현장 직원들이 느끼는 체감은 어떨까?

"회장님은 항상 사람이 최고라고 말씀하세요. 그렇게 말씀하시는 분을 본 적이 없어요. 어제도 상여금을 100퍼센트 주셨어요. 계획에 전혀 없던 생각지도 못한 거였죠. 다들 깜짝 놀라 기뻐했어요. 예전에 2002년 월드컵 때는 한국 팀이 골 넣을 때마다 보너스를 주셨다고 해요. 할아버지 되셨을 때도 나 할아버지 됐다고 보너스 주시고, 김연아

선수가 금메달을 땄을 때도, 월드 베이스볼 클래식에서 4강에 갔을 때도 깜짝 보너스를 주셨어요. 액수를 떠나서 이렇게 늘 직원을 생각하고 기회만 되면 주고 베풀고 기쁨을 나누고 싶어 하는 마음이 참 따뜻하고 고마운 거죠."

생산 1부 1반 이양자 반장의 얼굴에 웃음꽃이 피었다.

생산 2부 조건평 차장은 만감이 교차하는 듯한 표정을 지었다.

"제가 1993년에 입사했습니다. 근 30년 다 돼가죠. 예전에 비하면 작업 환경이 180도 변했어요. 옛날이 여인숙이라면 지금은 호텔이에요. 그 긴 세월 동안 회장님에게 도움을 정말 많이 받았습니다. 큰애가 후천성 심장병이었는데…… 회사에서 수술비도 지원해줬고, 직원들이 헌혈을 많이 해줘서 수술할 때 큰 도움을 받았죠. 외국에 출장 다녀오시면서도 그 바쁜 와중에 언제 그런 걸 챙기셨는지 제 아버지가 약주 좋아하신다는 거 알고 양주 한 병을 사오셔서 아버지 갖다 드리라고 주시더라고요. 참나…… 제가 회사 일을 제 일처럼 신바람 나게 하지 않을 수가 없어요."

오래전에는 이런 일도 있었다. 1997년 말 대한민국 외환보유고가 바닥나 국가부도 위기에 몰리면서 IMF로부터 긴급자금을 지원받는 일이 벌어졌다. 소위 IMF 외환위기가 터진 것이다. 많은 기업이 문을 닫고 실업자가 양산되었으며 뼈아픈 구조조정이 실행되었다. 환율이 마구 치솟으면서 수출로 먹고사는 기업들은 견디기가 힘들었다. 이자율 또한 20퍼센트가 넘게 올라갔다. 그러자 은행에서 높은 이자를 확정해주는 예금이 출시되었다. DAC 역시 위기를 체감했다. 그렇지만 라제건 대표는 자신이 느끼는 불안감보다는 직원들이 느낄 불안감을 먼저 생각했다. 그래서 고민 끝에 처음으로 직원들 퇴직금을 중간 정산했다. 퇴직금을 회사가 가지고 있는 것보다는 직원들이 높은 이자가 담보된 예금에 넣어두는 것이 더 안정적이고 이득이 되리라 판단했기 때문이다. 아울러 혹시 은행이나 개인에게 빚을 진 직원이 있다면 높은 이자를 감당할 수 없을 터이니 중간 정산한 퇴직금으로 이를 갚게 하는 게 가계경제에 보탬이 되리라 예상했다. 언제 회사가 부도날지 모르는 살얼음판 같은 시기에 달라고 하지도 않은 퇴직금을 미리 정산해준다는 발상은 아무나 할 수 있는 게 아니었다. 나라 전체에 큰 위기가 닥쳐 휘청거릴 때 회사가 직원들을 위해 무엇을 할 수 있으며, 해야 하는가를 먼저 생각했기에 가능한 일이었다. 직원들로서는 회사에 대한 믿음이 생겨나고, 라제건 대표가 가진 진심을 이해할 수 있는 계기가 되었을 것이다. 누구든지 나를 먼저 알아주고 배려하며 이해해주는 사람에게 나도 진심과 최선을 다하게 마련이다.

Chapter 21

좋은 사람이
곧 좋은 회사다

DAC 홈페이지를 찾아보면 상단에 있는 메뉴 중 'People & Culture'가 눈에 띈다. 클릭해서 들어가면 그동안 DAC를 거쳐 갔거나 현재까지 일하고 있는 직원들 사진이 소개되어 있다. 외국의 텐트 메이커와 거래처 직원들 사진도 올라와 있다. 함께 웃고 떠들며 포옹하는 사진들을 보면 그가 어떻게 살아왔는지를 대략 짐작할 수 있다. 마음을 나누지 않고서는 나올 수 없는 표정들로 가득 차 있기 때문이다.

"직원들 표정이 참 좋아요."

외부에서 온 손님이 이런 인사를 건넬 때 라제건 회장은 보람을 느낀다. 그가 세계 최고의 제품을 만들고자 했던 건 그로 인해 모두가 보람을 느끼고 행복해지기를 바라서였다. 나만의 행복이 아니라 모두의 행복을 소망한 것이다. 그가 가장 소중히 여기는 건 사람들이다. 함께 일하는 동료들이야말로 그에게는 피붙이나 다름없는 존재들이다. 좋은 회사란 좋은 사람들이 모여 행복을 만들어가는 곳이라고 믿었다.

언젠가 월례 조회 시간에 그는 직원들 앞에서 이런 고백을 한 적이 있다.

"세계 최고가 돼서 뭘 하자는 것인가? 결국은 '행복'이었습니다. 저는 선진국에 가서도 당당하게 앞에 나설 수 있고, 어렸을 때 늘 무시당하던 미국 사람들에게 똑같은 눈높이로 대접받고, 자존심 상하지 않고, 갑질 당하지 않고, 과하게 욕심내지 않고, 여기 모인 회사 식구 전체가 행복할 수 있으면 좋겠습니다. 그러면 제가 행복할 것 같습니다. 어디 가서라도 '우리 회사 사람들은 정말 행복해요'라고 이야기할 수 있다면 저는 더 바랄 것이 없습니다. 스스로 너무 자랑스러울 것 같습니다."

어떤 기업 경영자 세미나에서 강의를 맡은 교수가 라제건 회장에게 물었다.

"기업 경영에서 가장 중요한 게 뭐라고 생각하시나요?"

라제건 회장이 대답했다.

"첫째도 사람, 둘째도 사람, 셋째도 사람입니다."

진심이었다. 회사를 창업할 때나 지금이나 이런 생각에는 조금도 변함이 없다.

1989년 여름 압출기를 들여놓고 처음 제품을 생산했는데, 만들어내는 것마다 전부 불량품이었다. 어쩔 수 없이 조업을 중단했다. 라제건 대표가 여의도에 있는 동아무역에 가서 보고하고 나오려니 다리가 후들거려 난간을 붙잡고 겨우 내려왔다.

이튿날 아침 공장에 출근해 보니 책상 위에 종이 한 장이 놓여 있었다. 뭔가 들여다봤더니 '결의서'였다. 회사가 정상화될 때까지 급여 일부를 반납하겠다는 내용이었다. 영업을 맡은 이상준 대리의 제안으로 10여 명이 참여했다. 젊은 라제건 대표의 눈시울이 붉어졌다. 내가 무능해서 직원들이 고생한다고 생각하니 괴로움이 밀려왔다. 각자 본인의 의사에 따라 다른 비율이 적혀 있었다. 김태형 대리, 이상준 대리, 장점석 반장은 급여의 30퍼센트 이상, 다른 직원들 봉투에도 제각기 사정에 맞게 월급의 반납액 비율이 적혀 있었다. 고맙기 그지없었지만, 과연 이 돈을 받아야 할지 말아야 할지 고민이 되지 않을 수 없었다. 다 합산해보니 200만 원 정도였다. 그때 한 달 손실액이 6000만 원가량이었다. 손실액을 충당하기에는 턱없이 적은 돈이었으나 그 돈을 단지 액수로만 계산할 수는 없었다. 회사를 생각하는 마음이 눈물겹도록 고마워서 그냥 받기로 했다. 당시 월급날은 매달 25일이었다. 월급날이 다가오자 라제건 대표는 초조해지기 시작했다. 가장이 한 달 내내 일하고 집에 월급을 가져다주지 못하거나 회사를 위해 상당액을 떼놓고 일부만 가져다준다면 그 직원의 배우자나 가족이 회사를 뭐라고 생각할 것인가? 회사 대표로서 그보다 더 속상한 일은 없을 것이다. 많은 생각 끝에 라제건 대표는 자신의 통장에서 돈을 찾아 사비로 직원들이 반납한 월급의 90퍼센트를 되돌려주었다.

봉투는 두 개였다. 돈을 넣은 봉투 한 개, 손수 쓴 편지가 담긴 봉투 한 개였다. 편지에 일일이 직원 이름을 부르며 고맙고 미안한 마음을 구구절절 표현했다. 다시는 이런 일이 없도록 하겠다, 훗날 이 시절을 떠올리면서 웃는 날이 꼭 오도록 하겠다는 내용이었다.

　이런 일도 있었다. 지하 저수로를 확장하기 위해 공사를 진행할 때였다. 하루는 주말에 콘크리트 타설 공사가 시작되었다. 그런데 작업하던 사람이 실수하는 바람에 거푸집이 무너져 콘크리트 더미가 지하로 쏟아져 내렸다. 시멘트가 굳기 전에 퍼내고 다시 콘크리트 작업을 해야 했다. 레미콘 차량으로 운반해 쏟아부은 콘크리트를 사람이 지하에서 삽으로 퍼 올리는 건 보통 어려운 일이 아니었다. 작업을 맡은 인부들은 망연자실한 얼굴로 그저 바라만 보고 있었다. 빨리 수습하라고 독촉했지만, 인부들은 콘크리트가 굳은 후에 장비로 깨는 수밖에 없다며 뒤로 물러섰다.

　그때 DAC 직원 한 사람이 삽을 들고 지하로 내려갔다. 그러자 사고를 지켜보던 직원들이 너도나도 삽을 들고 모여들었다. 주말에 밀린 일을 하려고 출근한 사무실 간부들과 현장 직원들이 모두 달려들었다. 라제건 대표가 시켜서 한 일이 아니었다. 긴급한 상황이 발생하자 직원들 스스로 나선 것이다. 공사를 책임진 인부들은 여전히 지켜만 보고 있었다. 일당 받고 하려던 일만 하면 되는 그들로서는 힘겨운 일에 나서고 싶지 않은 것이었다. 콘크리트를 전부 퍼내고 물청소까지 깔끔하게 마친 덕분에 사고를 무사히 수습하고, 다시 레미콘 차량을 불러 후속 공사를 진행할 수 있었다. 주인의식을 가진 사람들과 그렇지 못한 사람들의 태도는 확연히 달랐다. 라제건 대표가 수많은 어려움 속에서도 견뎌낼 수 있던 것은 내 일처럼 회사를 함께 이끌고 가는 동료들이 있었기 때문이다.

'회사란 무엇인가?'

라제건 회장은 스스로 이런 질문을 자주 한다. 그에게 회사는 건물이나 기계 설비나 매출액이 아니다. 함께 일하는 사람들이 곧 회사다. 가치를 공유하며 같은 목표를 향해 전진하는 동료들이 없다면 건물이 아무리 좋고 기계 설비가 훌륭하며 매출액이 높다 해도 회사의 미래는 암울할 수밖에 없다. DAC의 지나온 날들이 그랬듯이 앞으로도 좋은 사람들이 모여 신바람 나게 일하고 모두가 행복한 공동체를 만들어가는 것이 회사의 변함없는 지향점이다. 좋은 사람들이 DAC에 모여들고, 한번 DAC와 인연을 맺고 오래도록 좋은 관계를 유지하려면 그만큼 회사가 사람들에게 관심을 기울이고 정성을 다해야 한다는 것을 라제건 회장은 잘 알고 있다.

그는 회사 사정이 조금 나아져 처음으로 직원들에게 보너스를 주던 날을 잊을 수가 없다. 둥둥 하늘로 떠오르는 기분이었다. 이후 매출이 오르고 이익이 날 때는 수시로 직원들에게 보너스를 지급하고, 주문이 없어 공장 가동이 여의치 않을 때도 직원들 살림살이를 먼저 생각해서 힘닿는 데까지 보너스를 챙겨주었다. 대기업만큼 좋은 대우를 해주지는 못하지만, 회사가 최선을 다해 직원들을 대우하려 노력하고 늘 마음을 쓰고 있다는 걸 알게 될 때 직원들 또한 끈끈한 공동체 의식을 느낄 수 있을 것이다. 인터뷰하느라 DAC를 오가는 짧은 기간에도 이런저런 명목으로 직원들에게 보너스가 지급되었다는 이야기를 들은 것이 여러 번이었다.

한번은 이철재 상무와 이야기를 나누던 중 이런 말을 들었다.

"공장 전체 라인을 돌아보며 직원들과 수시로 대화를 나누고 일하는 걸 자세히 들여다보면 월급 받았으니까 대충 일하거나 누가 볼 때만 열심히 하고 안 보면 적당히 하는 사람들이 없습니다. 내가 쓸 물건을 만든다는 생각으로 작업을 해요. 내 가족이 사용할 물건, 내가 돈을 주고 사고 싶은 물건을 만드는 데 심혈을 기울이지 않을 수 없죠. 그런 후배 직원들이 대견하기도 하고 고맙기도 하고 그렇습니다."

DAC를 출입할 때는 정문 옆 경비실에 들러 체온 측정을 하고 손소독제를 바르고 출입자명부도 작성해야 한다. 교대로 근무하는 경비실 직원들은 나이가 지긋했다. 일하는 게 괜찮은지 조심스레 말을 붙여 보았다. 10년째 근무 중인 김광옥 씨였다.

"올해 연세가 얼마이신가요?"

"일흔일곱입니다."

"건강하신가요?"

"아, 그럼요. 건강하니까 일을 하죠. 장담할 순 없지만, 아직은 끄떡없습니다."

"일은 할 만하신가요?"

"회장님이 참 좋은 분이고 회사 사람들도 다 좋아서 힘이 안 들어요. 날이 어두워지면 순찰을 다녀야 하고, 코로나 때문에 방역에 신경쓰는 것 외에 큰 어려움은 없습니다. 회장님은 본받을 게 많은 분이에요. 돌아가셨지만, 100세가 훨씬 넘는 어머니를 지극정성으로 모시고 사셨잖아요? 저는 그렇게 못했거든요. 대단한 효자고 호인이시죠. 그러니까 코로나가 터졌어도 회사가 이렇게 잘되는 거예요. 내 평생 마지막 직장이 되겠지만, 참 좋은 회사에 잘 들어왔다고 생각해요. 경비 업무가 자동화되어 있어서 카메라만 잘 들여다봐도 됩니다. 회장님도 그렇게 말씀하세요. 나이 잡수셔서 도둑이 와도 잡기 어려우니 시스템만 잘 작동시키면 된다고요. 누구 한 사람 잔소리하거나 싫은 소리 하는 분이 없어요. 정말 가족 같은 회사예요."

Chapter 22

최고의 자산은 무엇인가

'DAC는 품질이나 납기는 걱정할 필요가 없다.'

'한 번 한 약속은 반드시 지키는 회사가 바로 DAC다.'

업계에서 통용되는 DAC에 관한 평판이다.

라제건 회장은 아침에 출근하면서 사무실 분위기를 보고 어젯밤 무슨 일이 있었는지를 대략 짐작한다. 뭔가 긴장된 분위기가 흐르면 사고가 터진 것이다. 밤사이에 벌어진 사고란 대부분 바이어로부터 불량품이 발견되었다고 연락이 온 경우다. 철저하게 검사하고 확인했음에도 간혹 이런 일이 발생할 때가 있다. 담당자는 어디서 문제가 발생했는지, 규모는 어느 정도인지를 확인하며 수습을 위해 동분서주한다.

"상대방이 이 정도면 충분하다고 할 때까지 전량 반품을 받고 다시 보내주세요. 이건 돈 문제가 아니라 자존심과 신뢰의 문제입니다."

몇 해 전 유럽의 H사에 납품했던 폴에 들어가는 고무줄에 하자가 발생한 적이 있다. 워낙 까다로운 조건에 맞춰 고분자 화합물을 전공하는 대학교수, 외주업체와 함께 개발했던 고무줄인데, 하자가 발생한 것이다. 이때도 전량 반품을 받아 교체 작업 후에 납품을 완료했다. 그 과정에서 소요된 비용은 전액 DAC가 부담했다. 외주업체에 비용을 떠넘기거나 H사에 비용을 분담하자고 요청하지 않았다. 제품에 관한 모든 책임은 전적으로 DAC가 진다는 책임감 때문이었다. 잘못을 솔직히 인정하는 정직성은 여기서 나온다.

라제건 회장을 오래 지켜봐 온 배해국 이사는 그의 경영방식을 이렇게 평했다.

"회장님 경영 스타일은 매사 분명한 겁니다. 거래처 관계에서 풀어야 할 문제가 생기면 적당히 수습하고 달래려 하지 않습니다. 어떻게 하면 손실을 줄일 수 있을까, 어떻게 하면 적당히 사태를 무마할 수 있을까 하면서 잔머리를 굴리지 않습니다. 정면 돌파를 택합니다. 문제의 본질을 직접 마주하는 것이죠. 처음에는 좀 당황스러웠는데, 사실상 이것이 가장 간단하고 확실하고 뒤탈이 없는 대응 방식이었습니다. 당장은 손해나는 것 같지만, 길게 보면 비용도 적게 들고 상대방과 오래 신뢰를 유지할 수 있는 자세죠. 고민스러운 상황이 오면 늘 그런 선택을 하십니다."

전 세계 CEO들이 가장 닮고 싶어 하는 기업가로 꼽히는 미국 GE의 전 CEO 잭 웰치는 생전에 자신이 쓴 책『위대한 승리』에서 승리하는 기업이 되기 위해서는 정직성이 중요하다고 강조한다. 그가 말하는 승리란 정직한 방법으로 사업을 해서 기업에 속한 사람들이 성장할 수 있고, 많은 일자리와 기회가 주어지며, 사회에 활력을 줄 뿐만 아니라 더 나은 세상을 만들어가는 걸 의미한다.

인간관계든 사업 경영이든 정직과 신뢰가 무너지면 아무런 힘도 발휘할 수가 없다. 정직과 신뢰에 대한 라제건 회장의 철학은 소비자들과의 관계에서도 예외가 아니다. 그는 제품은 기업 혼자 만드는 게 아니라 소비자와 함께 만들어가는 거라고 믿는다. 소비자는 자신이 원하는 것을 어떻게 구현해야 할지 모르고, 기업은 구현하는 방법은 알고 있으나 소비자가 원하는 게 무엇인지 모르기 때문에 둘이 힘을 합쳐야 성공적인 제품이 만들어질 수 있다는 논리다. 그래서 라제건 회장은 블로그를 통해서나 소비자들과 함께하는 각종 프로젝트를 통해 제품 개발 과정을 상세히 소개하면서 의견을 듣는다. 실생활에서 느끼는 소비자들의 구체적인 의견은 제품 개발과 개선에 많은 도움이 된다. 직원들은 "어떻게 기업 비밀인 제품의 도면을 블로그에 올릴 수 있느냐?"면서 걱정하지만, 라제건 회장은 기업이 소비자들에게 정직하게 다가가고 신뢰를 줬을 때 소비자들 또한 기업에 정직과 신뢰로 보답하리라고 믿기에 소신을 굽히지 않고 있다. 덕분에 생각지도 못하던 아이디어를 얻기도 한다.

정직과 신뢰는 눈에 보이지 않지만, 눈에 보이는 돈이나 금보다 훨

썬 더 가치 있고 소중한 자산이다. 이 자산은 말만 가지고는 형성되지 않는다. 오랜 시간이 흐르면서 마음속에 차곡차곡 쌓여 무엇과도 비교할 수 없는 무형의 자산으로 성장한다. 라제건 회장은 DAC의 30여 년 세월을 겪으며 누구보다 뼈저리게 이를 실감했다.

"저는 제품에 조금만 이상이 생겨도 바이어에게 미리 이야기를 해줍니다. 대충 섞어서 눈 가리고 아웅 식으로 내보내지 않습니다. 그 정직과 신뢰의 힘이 얼마나 큰지 사람들이 잘 모릅니다. 가령 다른 회사에서는 제품을 개발하면 바이어들에게 바로 자랑합니다. 그런데 바이어들은 그 제품을 2~3년가량 충분히 테스트해보고 나서 사용합니다. 우리는 그렇지 않습니다. 바이어가 회사를 둘러보다가 우연히 새로 개발 중인 제품을 발견하고 자기들이 바로 좀 쓰고 싶다고 이야기할 때가 있어요. 저는 대부분 기다려달라고 합니다. 제가 자신이 없는데 공급할 수는 없어서요. 사람들의 신뢰를 얻는다는 건 참 어려운 일입니다. 그런데 그 신뢰를 유지하는 것은 정말 더 어려운 일인 것 같습니다. 깨지기 쉬운 유리그릇 같아서요. 늘 조마조마한 마음으로 다루면 신뢰는 엄청난 힘이 된다는 것을 배웁니다."

Chapter 23

직장 동료란
한솥밥을 먹는 식구다

라제건 회장은 쌀독에서 인심 나고 밥상에서 정이 솟는다고 믿는다. 자신과 인연을 맺은 사람, 은혜를 입은 사람에게 그에 합당한 식탁을 마련하고자 애쓴다. 그 첫 번째 대상은 당연히 회사 직원들이다. 직장 동료란 한솥밥을 먹는 식구라고 여기는 까닭이다. 아침부터 저녁까지 공장에서 힘들게 일하는 직원들에게 좀 더 맛있는 밥, 따뜻한 밥, 풍성한 밥을 먹이고 싶은 마음이 간절하다. DAC 직원이라면 본인이 원할 경우, 하루 세 끼를 모두 회사에서 해결할 수 있다.

본관 2층 식당 입구에는 미니 카페가 있다. 관리직은 정해진 시간에 업무를 하면 되지만, 생산직은 주문이 밀려들 때면 아침 일찍 출근해 공장을 가동해야 하고 저녁을 먹고 나서까지 일해야 한다. 토요일도 오전까지 일할 때가 많다. 결혼한 직원들은 바쁘더라도 집에서 식사하고 나오겠지만, 미혼인 직원들이나 사정이 있는 직원들은 아침 식사를 거른 채 출근하기도 한다. 이런 직원들이 자유롭게 식사할 수 있도록 마련해놓은 곳이 미니 카페다. 속이 들여다보이는 냉장고 안에는 주스, 우유, 빵, 카스텔라, 잼, 요구르트, 과일 등이 들어 있고, 그 옆 선반에는 식빵을 구워 먹을 수 있는 토스트 기계와 오븐, 조리 기구 등이 준비되어 있다. 아침은 간단하게 빨리 먹을 수 있는 음식을 선호하기에 대부분 콘플레이크 같은 시리얼을 우유에 타 먹거나 식빵을 구워 잼을 발라 주스를 곁들여 먹기도 한다. 즉석밥을 데워 컵라면과 함께 먹는 직원도 있다. 정식으로 한 상 차려 먹는 건 아니지만, 아침에 일하기 전 허기진 배를 채우는 데는 그만이다. 직원들의 반응은 꽤 좋다. 미니 카페 유리창에는 직원들이 쓴 고맙다는 인사가 적힌 포스트잇이 잔뜩 붙어 있다.

점심과 저녁은 식당에서 제대로 밥을 먹는다. 코로나 팬데믹으로 여러 차례 나눠서 식사해야 하는 게 여간 번거롭지 않았으나 이제는 안정적으로 정착된 분위기다. 나도 여러 차례 식당에서 직접 식판을 들고 밥, 국, 반찬 등을 떠서 먹어봤는데, 밥맛이 아주 좋았다. 여느 식당에서 돈을 주고 사 먹는 음식과 달리 집에서 어머니가 해주는 음식을 먹는 기분이었다. 매일 끼니마다 메뉴와 반찬이 바뀌어서 나온다.

"본래 식당 일이 고된 편이라 2~3년 일하면 그만두는 사람이 많아요. 그런데 저는 30년째 일하고 있어요. 회장님이 많이 배려해주시고 직원들이 너무 잘 대해주신 덕분입니다. 회장님께서 돈 걱정 하지 말고 제일 좋은 재료, 가장 신선한 식품을 쓰라고 하시니까 얼마나 마음 든든한지 몰라요. 국산 고춧가루가 엄청나게 비쌀 때도 수입 재료를 쓰지 않고 국산만 썼어요. 고기나 채소도 물론이고요. 돈을 기준으로 메뉴를 짜지 않으니까 식당에 예산이 없어요. 재료비가 비싸면 식비가 올라가고 재료비가 싸면 식비도 내려가죠. 그래서 우리 회사에 음식 재료를 배달해주는 업체에서도 눈치 보지 않고 가장 좋은 걸로만 가져다줘요. 정말 내 가족 먹이는 것보다 더 신경 쓴다니까요."

주방 책임자로 30년 동안 같은 자리를 지켜온 조순남 씨의 이야기다. 올해 일흔두 살인 그녀는 매일 새벽 3시에 일어나 교회에 가서 기도한 후 5시 40분에서 6시쯤 회사에 출근한다. 차분한 마음으로 천천히 준비하기 위해서다. 급하게 식사를 준비하면 음식이 부실해질 수 있기 때문이다. 전날 낮에 주문해둔 음식 재료가 새벽에 배달되어 온다. 이를 확인한 다음 재료를 손질하는 것으로 주방의 일과가 시작된다. 점심 식사는 12시부터다. 20분 간격으로 세 차례 식사하니까 한 끼 식사를 위해 세 번이나 조리해야 한다. 한꺼번에 해놓고 그때그때 데워서 배식하는 법이 없다. 미리 만들어두면 맛이 없어서 그렇다고 한다. 먹는 사람이야 금방이지만, 밥 한 끼에 담긴 정성이 보통이 아니다. 점심 식사가 끝나면 설거지하고 정리한 다음 저녁 식사 준비에 들어간다. 아무리 든든히 먹어도 고된 일을 하는 젊은이들이라 배가 금방 꺼진다. 저녁 식사까지 무사히 마치고 나면 시간은 6시 30분을 넘는다.

"퇴근하면 뭐 하시나요?"

"녹초가 돼서 쓰러지죠. 집에서는 아무것도 안 해요. 그래도 아직 건강합니다."

"원래 요리를 이렇게 잘하셨나요?"

"그렇지 않아요. 누구 소개로 오게 되었는데, 회장님이 잘 보셔서 계속 있으라고 해서 오랫동안 있게 되었어요. 처음에는 혼자 하다가 회사가 커지면서 지금은 저를 포함해 세 명이 주방에서 일하고 있어요. 토요일 점심까지 일주일에 열한 끼를 만들죠. 오래 일하다 보니 전부 가족 같아요. 한 사람 한 사람 식성을 다 압니다. 저분은 국을 좋아하시고, 저분은 고기를 좋아하시고, 저분은 짜게 드시고, 저분은 싱겁게 드시고 이걸 알지만, 일일이 개인 식성을 다 맞춰줄 수 없는 게 안타깝죠."

"가장 어려운 게 어떤 건가요?"

"지금도 식사 준비할 때마다 맛이 없으면 어떻게 하나 걱정이에요. 매일 새롭게 메뉴 짜는 일이 제일 어렵죠. 아무리 열심히 잘하려 해도 많은 직원 입맛을 다 맞추기가 힘들어요. 주방에서 일하는 사람 입맛도 다 다르니까요. 그걸 맞추고 조정하는 게 쉽지 않죠. 직원들이 너무 맛있다며 잘 드시면 그게 가장 기쁩니다. 어젯밤 꿈속에서도 밥을 못 해서 안달하다가 깼어요. 항상 생각이 주방에만 머무릅니다."

DAC 식당 밥이 왜 맛있고 정감 있는지 그녀의 말을 듣다 보니 알 것 같았다.

라제건 회장의 밥상 인심은 회사 밖에서도 이어진다. 외국에서 귀한 손님이 왔을 때 호텔이나 식당으로 데려가 식사하는 게 아니라 집으로 초대해 한국의 가정 요리를 맛보게 하는 것이다. 어머니 김옥라 여사가 생전에 이런 모임을 좋아했기 때문이기도 하다. 김옥라 여사와 라제건 회장은 물론 아내인 각당복지재단 오혜련 회장, 아들 라영환 대표, 딸 라선영 작가 모두 영어를 잘하기에 다들 즐겁고 편안한 분위기에서 손님을 맞이할 수 있었다. 집으로 초대받아 정성 가득한 식탁에서 좋은 시간을 보내고 나면 더욱 특별한 관계가 맺어지곤 했다. 밥을 나눈다는 것은 마음을 나누는 것인 까닭이다. 노스페이스 부사장을 지낸 샐리 매코이나 보 힐레베르그 회장 가족 등도 라제건 회장 집에 초대받아 행복한 밥상에 마주 앉았던 사람들이다.

프랑스의 법관이면서 대단한 미식가였던 장 앙텔므 브리야 사바랭은 1825년에 자신이 쓴 저서 『미식 예찬』을 통해 다음과 같은 명문장을 남겼다.

"당신이 무엇을 먹었는지 말해달라. 그러면 당신이 어떤 사람인지 알려주겠다."

이 말을 현대 경영자들에게 그대로 적용한다면 다음과 같이 바꾸어 쓸 수 있다.

"당신 회사 식당에서 직원들에게 매일 제공하는 밥상을 보여달라. 그러면 당신이 어떤 경영자이고 당신 회사가 직원들을 어떻게 생각하고 있는지 알려주겠다."

직원들에게 하나라도 더 나눠주지 못해 조바심을 내는 CEO, 직원들에게 한 끼라도 더 맛있는 밥을 먹이지 못해 안달하는 CEO라면 몹시 까탈스러울 것 같은 브리야 사바랭이 다시 살아 돌아온다 해도 최고로 후한 점수를 주지 않을까 싶다.

Chapter 24

매출 목표가 없어도
성장을 멈추지 않는 회사

회사 규모나 업종을 막론하고 매년 연말이 다가오면 한 해를 결산하고 새해 계획을 세우느라 분주하다. 회계연도 기준이 조금씩 다를 수는 있으나 이런 과정은 대동소이할 것이다. 회계나 영업부서는 물론 다른 부서에서도 간부들은 자료를 준비하느라 골머리를 앓는다. 결산의 핵심은 처음 세웠던 매출 목표를 달성했는가 달성하지 못했는가, 그 원인과 대책은 무엇인가를 정리하는 것이다. 새해 계획도 마찬가지다. 신제품 개발이나 조직 혁신 등 여러 가지 계획을 세우지만,

핵심은 매출 목표를 어떻게 세우느냐 하는 것이다. 목표를 올해와 똑같이 세우거나 낮춰 잡을 수 없기에 성장에 방점을 둬야 하는데, 현실이 녹록지 않을 때 난감하지 않을 수 없다.

그런데 DAC에서는 연말이 돼도 이런 풍경을 찾아볼 수가 없다. 식당만 예산을 세우지 않는 게 아니라 회사 전체적으로도 매출 목표를 설정하지 않기 때문이다.

"지난 30여 년 동안 우리 회사는 매출 목표라는 게 없었습니다. 내년에 얼마를 팔자, 얼마를 달성하자고 수치를 정해놓은 적이 없다는 거죠. 기술적으로 세계 최고가 되고 남들보다 부가가치 높은 제품을 만드는 게 목표였지 매출이 목표가 아니었기 때문입니다. 좋은 물건을 만들면 소비자들이 알아봐서 사게 되고 이에 따라 매출은 자연스럽게 따라온다는 생각이었어요. 그러니까 오로지 기술과 품질에만 매진한 겁니다. 우리는 우리가 가장 잘할 수 있는 것만 해야 한다고 생각했습니다. 외주업체에도 바로바로 현금 결제를 하니까 다 좋아합니다. 베트남 공장이 정상적으로 가동되고, JKL 코퍼레이션(JKL Corporation)이 본격적인 궤도에 오르면 매출은 계속 상승곡선을 그릴 겁니다."

김태형 사장의 이야기를 듣고 깜짝 놀랐다. 매출 목표를 세우지 않는 회사라니 믿어지지 않았다. 그 이유를 설명하지는 않았지만, 내 생각으로는 그만큼 자신이 있다는 이야기로 들렸다. 회사가 나아가는 방향에 대한 자신감, 직원들이 만들어낸 제품에 대한 자신감, 소비자들이 결국은 우리 제품을 알아줄 거라는 자신감, 목표를 세워 닦달하지 않아도 충분히 성장할 수 있다는 자신감에서 그런 행동이 나오게 된 게 아닐까 생각했다. 한편으로는 매출 목표를 세우게 되면 그걸 달성하기 위해 무리하게 되고, 그러면 자칫 회사가 궤도를 벗어날 수도 있으며, 수치에 짓눌려 창의력과 상상력에 제약이 생길 수도 있음을 염려해서가 아닐까 하는 짐작이 들었다.

남들과 다른 생각은 거래처와의 관계에서도 종종 드러난다. 몇 해 전에 있었던 일이다. 미국에서 텐트를 제일 많이 파는 회사 중 하나인 B사와 마찰이 생겼다. 그 회사에서 다소 저렴한 가격대의 텐트를 만들고 싶어 했다. 라제건 회장은 B사의 요구를 이해하고 이에 맞는 텐트를 설계했다. 그는 텐트의 원단이나 봉제 방법까지 꼼꼼히 챙겨서 B사에서 원하는 가격과 품질의 텐트를 생산할 수 있다고 믿었다. B사에서는 아주 좋아했다. 그래서 DAC에서 중국 칭다오(青島)에 있는 작은 공장에 생산을 맡겨 납품하게 되었다. 그런데 B사의 검품팀은 일반적인 봉제공장과의 거래에 익숙한 팀이었다. 검품팀과 마찰이 빚어졌다.

그동안 DAC와 B사의 관계는 대단히 좋았다. 왜냐하면 DAC에서 B사의 고민을 다 들어주고, 비용도 받지 않고 텐트 모델을 개발해주고, 어려울 때마다 좋은 아이디어를 수시로 제공해줬기 때문이다. 하지만 B사의 검품팀에게는 이러한 양사의 오랜 관계가 익숙하지 않았다. 늘 해오던 대로 처음 거래를 시작하는 입장에서 길을 잘 들여놓아야 한다고 생각했던 것 같다. DAC와 B사는 서로의 관계를 대등한 협력 관계로 여기고 있었는데, B사의 검품팀은 다른 부품업체나 하청회사처럼 자신들과 DAC를 갑을관계로 파악하고 있는 듯했다. 그들의 갑질 또한 우리 대기업이나 재벌의 그것과 별반 다르지 않았다.

DAC는 그동안 전혀 그런 대접을 받지 않았다. 비교 대상이 없는 세계 최고 품질의 텐트 폴을 생산할 뿐 아니라 텐트 개발과 설계까지 선도적으로 해나가는 유일한 회사였기 때문이다.

결국 B사의 품질관리 책임자가 이런 말까지 하기에 이르렀다.

"생산을 다른 공장으로 돌리거나 작업을 전부 다시 시킬 수도 있습니다."

이 말을 전해 들은 라제건 회장이 끼어들었다. B사의 상황에 맞춰 자신이 오랫동안 고민하면서 새롭게 설계한 텐트 모델을 아무런 대가도 받지 않고 만들어주겠다고 한 것인데, 도리어 B사의 검품팀이 자신들의 상전 노릇을 하려 드니 기가 막힐 수밖에 없었다.

"이게 지금 뭐 하는 짓입니까?"

B사의 검품 책임자가 답변했다.

"이건 텐트를 잘 만들어 공급하기 위해 노력하는 과정에서 일어나는 일입니다."

라제건 회장이 되물었다.

"지난번에 당신이 텐트 만드는 공장을 딴 곳으로 옮기겠다고 했다는데, 그 텐트 모델이 누구 것입니까? B사가 설계한 것입니까? 아니면 DAC가 설계한 것입니까?"

결국 B사의 사장이 나서서 사과하고서야 마무리되었지만, B사의 검품 책임자는 라제건 회장 앞에 나서지를 못했다. 거의 1년이나 지난 후에, B사의 사장으로부터 검품 책임자가 매일 눈치 보면서 울고 다닌다는 말을 듣고서야 라제건 회장은 검품 책임자를 용서해주었다.

그날 미팅 결과 앞으로 새 텐트 모델을 개발해주는 것은 DAC의 소유이고, 모든 권리는 DAC에 있다고 양사가 확인했다. 생산한 텐트 완제품을 전량 그대로 납품했던 것은 물론이다.

이것이 DAC의 보이지 않는 규범과 원칙이다. 목표를 정해놓지 않아도, 숫자를 달성하기 위해 거래처의 무리한 요구를 받아들이지 않아도 이심전심으로 최고를 향해 달려 나갈 때 모두가 인정하지 않을 수 없는 자신들만의 모습이 드러나게 되는 것이다. 거래처를 위해 그들보다 더 적극적으로 그들의 입장을 위해 노력하는 모습을 끊임없이 보이는 것이 DAC 특유의 사업을 펼쳐가는 방식이다. 내가 인격체로서 제대로 대접을 받으려면 '저 사람은 자기가 하겠다는 것은 틀림없이 한다'라는 강한 믿음을 줘야 한다는 것이 DAC의 자존심인지도 모르겠다.

Chapter 25

텐트는
어떻게 만들어지는가

라제건 회장은 헬리녹스 브랜드로 체어원을 시장에 소개한 후 소비자들과의 직접 소통을 위해 아내의 권유로 '헬리녹스를 만드는 사람들'이라는 블로그를 개설했다. 소소한 일상으로 포스팅을 시작했더니 소비자들의 댓글이 간간이 달렸다. 그중에 눈에 띄는 내용이 있었다. 노스페이스의 '돔 에잇(Dome 8)'이라는 모델이 너무 좋아 꼭 사고 싶은데, 어디를 찾아봐도 절판이고 중고 제품조차 구할 수 없다는 하소연이었다. 라제건 회장은 답글을 달았다. 돔 에잇은 내가 노스페이스에 개발해준 모델이고, 노스페이스 관계자들과도 잘 알고 있으니 혹시 노스페이스에 남은 재고가 있는지 알아봐드리겠다는 내용이었다.

라제건 회장의 답글에 대한 반응이 의외로 뜨거웠다. 많은 사람이 댓글을 달았다. 노스페이스 텐트를 한국 사람이 설계했다는 데 대해 놀라움을 표시하는 분들도 있었고, 반신반의하는 분들도 있었다. 라제건 회장 역시 많은 사람이 노스페이스의 돔 에잇에 관심이 있다는 사실에 놀랐다. 일반 캠퍼들을 대상으로 개발한 텐트가 아니었기 때문이다.

노스페이스는 '2미터 돔'이라는 상징적인 텐트를 오랫동안 판매하고 있었다. 2미터 돔은 지름이 4미터, 높이가 2미터 크기의 반구 형태 대형 텐트였다. 라제건 회장이 1990년대에 많이 개발한 패밀리 텐트와 달리 2미터 돔은 가느다란 폴들을 바구니 엮듯이 연결해 대형 텐트로 만들어 낸 노스페이스의 걸작 중 하나였다. 노스페이스에서는 매년 신제품을 소개하는 세일즈 미팅을 한다. 라제건 회장은 여러 해에 걸쳐 이 미팅에 초대받아 자신이 개발한 텐트들의 특성을 설명하곤 했다. 어느 해인가 저녁 식사를 하는 자리에서 그는 세일즈 팀에게 2미터 돔은 주로 어떤 경우에 사용하느냐고 물어봤다. 의외의 답변이 돌아왔다. 야외에서 신제품을 설명하는 클리닉에 사용한다는 것이었다. 2미터 돔은 탐험용 텐트군에 속한 텐트로 설치가 대단히 복잡하고, 입구가 작아서 통풍이 잘되지 않아 낮에는 실내에 있기 힘들 정도로 온도가 올라가는 텐트였다. 이때부터 라제건 회장은 일상적인 날씨에 야외 클리닉을 할 때 사용하기 편리한 텐트를 구상하기 시작했다. 그가 생각한 개발 방향은 다음과 같았다.

1. 기존 2미터 돔의 이미지와 크기, 내풍성 등을 가능한 한 유지하도록 한다.
2. 클리닉에 적합하도록 설치가 쉽고, 입구를 키우며, 통풍이 잘되도록 한다.

설치를 간편하게 하려면 굵은 폴을 사용해 강성을 높이고 폴의 개수를 줄여야 한다. 또한 설치를 쉽게 하려면 꼭짓점에서 여러 개의 폴이 바닥을 향해 내려오는 구조가 가장 바람직한데, 그러면 텐트 꼭짓점이 뾰족해져서 완만한 형태의 반구형이 만들어지지 않는다. 그는 상부에는 굵은 폴을 사용하고, 하부에는 가는 폴을 사용해서 둥근 형태를 만들기로 했다. 그가 개발한 '리버스 콤비(Reverse Combi)'라는 방식이었다. 입구를 크게 만들면서도 강한 바람에 견딜 수 있도록 여러 가지 구조를 생각하다가 구각형을 선택하고 상부에 통풍용 창을 설치했다. 구각형 중에서 육각에 대형 문을 배치했다. 텐트 구조에 자신감을 얻게 된 그는 노스페이스 개발팀에 자신이 구상한 새로운 모델을 제안했다. 노스페이스 팀은 대환영이었다. 텐트 패턴은 라제건 회장과 오랜 기간 호흡을 맞춰 온 반포테크의 최준석 상무가 맡았다. 노스페이스의 돔 에잇은 이렇게 탄생했다.

하지만 국내 캠퍼들은 이렇게 만들어진 돔 에잇을 캠핑에 사용하는 것이었다. 라제건 회장에게는 또 하나의 놀라운 발견이었다. 그래서 이번에는 캠퍼들이 사용하기에 편리한 새로운 모델을 구상하기 시작했다. 돔 에잇보다 구조를 더 간소화하고, 설치는 더 간편하게 만들었다. 무게도 대폭 줄였다. 텐트는 바닥의 형태에 따라 이름이 붙여지는 경우가 많다. 육각형은 '헥사', 팔각형은 '옥타'라고 부른다. 아무도 시도해보지 않았던 구각형은 노나라고 부르기로 했다. 노나 형태의 돔, 즉 노나돔(Nonadome)이었다. 이 노나돔은 라제건 회장이 사용자들과 함께 텐트를 만들어보려는 구상으로 시작한 '텐트개발프로젝트'에 기본 구조로 소개되어 2년여의 기간을 거쳐 완성되었다.

　노스페이스의 상징적인 산악용 대형 텐트인 2미터 돔으로부터 야외 클리닉을 겨냥한 돔 에잇을 개발한 것이 2005년이었고, 헬리녹스의 캠핑용 텐트인 노나돔이 완성된 것이 그로부터 9년 후인 2014년이었다. 노나돔은 헬리녹스의 상징적인 텐트로 자리 잡았다.

Chapter 26

남들이 가지 않을
길을 찾는다

라선영 작가가 영국에서 공부할 때 라제건 회장이 유럽 출장길에
잠깐 들른 적이 있다. 침침한 하늘, 계속해서 부슬부슬 내리는 비, 옷
속까지 파고드는 한기. 런던의 날씨는 대개 이랬다. 라제건 회장이 걱
정스레 물었다.

"영국이 지내기에 괜찮니?"

딸의 대답은 의외였다.

"네, 아주 좋아요. 영국 사람들이 늘 새로운 것을 만들려고 노력하

는 모습이 좋아요. 새로운 것을 만들면서도 세계에 전파하는 것까지 고려하면서 만들어요."

민주주의를 시작했던 나라. 산업혁명을 이끌고 세계를 경영했던 나라. 라제건 회장은 그들의 힘의 원천에 대해 딸이 이야기해주고 있다고 느꼈다. 남들이 해 놓은 것을 배우고 따라가는 것만으로는 우리나라의 미래가 밝을 수 없다고 믿는 라제건 회장은 자신이 경험하고 축적해 온 것을 바탕으로 어떻게 세계를 선도할 만한 시도를 할 수 있을까, 세계 최고를 넘어서 세계에 주도적으로 선한 영향력을 미칠 수 있는 길은 없을까를 곰곰이 생각하고 있었다.

그가 미래를 향한 주춧돌로 생각하는 건 30여 년을 쌓아온 DAC의 개발력과 생산력 그리고 DAC가 출범하기 2년 전에 시작해 전문 자원봉사자들을 길러온 각당복지재단이다. 전혀 접점이 없을 것처럼 보이는 이 두 주춧돌이 그에게는 한 가지로 보이는 것 같다. 무엇을 어떻게 풀어갈지에 대해 참고할 만한 예가 없다 보니 방향성만 가진 채로 한 발자국씩 내딛어가며 계속 생각을 다듬어갈 생각이다. 첫 단계로 라제건 회장이 실천에 옮긴 것은 새 계획을 담을 새 그릇이다. DAC와 헬리녹스에 이어 라제건 회장이 심혈을 기울여 준비하고 있는 건 새로운 브랜드 'JakeLah'이다. 이를 위해 JKL Corporation이라는 회사를 별도로 설립했다. 원래 Jake Lah는 라제건 회장의 영문 이름이다.

JKL에서 영업 관리를 책임진 배해국 이사는 새 브랜드에 대한 기대가 남다르다.

"JakeLah는 사람들에게 필요한 다양한 제품들을 소개할 완제품 브랜드입니다. 헬리녹스가 DAC의 기술을 바탕으로 아웃도어 용품 시장을 이끌어가는 브랜드라면 JakeLah는 DAC의 기술을 바탕으로 경량화가 필요한 완제품 시장을 이끌어가는 브랜드가 될 겁니다. 2020년에 '제이코트 190'이라는 제품을 처음 출시했습니다. 헬리녹스 코트 위에 설치하는 1인용 텐트입니다. JakeLah는 앞으로 패밀리 텐트를 넘어서는 대형 텐트를 만들어나갈 계획인데, 회장님이 구상하셨던 설계 중에 1인용 텐트를 첫 상품으로 만들어본 겁니다. 구성이나 디자인이나 기능 면에서 기존에 없던 새로운 텐트입니다. 혼자서도 2~3분 안에 쉽게 설치할 수 있고, 텐트 안에서 밖을 조망할 수 있도록 시각이 확보되어 있어 반응이 상당히 좋습니다. 내부에서 20~30명이 모여 앉아 회의도 할 수 있는 다양한 빅 텐트는 시장에 존재하지 않던 텐트입니다. 빅 텐트 시장이 확대되면 입식이 필요한 다양한 아웃도어 문화가 보편화될 수 있습니다. JakeLah가 본격적으로 빅 텐트 제품을 개발하게 되면 여러 분야에서 새로운 제품들을 사용하는 활동이 가능해지리라고 기대합니다."

제이코트 190은 1인용 백패킹 텐트로 사용하면서 동시에 코트 위에 올려서도 사용할 수 있도록 설계된 텐트다. 기존의 1인용 텐트는 텐트를 바닥에 설치한 뒤 두꺼운 매트를 깔고 자는 방식이었다. 라제건 회장은 다른 방법이 없을까 고민했다. 1인용 텐트는 최근까지 수요가 극히 제한되어 있었지만, 1인 가구가 늘어나는 추세를 생각하면 1인용 텐트에 대한 요구는 자연스럽게 늘어나지 않겠느냐는 발상이다. 미군들이 남녀가 같은 숙소에서 생활하며 여군의 독립공간을 위해 1인용 텐트를 사용하는 것도 생각했다. 일반 1인용 텐트는 코트 위에서 사용하기에는 여러 가지로 불편했다.

20년 넘게 이런 생각을 해오던 그는 야전침대인 코트원을 개발해 헬리녹스를 통해 소개하며 좋은 반응을 얻자 이를 활용해서 텐트를 개발하는 것으로 구체화했다. 코트원이 2킬로그램 정도 무게니까 역시 2킬로그램대인 제이코트 190을 그 위에 설치하면 4킬로그램 내외로 간편하게 잠자리를 해결할 수 있게 된 것이다. 간단한 원리였지만, 이를 실용적으로 구현해내는 것은 결코 간단하지 않았다. 해결해야 할 가장 큰 문제는 코트 크기가 작아 텐트 사면이 모두 수직 벽이 되도록 세워야 한다는 점이었다. 일반 텐트들은 예외 없이 바닥에서 위로 올라갈수록 공간이 급격히 줄어드는 피라미드 형태다. 텐트 위에 앉아 밖을 내다볼 수 있도록 입구도 상당히 높아야 했다. 라제건 회장은 텐트의 중심보다 입구가 오히려 높아지는 'V' 자 형태의 '텐션 리지(Tension Ridge)'라는 새로운 장치를 적용했다. 통풍이 잘돼야 결로를 줄일 수 있고 갑갑하지 않기에 네 방향 모두 통풍창을 달았다. 편안한 수면을 위해 3중 원단을 사용하면서 텐트 중앙의 폭을 넓혔다. 이렇게 해서 탄생한 게 JakeLah 브랜드의 첫 번째 작품인 제이코트 190이다. 실험적으로 적은 수량만 만들었기 때문에 출시되자마자 매진되었다. JKL Corporation에서는 계속해서 제이코트 210, 제이코트 타프, 제이코트 렉타, 제이코트 플라이 등을 선보이며 본격적인 JakeLah 시대를 차곡차곡 준비 중이다.

왜 JakeLah인가?

라제건 회장은 블로그에 올린 글에서 그 이유를 이렇게 설명했다.

"살면서 제게 끊임없이 던졌던 질문은 '나는 누구인가?', '나는 무엇을 원하는가?' 하는 것이었습니다. 지난 30여 년은 제가 DAC를 창업해 수많은 나날을 밤샘하며 기술과 제품 개발에 매달려온 세월입니다. 누구든 찾아와 개발을 부탁하면 들어주었습니다. 그러다 보니 누구보다 많은 텐트를 개발하게 되었습니다. 이제는 텐트 디자이너로서, 새로운 개념을 추구하고 노력하는 사람으로서 제 이름을 걸고 새 길을 열어갈 때가 되지 않았나 싶습니다. 아니, 어쩌면 의무라는 생각도 듭니다. 그래야 지난 세월 개발의 흐름도 설명이 됩니다. 이제 또 하나의 새로운 트렌드를 위한 도전에 나섭니다."

'자연을 생각합니다. 자연을 사랑하는 사람들을 생각합니다.'

라제건 회장이 만든 새로운 브랜드의 슬로건이다. 캠핑과 백패킹으로부터 보다 폭넓은 야외활동으로 그의 관심이 넓혀지는 것은 자연스러운 행보로 보인다. 노인용 지팡이와 휠체어. 그가 개발에 힘을 쏟고 있는 제품 중 일부다. 걸음이 불편한 노인들을 위한 초경량 지팡이. 지팡이에 의지하고도 걸을 수 없는 사람들을 위한 초경량 휠체어. 그는 거동이 불편한 사람들이 지팡이를 짚고 혹은 손쉽게 승용차에 실을 수 있는 휠체어를 이용해 자연을 즐기는 모습을 상상하며 그동안 개발해온 제품들과 전혀 관계없는 듯한 제품 개발에 열중하는 것은 아닐까?

텐트나 헬리녹스 제품들이 백패킹과 캠핑을 즐기는 강한 사람들의 활동을 위한 것이었다면, 지팡이나 휠체어는 그런 활동이 불편한 사람들을 위한 제품이다. 요양원 같은 곳에서 생활하는 노인들이 간절히 원하는 활동 중 하나가 밖에 나가 바람을 쐬는 것이다. 젊은 자원봉사자들이 휠체어에 탄 노인들을 가까운 공원에 모시고 나가 도시락을 나눠 먹는 모습은 상상만 해도 정겹지 않은가?

바닥에 돗자리를 깔고 앉아 소풍을 즐기던 사람들이 이제는 헬리녹스 경량 체어에 앉아 경량 테이블을 사이에 두고 자연의 모습을 즐긴다. 건물로만 빼곡하게 채워지던 도시 공간에 공원을 만드는 것은 이미 트렌드가 되었다. 아파트를 짓더라도 주변의 녹화가 중요한 요소로 등장했다. 라제건 회장이 30여 년 전 공장 뜰에 자연을 불러들이던 노력이 이제는 전국에서 벌어지고 있다. 이 공간들은 바라만 볼 것은 아니다. 도심 속의 자연에서 시민들의 다양한 활동이 벌어질 수 있어야 한다는 것이 그의 생각이다. 문화, 예술 활동은 물론이고, 세미나와 학술 발표회도 가능하다. 다양한 도심의 축제는 또 어떤가? 야외 활동을 통해 봉사자와 봉사를 필요로 하는 사람들이 함께 만나 마음을 나누고 따뜻한 마음이 오가게 되면, 우리 사회가 더 아름다워지지 않을까? 서로 관계없는 것처럼 보이는 제품들을 개발하는 것이 마케팅 전략으로 봤을 때 쉽지 않을 것 같아 직원들에게 이렇게 말했다.

"아무리 엉뚱한 짓일지라도 30여 년 전에 문과 출신이 '공돌이'가 되기로 한 것만큼이나 엉뚱하겠어요? 하하!"

세계 최고의 알루미늄 튜브를 생산해 보겠다는 그의 꿈에 경량 텐트 개발이 보태지면서 세계인들에게 쾌적하고 다양한 생활공간을 제공하는 방향으로 전환되었다. 세계 최고는 더 이상 그의 꿈을 담아둘 수 없다. 초경량 체어 개발로 야외활동을 즐기는 사람들에게 의자에 앉아 자연을 즐겁게 해주는 데 성공한 그는 입식 생활을 가능하게 하는 다양한 야외활동을 구상하게 되었다. 여기에 자원봉사와의 접점이 만들어지고 있다. 그가 '볼런티움(Volunteeum)'을 설립하려고 하는 것도 지난 30여 년간 온 힘을 들여 개발해온 개발력이 비영리 분야의 활동에 도움을 줌으로써 새로운 형태의 문화가 탄생할 수 있겠다는 믿음 때문이다. 'JakeLah'는 그의 새로운 꿈과 도전을 담고 있다. 과연 성공할 수 있을까? 앞으로 펼쳐질 불확실한 미래에 대해 그는 한 가지 확신을 품고 있다. 좋은 사람들이 모여 선한 뜻으로 노력하면 목표를 달성할 확률이 높아진다는 것이다.

그는 오래도록 함께 일해온 텐트 브랜드들을 위한 프로그램도 개발했다. 그 방법이 'ABJL(Architecture by Jake Lah)' 혹은 'DBJL(Developed by Jake Lah)'이다.

"저는 앞으로도 찾아오는 대부분 브랜드를 도우려 합니다. 텐트 구조도 다듬어 주고, 완성도를 높이도록 도울 것입니다. 그러나 제가 개발하는 오리지널 모델들은 어느 브랜드에 제공하든지 ABJL을 붙여 차별화하려고 합니다. JakeLah와 컬래버레이션하는 경우도 있을 수 있겠지요. 바이어들이 생소해 선뜻 손 내밀지 못하는 혹은 아직 시장이 만들어지지 않은 분야는 JakeLah 이름으로 조금씩 '개척'해 보려고 합니다. JakeLah는 실패를 겪어도 부담 없는 범위에서 여러 가지 새로운 시행착오들을 시도할 것입니다."

Part 4

스스로 브랜드가 된 전설의 텐트 마스터

Chapter 27

전설적인 텐트 디자이너, Jake Lah

모험과 캠핑에 관한 다양한 정보를 제공하는 미국의 유명 잡지 「백패커(Backpacker)」에서는 매년 직원들이 직접 안전, 무게, 환경, 혁신 등을 면밀하게 테스트해 가장 우수한 장비를 골라 에디터스 초이스 상을 시상하고 있다. 2021년 3월에는 '씨투써밋'의 텔러스 TR2 텐트가 수상의 영광을 안았다. 이 백패킹 텐트는 디자인과 기능 그리고 편의성 면에서 단연 최고의 텐트라는 찬사를 받았다.

'Legendary Tent Designer Jake Lah(전설적인 텐트 디자이너 제이크 라)'

이 텐트를 소개하는 글 가운데 이런 문구가 들어 있었다. 세계 모든 텐트 메이커와 전문가들이 라제건 회장을 전설적인 텐트 디자이너로 인정하기까지 30여 년이 걸린 셈이다. 발자국 모양이 찍힌 에디터스 초이스는 이미 여러 차례 받은 바 있는 상이었지만, 그의 이름이 등장한 건 처음이었다. 그가 구상하고 설계하고 개발한 텐트임에도 언제나 상에는 브랜드의 이름만 들어가 있었다. 어떤 바이어는 고마움의 표시로 상패를 두 개 만들어달라고 부탁해서 한 개를 라제건 회장에게 전해주기도 했으나 그 상패에도 역시 'Jake Lah'라는 이름은 쓰여 있지 않았다.

텐트 업계에서 혁신의 대명사로 불리는 오스트레일리아의 씨투써밋에서는 이 새로운 제품이 Jake Lah가 디자인한 텐트라는 사실을 공개적으로 내세우고 있었다. 씨투써밋의 텔러스 TR2 텐트가 기존 텐트들과 달리 높은 입구와 시원한 내부 공간을 제공할 수 있게 된 것은 라제건 회장이 개발한 '텐션 리지(Tension Ridge)'를 사용했기에 가능했다. 텐션 리지는 JakeLah 브랜드에서 처음 선보인 제이코트 190을 고민하는 과정에서 개발된 기법이었다.

「백패커」 편집자인 데니스는 오래전부터 라제건 회장을 잘 알고 있었다. 그는 10여 년 전쯤 '텐트 개발의 숨은 주역'이라는 특집기사를 싣겠다며 라제건 회장에게 인터뷰를 요청한 적 있다. 그때 라제건 회장은 이를 정중히 거절했다. 자신이 전면에 등장해 생색을 내면 본인들이 직접 설계해서 만든 것처럼 열심히 판매하고 있는 텐트 브랜드들의 체면이 손상될 수 있다고 생각했기 때문이었다. 선의로 제공한 모델들을 훗날 사실은 내가 한 거라며 굳이 밝히고 나서서 좋을 게 없다는 판단이었다.

그러나 이제는 이 텐트가 Jake Lah가 디자인한 텐트라고 밝히며 ABJL(Architecture by Jake Lah)을 공개하는 것이 시장에서 신뢰를 받는 요소로 받아들여질 만큼 인식이 달라졌다. 지금까지 ABJL은 기존에 시장에서 판매되는 모델들과 획기적으로 다른 새로운 구조의 텐트들에만 제한적으로 붙여 왔다. 현재는 헬리녹스, 빅 아그네스, 블랙 다이아몬드, 바우데, 씨투써밋에만 ABJL 모델들을 공급하고 있다.

DAC 초기부터 텐트 개발은 온전히 라제건의 몫이었다. 낮에는 공장에서 폴을 생산하기 위해 땀 흘리다가 땅거미가 지기만 하면 공장 한쪽에서 텐트를 개발하기 위해 혼자서 폴을 세웠다 허물기를 반복했다. 직원들의 눈치가 보였다. 텐트 개발은 회사의 일이 아니라는 정서 때문이었다. 주말이면 내내 새로운 개념의 텐트 구조를 만드는 일에 매달렸다. 월요일 아침 일찍 출근한 김태형 과장이 곁에 다가와 묻곤 했다.

"주말 동안 뭐가 좀 나왔어요?"

"아, 뭐…… 잘 안 되네요."

바닥에는 여기저기 흩어져 있는 텐트 폴 마디들이 전부였다. 사실이 그랬다. 이래도 안 되고 저래도 안 되는 것을 확인한 것뿐이다. 그는 세상 누구보다 프레임을 많이 세워봤다고 자부한다. 3차원의 형상을 머릿속에서 그려낼 수 있는 능력은 이러한 과정의 끊임없는 반복을 통해 얻어졌다.

라제건 대표가 2001년 공장으로 사용할 새 건물을 설계할 때였다. 그의 기상천외한 아이디어에 혀를 내두르던 설계사무소 소장이 물었다.

"사장님은 어떻게 그렇게 공간 개념이 좋으세요?"

"글쎄요……."

대답하면서 그는 깨달았다. 수많은 날을 잠을 자지 않고 노력하다 보니 새로운 능력이 생겼다는 것을. 1993년 미국 콜로라도대학교의 심리학자 앤더스 에릭슨이 발표한 논문에서 '1만 시간의 법칙'이라는 개념이 등장했다. 최소한 1만 시간가량을 한 가지 일에 매달리면 한 분야에서 어느 정도 경지에 이르게 된다는 것이다. 라제건 대표가 텐트 구조에 대해 고민한 시간은 20년 전인 그때 이미 1만 시간을 훨씬 넘어서고 있었다.

하루는 미국의 노스페이스 개발실에서 라제건 대표가 자신이 개발한 텐트에 관해 설명하면서 디자이너들과 열심히 토론하고 있었다. 새로 온 부사장이 지나가다가 이 광경을 목격했다. 개발실은 기업의 핵심 비밀이 담긴 곳이기 때문에 외부인 출입금지 구역이다. 그런데 웬 동양인 남자 하나가 제집처럼 왔다 갔다 하며 떠들고 있으니 당연히 이상하게 생각한 것이다. 부사장이 걸음을 멈추고 그에게 물었다.

"댁은 누구십니까?"

"아, 저는 텐트 폴 메이커인데요?"

"……."

노스페이스 개발실 직원의 설명으로 오해는 풀렸지만, 라제건 회장은 10여 년 전까지만 해도 자신이 텐트 디자이너라고 소개하지 않았다. 그를 텐트 디자이너라고, 그리고 '전설적인' 텐트 디자이너라고 불러준 것은 다른 사람들이었다.

이제는 세계 어디를 가든지 'Jake Lah' 하면 '마스터' 혹은 '전설' 소리를 듣게 되었다. 그와 비교할 대상이 없을 정도다. 바이어들이 라제건 회장을 가리켜 천재라며 감탄할 때마다 그는 한결같은 대답을 한다.

"어떤 바보라도 똑같은 일을 30년 넘게 하다 보면 도사가 안 되나요?"

미국 텐트 업계에 '제이크시피케이션(Jakesification)'이라는 말이 생겨났다. 라제건 회장의 영문 이름인 'Jake'에 '~화하기(~fication)'를 붙여 만든 말이다. 라제건 회장이 설계해서 만든 텐트가 워낙 많은 까닭에 이를 하나의 현상으로 받아들이고 새로운 용어까지 붙인 것이다. 그는 무려 1000동 이상의 텐트를 직접 설계한, 세계에서 유일한 존재다. 이런 차원에서 보자면 씨투써밋에서 야심적으로 새 텐트 모델을 개발하면서 제일 먼저 라제건 회장을 찾아와 도움을 요청한 건 당연한 일이었다고 할 수 있다.

전설적인 무술가이자 영화배우였던 이소룡이 이런 말을 남겼다고 한다.

"천 가지 발차기 기술을 익힌 사람과 싸우는 것은 전혀 두렵지 않습니다. 그런데 한 가지 발차기 기술만을 천 번 이상 수련한 사람과 싸우는 것은 두렵습니다."

라제건 회장이 전 세계 텐트 업계에서 '유일무이한 마스터' 혹은 '살아 있는 전설'로 불리게 된 것은 무술을 닦는 사람이 길고 긴 시간 오직 한 가지 발차기 기술만 수련한 것처럼 30년 넘는 세월 동안 오로지 텐트 하나만을 들여다봤기 때문이다.

그의 이런 우직함, 인내와 끈기, 지독한 집념은 도대체 어디에서 나온 것일까?

Chapter 28

미국인과 같은
눈높이로 살고 싶었던 아이

2016년 12월 1일 월례 조회 때 라제건 회장은 강단에 있는 스크린 화면을 통해 직원들에게 사진 한 장을 보여 주었다. 꽤 오래전에 사용한 듯한 낡은 밀가루 포대 사진이었다. 포대 상단에는 '미국 국민이 기증한 밀로 제분된 밀가루'라고 적혀 있었고, 가운데는 미국 국기 위에 악수하는 두 손이 그려져 있었으며, 하단에는 'United States of America'라는 글귀와 함께 '팔거나 다른 물건과 바꾸지 말 것'이라는 문장이 선명하게 쓰여 있었다. 사진을 보며 라제건 회장은 이렇게 말했다.

"제가 1954년생입니다. 6·25전쟁 이후 서울에 뭐가 남아 있었겠어요? 서울의 모습은 비참하기 이를 데 없었습니다. 당시 외국 사람이라고는 미군과 미국 선교사들이 대부분이었어요. 한쪽에는 미군이 있어 얻어먹고 살았고, 한쪽에는 미국 선교사들이 있어 여러 가지 도움을 받았습니다. 교회를 다니든 안 다니든 크리스마스하고 부활절이 되면 아이들이 교회에 바글바글 모여들었습니다. 먹을 걸 많이 줬기 때문이죠. 그런 시절을 살면서 어린 마음에도 얼마나 자존심이 상했는지 모릅니다. 그때만 해도 우리나라는 농경사회였는데, 전쟁을 치르는 3년 동안 농사를 짓지 못했으니 먹을 게 없었어요. 미국이 우리를 먹여 살렸지요. 이 사진은 그때 쓰던 밀가루 포대입니다. 우리는 이 시절을 기억해야 합니다. 도움을 준 사람들에게 신세를 갚는 것이 우리가 당당해지는 것입니다."

문화재청장을 지낸 유홍준 명지대 석좌교수가 '서울은 궁궐의 도시'라고 말했던 것처럼 서울에는 조선 시대에 건립된 다섯 개의 궁궐이 있었다. 라제건 회장의 부모님이 신혼 때부터 살던 집은 지금의 청와대 앞 경복궁 돌담 부근이었다. 그래서 라제건 회장의 본적 주소는 세종로 1번지로 되어 있다. 그런데 6·25전쟁 중 1·4후퇴 때 부산으로 피란을 갔고, 1953년 7월 전쟁의 포성이 멈추고 휴전협정이 체결되자 그해 9월 서울로 다시 올라왔다. 돌아와 보니 살던 집은 폭격으로 폐허가 되어 있었다. 하는 수 없이 부모님은 경희궁 터 근처에 새로 집을 구해 이사했다. 옛집은 경복궁 터였고 새집은 경희궁 터였다. 이듬해인 1954년 11월 라제건 회장이 네 형제 중 막내로 태어나 지금까지 그곳에서 살고 있다.

라제건 회장이 기억하는 어린 시절에는 미군이 탄 지프가 지나가면 놀던 아이들이 우르르 차를 뒤쫓아갔다. 그러면 차 안에 있던 미군이 초콜릿이나 껌을 한 주먹 집어서 던져주었다. 아이들은 길에 떨어진 초콜릿과 껌을 주워 먹느라 정신이 없었다. 2014년에 개봉했던 영화 〈국제시장〉에서 어린 덕수의 친구 달구가 "쪼고레뜨 기브미!"라고 재롱을 부리며 미군에게 허쉬 초콜릿을 얻어먹는 장면과 똑같았다. 그때 골목과 길거리에서 놀던 코흘리개 아이들은 모두 다 덕수였고 달구였다. 이런 모습을 바라보며 아프게 느끼던 어린 라제건은 좀 별난 아이였다.

지금도 또렷이 남아 있는 라제건의 어릴 적 기억 중에 미국인과 관련된 게 있다.

하나는 소아재활원에서 있었던 크리스마스 파티에 관한 것이다. 라제건이 일곱 살 때쯤 일이다. 그의 어머니가 연세대학교 소아재활원에 크리스마스 파티를 주선해 주기로 했다. 소아재활원은 1959년 10월 1일에 개원한 지체 장애 학생을 위한 특수학교였다. 1964년에 이르러 연세대학교 의과대학 세브란스 소아재활원 초등학교로 정식 설립 인가되었다. 이 파티를 위해 김옥라 여사는 미국 선교사와 소아재활원 부원장이 만나는 자리를 마련했다. 그런데 소아재활원 부원장이 일이 있어 조금 늦게 도착했다. 그랬더니 미국 선교사가 버럭 화를 내면서 큰소리로 말했다.

"파티 없습니다! 파티 없습니다!"

어둔한 선교사 부인의 한국말에 소아재활원 부원장이 허리를 90

도로 꺾어가면서 거듭 사과했다.

"죄송합니다. 죄송합니다."

미국 선교사가 그렇게 화를 냄으로써 정말 크리스마스 파티가 열리지 않았는지 아니면 사과를 받아들여 무사히 크리스마스 파티가 열렸는지 라제건은 기억하지 못한다. 그가 기억하는 건 화를 내는 미국 선교사와 사과하는 한국 부원장의 표정뿐이다. 한편은 가정부인, 다른 한편은 교수에 부원장임에도 주는 자와 받는 자의 관계는 그랬다. 라제건에게는 지금도 생생하게 기억할 만큼 충격적이고 아픈 기억으로 남아 있다.

또 하나는 중학교 2학년 때 겪었던 미국인 여대생과의 일이다. 라제건이 초등학생 때인 1965년 큰형이 미국으로 유학을 떠났다. 그때는 한국인이 외국 유학할 형편이 되지 않았다. 미국에 있는 어머니의 미국인 친구 한 분이 자꾸 아들을 보내라고 권해서 아버지가 달랑 50달러를 손에 들려 보낸 유학이었다. 큰형은 그 집에 살면서 동네 가게에서 접시 닦고, 주유소에서 기름 넣고, 잔디도 깎으면서 생활했다. 그로부터 5년 뒤인 1970년에 라익진 박사가 미국에 출장 갔다가 큰아들이 공부하는 곳에 처음으로 들렀다.

"여러분들이 제 자식을 이렇게 잘 돌봐주셔서 정말 고맙습니다. 은혜에 보답하는 의미로 여러분 자녀 중에 한국에 관심 있는 학생이 있으면 1년간 교환학생 프로그램을 만들어 왕복 여비를 포함해 숙식과 모든 비용을 제공하겠습니다."

라익진 박사는 아들이 몇 년간 지내던 마을 어른들을 모셔서 저녁 대접을 하며 이런 제안을 했다.

그렇게 해서 어떤 미국 여대생 한 명이 1년 동안 라제건의 집에 머물게 되었다. 당시 중학생이던 라제건에게는 굉장히 충격적인 사건이었다. 우리나라 사람이 미국인에게 무엇인가를 베푼다는 건 그로서는 상상도 못 해보던 일이었다. 조용히 생각해보았다.

'미국인들이 사는 마을에 한국인이 방문하여 만찬을 베풀고, 모든 비용을 제공할 테니 교환학생을 보내달라고 제안한다? 그리고 미국인들이 고마워한다? 그렇구나! 당당하게 살려면 베풀며 살 수 있어야 하는구나. 그것이 가능할 수도 있구나.'

메리 조. 그 여대생의 이름이었다. 이때 라제건은 처음으로 미국인을 같은 눈높이에서 바라볼 수 있다는 것을 경험하였다. 메리 조는 라제건의 형제들과 똑같은 대접을 받는 첫 미국인이었다. 방이 지저분하다고 어머니께 혼나기도 하고, 밤에 늦게 들어오면 위험하다고 주의를 받기도 했다. 어머니가 간혹 특별히 용돈을 주면 신이 나서 화장하고 놀러 나가기도 했다. 라제건 회장은 지금도 아버지께 깊이 감사하고 있다. 자존심을 지키려면, 당당하게 살 수 있으려면 싸우는 것이 아니라 베푸는 것이라는 걸 깨닫게 해주었기 때문이다.

Chapter 29

이기와 이타의
경계에서

라제건의 어린 시절 기억 중 빠뜨릴 수 없는 건 할머니와의 추억이
다. 그는 할머니에게 많은 영향을 받았다. 할머니는 인정을 나누고 사
랑을 베푸는 게 몸에 밴 분이었다. 스무 살 꽃다운 나이에 상처한 마
흔 살 유학자에게 시집가 전처가 낳은 두 아들을 키우면서 라익진을
낳은 할머니 유금례 여사는 병약한 할아버지가 일찍 돌아가신 후 서
른세 살 때부터 청상과부로 살았다. 친아들 라익진은 그녀 삶의 전부
였다. 그러나 할머니는 홀어머니에 외아들이라는 완벽한 시집살이

조건을 감수하고 결혼한 며느리 김옥라를 친딸처럼 아끼며 사랑했다. 사회생활을 하며 활발하게 바깥일을 하는 며느리가 불편하지 않도록 살림과 육아는 자신이 도맡았다.

집에는 손님들이 자주 드나들었다. 고향에서 일을 보러 오거나 일거리를 찾아 서울에 올라온 사람들이 할머니를 찾아오곤 했다. 잠자리를 제공해주고 손 대접하기를 마다하지 않는 할머니의 넉넉한 인심 덕분이었다. 라제건이 할머니 방에 들어가면 객식구들이 줄지어 자리를 깔고 누워 자던 모습을 보곤 했다.

라제건이 잊을 수 없는 건 김장 날 풍경이다. 당시 김장은 사흘에 걸쳐 진행되었다. 할머니는 어마어마한 양의 배추와 무를 사다 놓고 김장을 준비했다.

그러고는 어렵게 사는 친척 부인 한 사람에게 지나가는 말처럼 흘렸다.

"올해는 다음 주 수요일쯤 김장을 해야겠다."

소문은 금방 퍼졌다.

"신문로 할머니가 김장 하신다는데, 도와드리지 않으면 섭섭해하시지."

이런 이야기를 하며 친척 여인네들이 김장 날 집으로 속속 모여들었다. 사흘 동안 진행되는 김장은 작은 축제였다. 한쪽에서는 배추를 자르고 씻어 소금에 절이고, 다른 한쪽에서는 일하는 사람들 먹을 음식을 준비했다. 다음 날은 무를 썰고 각종 재료를 손질해 배춧속을 넉넉히 준비했다. 셋째 날은 절인 배추에 배춧속을 넣어 마무리했다. 이 모든 과정이 할머니의 지휘로 일사불란하게 이어졌다. 김장의 하이라이트는 완성된 김치를 썰어 푹 삶은 돼지고기 수육에 얹어 먹는 것이다. 김장을 마무리하는 마지막 날 저녁이면 일하고 있는 여인의 남편들이 찾아왔다. 다 같이 어우러져 푸짐하게 밥을 먹었다. 할머니는 아무 일도 아닌 듯이 김장 김치를 나눠주었다. 그 많던 김장 김치가 가족들 먹을 것만 빼고 순식간에 동이 났다. 상경은 했지만, 아직도 변변히 자리 잡고 살아가지 못하는 어려운 친인척들에게 김장 김치라도 챙겨주기 위해 매년 이런 행사를 치른 것이다.

"너희가 날 도와야지."

"아, 그럼요. 저희가 할머니를 도와드려야죠."

"그래, 도와줘서 고맙다. 수고들 했어."

형식은 늘 이런 식이었다. 이것이 할머니가 사랑을 나누는 방식이었다.

지금은 음력 정월 초하루를 민족 고유의 명절인 설날로 여기고 기념하지만, 예전에는 양력 1월 1일을 신정, 음력 정월 초하루를 구정이라고 불렀다. 정부에서는 설을 두 번 쇠는 낭비를 막기 위해 신정 설을 쇠도록 권장했다. 라제건의 부모님 역시 정부 시책에 맞춰 양력 1월 1일을 설날로 지냈다. 친척들이 평소 많은 은혜를 입은 할머니께 세배를 드리고자 집으로 찾아왔다. 라제건의 어머니는 떡국 그릇 수를 세곤 했다. 보통 100그릇은 훌쩍 넘겼다. 할머니의 '설날 행사'를 친척들이 모여서 '도왔다'.

명절이나 김장 때가 아니더라도 친척들은 수시로 집을 방문했다. 할머니는 어느 시간에 찾아오든지 밥상을 차려 냈다.

"식사 때도 아닌데…… 배 안 고파요."

할머니는 들은 척도 안 했다. 배고픈 시절이었기에 밥을 먹지 않았으면서도 체면치레로 밥 먹고 왔다고 하는 사람이 많았다. 하는 수 없이 밥을 먹던 손님이 그릇에 담긴 밥을 반 이상 먹고 나면 할머니는 묻지도 않고 밥그릇에 물을 확 부어버렸다. 먹던 밥에 물까지 부었으니 꼼짝없이 다 먹어야만 숟가락을 놓을 수 있었다.

어린 라제건은 그 광경을 보면서 할머니의 행동을 도무지 이해할 수 없었다. 왜 식사 때가 아니라고 손사래를 치는 사람에게 억지로 밥을 먹이고, 묻지도 않고 물까지 부어버리실까. 그런데 더 이해가 안 가는 것은 손님들의 싫지 않은 표정이었다.

나중에 할머니가 돌아가시고 나서 장례식장에 모인 어른들이 할머니 영정 사진을 보며 하염없이 흐느꼈다. 조문객들이 하나같이 할머니의 사랑에 관해 이야기했다.

"사실 그때 얼마나 고마웠는지 몰라요. 배가 고픈데 식사 시간에 찾아뵈면 밥 달라고 하는 것 같아 일부러 시간을 비켜 가도 늘 밥상을 내주셨어요."

라제건은 그런 할머니를 보며 자랐다. 아버지와 어머니가 워낙 바쁘셨기에 그의 어린 시절은 할머니와 함께한 기억이 더 많다. 항상 다른 사람을 배려하고, 그 사람 처지에서 생각하며, 먼저 사랑을 베풀어야 마음이 편안한 라제건의 기질은 할머니를 통해 학습된 것일지도 모른다. 라제건은 돈이나 먹을 게 생기면 동네 아이들에게 늘 나눠줬다. 학교에 들어가서도 어떤 친구가 집에 갈 차비가 없다고 하면 학교 근처인 집에 데리고 갔다. 할머니한테 떼를 써 5원짜리 지폐를 얻어다가 손에 쥐여 보내야 마음이 편한 아이였다.

"저놈 손에다 뭘 주면 남아나지 않는다. 쯧……."

할머니는 라제건을 보며 이렇게 말했다. 말씀은 그래도 할머니는 라제건의 그런 성정을 좋아하셨다. 그래서 할머니가 뭔가 필요할 때 일을 시키는 것은 늘 막내인 라제건이었다. 할머니가 팔이 부러져 깁스하고 있을 때 매일 틀니를 닦아드리고, 머리를 빗어 따드린 후 쪽을 찌는 것도 초등학생이던 라제건의 몫이었다. 대학생 시절 매일 새벽 5시 반에 성당에 모셔다드리고 모셔오는 것도 라제건의 몫이었다.

자신은 남들을 잘 챙기는 이타적인 사람이라고 생각하고 자라던 라제건에게 마음의 갈등이 생기기 시작했다. 중학생이 되니 어머니가 한 주에 주급으로 50원씩 주면서 스스로 경제 생활하는 훈련을 시키기 시작했다. 50원은 하굣길에 조그만 만둣집에서 매일 5원짜리 고기만두를 두 개씩 사 먹을 수 있는 돈이었다. 이제 누군가를 도우려면 내가 먹고 싶은 만두를 포기해야 했다. 그런 갈등이 싫어졌다. 내가 페스탈로치처럼 살 수는 없을까? 어느 날 길을 걸으며 떠오른 생각이었다.

19세기 스위스의 교육자였던 페스탈로치는 교육만이 사회 불평등을 해결할 수 있다는 신념으로 일생을 교육에 바쳤으며, 특히 가난한 사람들도 교육을 통해 얼마든지 행복한 삶을 누릴 수 있다고 가르쳤다. 어려운 사람들을 위해 자신의 모든 것을 포기한 채 살았던 사람이다.

라제건은 곧이어 다른 생각이 들었다.

'나중에 내가 결혼해서 아이를 낳아 키우는데, 아이가 갑자기 아플 때 병원 갈 돈이 없어 죽어가는 아이의 모습을 지켜봐야만 한다면?'

정말 피눈물이 날 것 같았다.

라제건은 그 생각을 하고 나서 페스탈로치의 길을 바로 접었다. 내가 가진 것을 다 나눠주고 무일푼이나 무소유로 살 자신은 없었다. 할머니는 그에게 손에다 뭘 주면 남아나지 않는 이타적인 아이라고 했다. 그러나 곰곰이 생각해보니 자신은 이기적인 인간이라는 사실을 받아들일 수밖에 없었다. 남들을 위한다는 그의 생각과 행동이 결국은 자기 자신을 위한 일이 아니었던가. 쉽지 않았다. 오랜 고민 끝에 스스로 결론을 내렸다. 이기적인 것은 인간이 생존하기 위한 자연스러운 하나님의 선물이라고. 나를 위하여 남을 돕고 그것이 나를 행복하게 해주니 이기와 이타가 결국 다른 것이 아니라고.

Chapter 30

두 번이나 낙방한
중학교 입시

라제건은 형만 셋이다. 형들 모두 공부를 잘했고 부모님 말씀도 잘 듣는 모범생이었다. 그에 비하면 라제건은 평범했다. 부모님은 아이들의 생각을 충분히 존중해주는 스타일이었다. 집 근처에 한국 최초의 개신교회인 새문안교회에서 운영하는 새문안유치원이 있었다. 1929년에 개원한 유서 깊은 유아교육 기관이었다. 형들은 전부 이 유치원을 다녔다. 어머니는 막내도 이 유치원에 보낼 생각으로 어떤 곳인지 보여주기 위해 데리고 갔다. 새문안유치원에 가서 교실을 둘러보고 아이들이 뛰어노는 모습도 보고 온 라제건은 이렇게 말했다.

"엄마, 나 유치원 안 갈래."

"아니, 왜? 마음에 안 들어?"

"유치해."

"그래."

어머니는 유치원에 가야 한다고 강요하거나 다시 한번 생각해보라고 재촉하지 않았다. 그걸로 끝이었다. 그래서 형들은 다 새문안유치원을 나왔는데, 라제건만 입학조차 하지 않았다. 집 뜰에서 흙으로 장난하거나 할머니와 놀면서 시간을 보냈다.

그때는 중학교도 입학시험을 치러서 들어갔다. 초등학교 6학년 학생들은 지금의 고3처럼 입시 준비에 시달려야 했다. 당시 최고의 중학교는 경기중학교였다. 라제건의 형들은 전부 경기중학교에 들어갔다. 본인 역시 자연스럽게 형들처럼 경기중학교에 들어갈 수 있을 것으로 생각했다. 가족은 물론 주변의 누구도 이를 의심하지 않았다.

그러나 라제건은 입시에 떨어졌다. 재수까지 해서 다시 도전했지만, 또 떨어졌다. 대안은 중앙중학교뿐이었다. 모자와 교복에 "나 경기 떨어졌어요"라고 써 붙이고 다녀야 하는 학교였다. 라제건은 이를 창피하게 여겼다. 본인이 잘났다고 생각해 본적은 없지만, 경기중학교 정도는 당연히 다닐 수 있는 학교라고 생각했다. 학교에서도 당연히 합격하리라고 예상했다. 하지만 두 번씩이나 떨어졌다. 본격적으로 자괴감에 빠졌다. 아무것도 할 수 없었다. 밥 세 끼 먹는 것도 힘들었다. 병원에 다니며 우울증 약을 먹기도 했다. 학교에서 결석과 조퇴가 잦았다. 그냥 모든 것을 내려놓고 아무것도 하고 싶지 않았다.

방황의 시간을 보내고 있을 때 그에게 결정적 도움을 준 사람이 있었다. 라제건이 잠시 입원해 있을 때 병원에서 만난 같은 동네에 살던 세 살 위 누나였다. 알고 보니 고등학교를 졸업하고 쉬는 시간에 언니를 간호하러 병원에 와 있는 여학생이었다. 그녀는 라제건을 친동생처럼 잘 챙겨주었다. 누나도 여동생도 없이 자란 그로서는 처음 느껴보는 이성의 따뜻함이었다. 왜 그렇게 자신에게 잘해주었는지 알 수는 없지만, 그 누나는 말이 적었다. 잘 알아듣지도 못하는 라제건의 고민을 한도 끝도 없이 들어주었다. 나이가 아래인 라제건을 깊이 존중해주었다. 그 누나에게 고민을 쏟아내며 엉망으로 얽혀진 머릿속이 조금씩 정리되기 시작했다.

그리고 라제건을 무력감에서 벗어나게 하는 데 결정적 도움을 준 것은 음악이었다. 중앙고등학교에는 '블루 스카이'라는 전통 있는 중창단이 있었다. 아는 선배 한 명이 라제건을 불러 노래를 해 보는 게 어떻겠느냐고 제안했다. 교회 다니면서 성가대도 했던 터에 평소 음악을 좋아한 그로서는 흥미가 생기는 일이었다. 그 뒤 학교만 가면 공부는 뒷전이고 중창단에 가서 열심히 노래를 불렀다. 학교에서는 매년 가을 '석전제'라는 음악회를 개최했다. 담당은 음악 선생님이었는데, 음악 선생님은 음악회 준비를 아예 블루 스카이에 다 맡겨 버렸다. 바이올린 이중주와 함께 피아노가 연주되는 프로그램에서 라제건은 피아노를 맡았다. 당시 퍼스트 바이올린을 연주한 학생이 세계적인 바이올리니스트 사라 장의 아버지 장민수였다. 그는 그때 이미 동아 콩쿠르에서 1등을 할 정도로 촉망받는 친구였다. 세컨드 바이올린을 연주한 학생 역시 나중에 서울대 음대에 진학했다. 쟁쟁한 친구들과 함께 라제건은 바흐의 피아노곡을 연주했다. 피아노 실력이 턱없이 부족한 라제건은 이 연주를 위해 매일 새벽 음악실에 가서 연습에 열중하다 밤늦게 귀가했다. 음악에 대한 열정이 그를 점점 밝은 빛 속으로 인도하고 있었다.

고등학교 2학년에 막 올라갔을 때였다. 2학년은 대학 입시에 모든 걸 다 거는 고3이 될 준비를 하는 기간이었다. 어느 날 담임 선생님이 그를 불렀다. 교무실로 찾아갔더니 앞에 앉으라고 한 뒤 담임 선생님이 물었다.

"네가 우리 반에 몇 등으로 올라왔는지 아냐?"

"그걸 제가 어떻게 알아요?"

천연덕스러운 라제건의 대답에 기가 막힌다는 표정으로 담임 선생님이 말했다.

"네가 꼴찌에서 둘째다, 둘째."

그 무렵 라제건은 대학에 진학하지 않겠다고 생각했다. 자신이 좋아하는 동식물을 기르며 살 생각을 했다. 그러니 "대학이 왜 필요해?" 이렇게 생각했다.

그런데 2학년 여름방학이 시작될 무렵 다른 생각이 들었다. 그가 대학을 안 가겠다고 하면 남들이 "너는 안 가는 게 아니라 못 가는 거잖아?"라고 생각할 것 같았다. 괜히 혼자 자존심이 다쳤다. 대학을 진학할 성적도 못 되면서 안 간다니…….

'일단 성적을 올려놓자. 대학 갈 성적을 갖춰 놓고 보란 듯이 안 가면 되는 거야.'

그래서 그는 공부하기로 마음먹었다. 어느 대학이든 선택만 하면

갈 수 있게 성적을 올려놓은 다음 대학을 안 가겠다고 당당하게 선언하면 자신의 진의를 알아주리라고 생각했다. 그동안 공부를 너무 하지 않았기에 학교 수업은 무슨 말인지 알아들을 수 없었다. 참고서를 보면서 공부했다. 2학기 중간고사와 기말고사는 예전처럼 변화가 없었다. 하지만 그때 모의고사가 치러졌다. 시험 범위도 없고 무슨 문제가 나올지 통 예상할 수 없는 안개 같은 시험이었다.

2학년 말, 고3이 되기 바로 직전이었다. 담임 선생님이 또 라제건을 호출했다.

"네가 이번 모의고사에서 몇 등 했는지 아나?"

"그걸 제가 어떻게 알아요?"

이번에도 라제건의 대답은 똑같았다. 담임 선생님이 웃음기 가득한 얼굴로 말했다.

"이놈아, 둘째다. 둘째. 앞에서 둘째다."

"내가 교사 생활 20년 넘게 하지만, 너 같은 놈은 처음이다."

"그래요?"

라제건은 담임 선생님 말씀에 별 반응을 보이지 않았다.

반에서 2등이면, 이과 전체에서 십몇 등이었다. 중앙고등학교에서 한 해에 서울대학교에 100명 넘게 입학할 때였다. 학교를 마치고 집에 도착할 때까지 아무렇지도 않았다. 라제건의 마음은 평소와 전혀 다를 게 없다고 생각했다. 현관을 들어서며 어머니께 다가가 모의고사 성적을 말씀드렸다.

"어머니, 저 이번 모의고사 반에서 2등 했어요. 이과 전체에서 십 몇 등이래요."

별일 아니어야 했다. 대학을 안 가겠다고 하면 남들이 웃을 테니 성적을 올려 대학에 갈 수 있는 여건을 만들어 놓고 보란 듯이 대학을 안 가겠다고 할 계획이었다.

그러나 어머니에게 모의고사 성적 말씀을 드리던 중 참을 수 없이 입가에 웃음이 번져나갔다. 혼자 방에 들어와서 침대에 누웠다. 갑자기 대학이 가고 싶어졌다. 달라진 것은 아무것도 없었는데도 마음이 달라졌다. 자신에 대한 완벽한 패배였다. 결국 실력이 안 되니까 대학을 못 가는 것이었다. 이제 실력이 되니 대학을 갈 수 있게 된 것뿐이었다.

'나를 믿을 수 없다. 나는 상황에 따라 생각이 달라지는 그런 수준밖에 안 되는 녀석이구나.'

그 후로 그는 어려운 상황이 닥쳤을 때 판단을 유보한 채 상황을 반전시키려는 노력에 매달리는 습관을 갖게 되었다. 상황이 달라지면 생각도 달라진다는 것을 알게 되었으니까.

Chapter 31

무엇이 나를 행복하게
해줄 수 있을까?

라제건은 어렸을 때부터 생각이 많은 아이였다. 그래서 질문도 많았다. 자신은 꼭 필요한 물음이라고 생각했으나 다른 사람이 봤을 때는 쓸데없는 생각일 수 있었다.

"열심히 공부해야 훌륭한 사람이 되는 거야."

어른들이 이렇게 말씀하시면 그는 속으로 되물었다.

'공부를 왜 해야 하는데요? 그리고 공부 안 하면 훌륭한 사람이 될 수 없나요?'

초등학교 4, 5학년 때쯤이었다. 글짓기 시간에 선생님이 '나'라는 제목을 칠판에 적고 그에 관해 글을 쓰도록 했다. 그런 다음 몇몇 학생에게 자신이 쓴 글을 읽게 했다. 라제건은 손을 들어 발표를 자청했다. 정확한 기억은 없지만 이런 글이었다.

"나는 나이다. 나만이 나이다. 나 이외의 모든 사람은 내게 모두 남이다. 그러나 남인 그들에게는 그 자신만이 나이고, 나는 그들에게 남이다……."

다 읽기도 전에 선생님이 가로막고 나서서 말장난한다며 야단을 쳤다.

"……"

정말 진지하게 쓴 글이었다. 이를 말장난으로 치부하고 핀잔을 주는 선생님을 이해할 수 없었다. 이후 그는 '나는 누구인가?'라는 질문을 꾸준히 하게 되었다.

교회에서도 마찬가지였다. 주일학교 선생님이 신약성경에 나오는 잃어버린 한 마리 양에 관한 이야기를 들려주었다. 이미 여러 번 들어 다 알고 있는 내용이었다.

"선한 목자가 있었어요. 양 백 마리를 돌보고 있었죠. 그런데 어느 날 한 마리가 보이지 않는 거예요. 목자는 없어진 한 마리 양을 찾아 나섰어요. 양은 길을 잃고 낭떠러지 근처에서 떨고 있었죠. 목자는 양을 안전하게 구해냈어요. 여기서 선한 목자는 예수님이에요. 예수님은 한 마리의 양이라도 이토록 소중히 여기고 사랑하세요."

아이들을 바라보면서 열심히 설교하는 선생님을 향해 라제건이 질문을 던졌다.

"선생님, 그러면 들판에 남겨진 아흔아홉 마리 양들은 어떡해요? 목자도 없이 그대로 있으면 위험하지 않나요? 그러다 늑대라도 나타나면 큰일 아닌가요? 잃어버린 한 마리 양도 중요하지만, 남아 있는 아흔아홉 마리 양들이 더 소중한 거 같은데요. 한 마리를 찾겠다고 아흔아홉 마리를 방치하는 건 한 마리도 포기 못 하는 욕심 아닌가요?"

순간 분위기가 싸늘해졌다.

이런 일련의 일을 겪으며 그는 많은 상처를 받았다. 궁금하고 의문이 생겨 물어본 것인데, 어른들은 물음표를 달고 사는 라제건을 맹랑한 아이, 짓궂은 아이, 이상한 아이라고 여겼다. 유년 시절에 그가 경험한 세상은 남과 다르면 상처를 받는 그런 세상이었다.

중앙중학교에 입학해보니 축구부가 있었다. 축구부 아이들은 서울시립아동보호소 출신이었다. 집도 없고 부모도 없는 고아와 부랑아를 수용하기 위해 만든 시설이 서울시립아동보호소였다. 중앙고등학교 교장 선생님이 어려운 처지의 아이들에게 운동도 하고 공부도 할 수 있는 기회를 주기 위해 만든 축구부였다. 라제건은 부잣집 아이들이나 공부 잘하는 아이들과는 잘 어울리지 않았다. 오히려 어려운 상황에 있는 축구부 친구들에게 마음이 쏠렸다. 방학 때 축구부 친구와 시립아동보호소를 방문했다. 아이들은 무표정했다. 축구부 친구는 이들 중에서 출세한 친구였지만, 이 친구도 무표정한 아이들을 무시했다. 라제건은 그들과 같이 생활했다. 축구부 아이 몇 명과 함께 시장에 가서 손수레를 빌려 시래기를 주워다가 축구부 건물 뒤뜰에 널어놓기도 했다. 집에서 먹을 걸 가져다주기도 하고 재미난 이야기도 들려주며 무표정한 아이들과 친해지려고 애를 썼다.

그러나 아이들은 쉽게 마음을 열지 않았다. 무슨 이야기를 해도 무표정이었다. 오는지 가는지 관심이 없었다. 라제건은 왜 아이들이 자기에게 마음을 열지 않을까 생각했다. 상처받지 않으려는 것이었다. 부모와 사회로부터 이미 많은 상처를 받은 아이들이었기에 누군가에게 마음을 주고 정을 나누면 머지않아 또 깊은 상처를 받게 될 걸 안 것이다. 그래서 아예 마음의 문을 닫아버렸다. 불쌍하고 측은하다는 이유로 찾아와 잠깐 잘해주다가 훌쩍 가버리면 상처받는 건 결국 자신들뿐이었다. 그래도 변함없이 찾아오는 라제건을 보고 보호소 아이들은 조금씩 마음을 열기 시작했다. 표정도 약간씩 밝아졌다. 하지만 거기까지였다. 땅거미가 지면 아이들은 보호소에 남고 라제건은 가족이 있는 따뜻한 집으로 돌아가야 했다. 낮에 마음껏 유쾌하게 뒹굴어도 그들과 라제건은 다른 세상에 사는 사람들이었다.

　'내가 저 아이들과 친해지려는 게 나를 위한 걸까, 저 아이들을 위한 걸까? 결국 나의 알량한 욕심을 위해 저들이 마음을 열게 해놓고 더 큰 상처만 주는 것이 아닐까……'

　라제건은 중고등학교 시절 고민을 많이 하며 지냈다. 자신이 이기적인 사람이라는 것을 힘들게 받아들였다. 그러면서 대부분 사람도 결국 자신과 같이 이기적인 사람이라는 것을 깨달았다. 이기적이면서 이타적인 것처럼 생각하고 행동하다 보면 위선에 빠지기 쉽다는 생각도 했다. 열등감과 무기력감에 빠져 있으면서 무엇이 나를 평생 힘을 내어 달려갈 수 있는 '엔진'이 될 수 있을 것인가를 찾으려 애썼다. 나중에 삶을 마무리하며 되돌아볼 때 '이만하면 참 잘 살았다'라고 생각할 수 있으려면 무엇을 추구하며 살 것인가? 이러한 라제건의 고민은 학교를 졸업한 뒤에도 오래도록 계속되었다. 그가 찾아낸 궁극적인 삶의 목표는 자신의 행복이었다. 전 세계 70억 명이 넘는 사람 중 하나일 뿐인 나. 내가 무슨 대단한 사람도 아니고 인류를 위해 대단한 업적을 남길 수 있는 것도 아니지만, 자신이 행복할 수 있다면 그것으로 만족할 수 있을 것 같았다.

그러면 무엇이 나를 행복하게 해줄 것인가? 라제건은 한국로고테라피연구소 김미라 교수에게서 들은 사랑, 인정, 소속이 행복의 세 가지 핵심적인 요소라고 믿게 되었다. 이 세 가지 요소는 모두 사람들 사이의 관계에서 얻어지는 것들이다. 즉 사람은 혼자서는 행복할 수 없다. 사람을 행복하게 해줄 수 있는 대상은 사람들뿐이다. 내 가족과 친구 그리고 주변 사람들. 나아가서 우리 사회와 우리나라 사람들. 그들이 함께 행복하지 않으면 나 혼자서만 행복할 수 없다는 깨달음이 자신을 포함한 이기적인 개인들의 이타적인 생각과 행동들이 위선에 빠지지 않고 함께 살아갈 수 있다는 믿음으로 이어졌다.

Chapter 32

사학과에
진학한 이유

라제건의 부친은 라제건이 경영학을 전공하기를 기대했다. 해방 이후 나라의 경제 발전을 위해 온 힘을 쏟으며 공직자와 경영자로 살아온 그로서는 자연스러운 권유였다. 그러나 라제건에게는 썩 내키지 않았다. 라제건에게 학문이란 인문학인 문사철(문학, 사학, 철학)이었다. 경영학은 경영에 필요한 '기술' 정도로 생각되었다. 신학과 영문학과 철학을 공부하여 다양한 사람들의 삶에 관심을 쏟으며 살아가는 어머니의 삶도 그에게 큰 영향을 미쳤다.

그런데 라제건이 고3에 올라갈 무렵 그에게는 충격적인 사건이 있었다. 어디에선가 기사를 읽었다. 우리가 자랑하는 통일신라의 석굴암을 연구한 학자가 다섯 명인데, 모두 프랑스 학자라는 내용이었다. 화가 치밀었다. 안 그래도 "인도의 시성 타고르가 조용한 아침의 나라라고 칭송했듯이……"라는 식으로 한국에 대한 평가를 외국인들의 말에 의존하는 것이 마음에 들지 않던 터였다. 그러나 다른 한편으로는 '우리 것'에 대한 자랑이 과연 다른 나라의 자랑거리들과 비교해볼 때 그렇게 뛰어난 것인가에 대한 의문이 계속 들기도 했다. 문사철 중에서 문학은 자질이 안 되고 철학은 어쩐지 세상과 동떨어진 달나라 이야기 같은 느낌이다 보니 라제건이 사학을 공부하겠다는 결론에 다다른 것은 자연스러운 결과였다. 아버지는 아들의 의견을 존중하면서도 아쉬워했다. 어머니가 중재안을 냈다. 연세대학교를 다녀보니 대학에 학사 편입이라는 제도가 있다고 했다. 2년을 더 다니면 사학과 경영학을 모두 전공할 수 있다는 것이다. 라제건에게는 반가운 제안이었다.

하지만 그는 인문학을 먼저 공부하고 경영학을 나중에 공부해야 한다는 조건을 달았다. 여기에 어머니는 한 가지를 더 제안했다. 경영학과를 졸업하고 나면 미국에 유학해서 MBA(Master of Business Administration, 전문 경영인을 양성하기 위한 경영학 석사 과정)를 취득하라는 것이었다. 부모님과의 합의는 쉽게 이루어졌다. 대학은 아버지의 모교이자 라제건의 둘째 형이 졸업했고, 어머니가 늦게 박사학위 과정을 밟고 있는 연세대학교로 정했다. 연세대학교는 라제건에게 친숙하기도 했고 사학인 점도 마음에 들었다.

그러나 가슴속에 문제가 하나 있었다. 중앙중학교를 다니면서 경기중학교를 바라봤듯이 연세대학교를 다니면서 서울대학교를 바라보게 되는 것이 괜찮을까 하는 점이었다. 경기중학교에 다녔으면 학교 흥도 많이 봤을 텐데 중앙중학교에 다녔기에 경기중학교 흥을 볼 수 없었다. 평생 '경기중학교 입시에 낙방했다'라는 꼬리표를 달고 살아야 했다. 대학을 선택하는 것도 '서울대 갈 실력이 없어서 연세대를 갔다'라는 꼬리표가 붙을 것 같았다. 게다가 경영학과도 아니고 사학과라니⋯⋯. 과연 이겨낼 수 있을까? 누가 말을 하지 않아도 '너는 연세대학교 사학과에 진학할 정도의 성적이었구나'라고 생각할 터였다. 간단치 않은 고민이었다. 고민 끝에 연세대학교 사학과에 응시하기로 결론을 냈다. 담임 선생님은 이해하지 못했다. 입시가 가까워지면서 잠깐 다니던 대성학원에서도 이해하지 못했다. 진학 상담 선생님은 심지어 "혹시 아버지가 연대 사학과 교수냐?"라는 질문도 했다. 그러지 않고서야 왜 성적에 맞는 대학과 학과를 고르지 않고 연세대학교 사학과를 고집하는 것이냐는 뜻이었다.

　라제건은 이 과정에서 귀한 삶의 지혜를 하나 얻었다. 모든 것은 어제와 오늘과 내일이 연결된다는 것이었다. 경기중학교에 낙방했다는 어제는 바뀔 수 없다. 그러나 오늘의 삶을 어떻게 살아 내일을 맞이하느냐에 따라 어제에 대한 평가는 달라진다. 내일 성공하면 '그때 경기중학교에 낙방하는 아픔을 겪었기에 내가 사람이 되었지. 아니면 나도 모르게 저 혼자 잘난 줄 아는 오만방자한 사람이 되었을 수도 있어. 낙방의 아픔을 통해 남의 아픔도 이해할 줄 아는 사람이 되었지'라고 생각하게 될 것이다. 그렇지만 내일 실패한다면 '그때 경기중학교에 낙방했을 때 이미 알아봤지. 그래, 내 삶이 실패로 귀결된 것은 이미 그때부터 정해졌던 거야'라고 생각하게 될 것이다. 라제건은 연세대학교 입학식장에서 생각했다. '앞으로 4년 후면 졸업식장에 서게 될 것이다. 그리고 지난 4년을 돌아보게 될 것이다. 많은 사람이 인생의 황금기였다고 회상하는 대학 시절. 그 초입에 들어서는 것이다. 나중에 그리워하게 될 학창 시절 하루하루를 귀하게 살자.'

라제건이 대학 시절에 배운 것들은 이후 라제건의 삶에 큰 영향을 미쳤다. 가장 큰 배움을 하나 꼽으라면 내가 믿었던 것이 틀릴 수 있다는 것이었다. 그것이 무엇이든. 교양학부의 수학 교수는 '나란한 두 직선이 만날 수도 있다'라는 논리를 펴서 어리둥절하게 만들었다. 석장리 발굴로 고등학교 교과서에도 실린 사학과 손보기 교수는 고등학생 시절 교과서에서 배운 내용 중 잘못된 내용을 추리소설 풀어가듯이 설명해주었다. 고등학생 시절에는 교과서 내용을 의심해본 적이 없었다. 시험에 나왔을 때 기억하고 있느냐 기억하지 못하느냐만이 문제였다. 이제는 문제가 달라졌다. 모든 것에 질문을 던져야 하는 훈련이었다. 어린 시절 엉뚱한 질문들을 한다고 꾸중을 들어야 하는 세상은 끝이 났다. 끊임없는 질문. 라제건이 대학 시절 얻은 가장 소중한 가르침이었다.

역사 드라마를 볼 때면 간혹 "건아, 저 다음에 어떻게 되느냐?"라고 물으시던 아버지께 "제가 어떻게 알아요?" 하고 답하던 수준을 라제건은 아직도 넘어서지 못하고 있다. 그러나 사학과에서의 배움은 역사적 사실이 아니라 역사를 바라보는 눈을 갖게 해주었다. 1982년 처음으로 국내를 벗어나 미국에 도착한 라제건은 해외에서 우리나라를 객관적인 시각에서 바라보고 싶었다. 그러나 불과 2주가 되지 않아 바로 포기했다. 자기 자신이 객관적일 수 없다는 것을 깨달았기 때문이다. 미국의 장점을 발견하면 배가 아팠다. 우리나라의 장점을 발견하면 자랑스러웠다. 미국의 약점을 발견하면 고소했다. 우리나라의 단점을 발견하면 괴로웠다. 그는 대한민국 사람이었다. 그렇게 태어나고 그렇게 자라났다. 역사 기술이 주관적일 수밖에 없다는 것도 새삼 느꼈다. 어느 사학자든 결국 그의 조국이 있을 것이었다.

Chapter 33

국악과의 인연,
가야금 명인 강문득

아버지의 이복형제 중 장형은 일찍 세상을 떠났고, 둘째 형 라석진은 고향을 지키다 후일 상경해 동생 집에서 그리 멀지 않은 곳에 살았다. 라제건은 둘째아버지를 큰아버지라 부르며 무척 따랐다. 큰아버지는 두뇌가 명석하고 재주가 남다른 분이었다. 엄격한 할아버지 밑에서 한학만을 배웠지만, 인근에 천재라고 소문이 났을 정도로 실력이 뛰어났다. 어려운 고서를 줄줄 외고 설명할 정도라 한학 좀 한다는 사람들이 만나려고 일부러 찾을 정도였다. 큰아버지는 가야금에도 조예가 깊었다. 음악을 좋아했던 라제건은 고등학생 때 큰아버지에게서 조금씩 가야금을 배웠다. 서양 음악과 국악이 각기 다른 맛이 있듯이 서양 악기와 국악기 역시 서로 다른 깊이가 있었다.

국악은 크게 정악과 속악으로 나뉜다. 정악(正樂)은 고상하고 바르며 큰 음악이라는 뜻으로 궁중 음악 일부를 포함하여 양반, 즉 민간 상류층에서 즐기던 음악이다. 거문고와 가야금 등 현악기가 중심이며, 여기에 관악기를 포함해 연주하는 합주가 곁들여진다. 민속악이라고도 불리는 속악(俗樂)은 대중, 즉 일반 백성들이 즐기던 음악으로 귀에 익은 판소리와 창, 산조에 풍물 등이 포함된다. 큰아버지는 정악을 하신 분이다. 열두 줄 음을 큰아버지 구음(口音)에 맞춰 "덩둥등당 동딩" 소리를 내면서 손가락으로 뜯어가며 배웠다. 대학생이 된 후부터 라제건은 피아노를 그만두고 본격적으로 가야금에 심취했다. 피아노는 왠지 자신의 악기가 아닌 것 같았다.

우연히 학교를 마치고 집에 가는 길에 가야금 교습소 간판을 보게 된 그는 제대로 한번 배워볼 요량으로 문을 열고 들어갔다. 시립국악원 연주자인 송인길 소장에게 물어보니 정악이 아닌 산조와 민요를 가르친다고 했다. 악보가 어려운 한자로 되어 있지 않고 익숙한 서양 음표로 표시되어 있어 반가웠다. 산조 한바탕을 배우려면 얼마나 걸리느냐고 하니 6개월가량 걸린다고 했다. 보통 6개월이나 배워야 한다고 하면 너무 길다며 발을 빼곤 했는데, 라제건은 6개월을 배우고 나서 같은 과정을 몇 번 더 반복해서 익혔다. 그러다 보니 거의 조교 수준이 되었다.

하루는 교습소에서 연습하는데, 못 보던 사람 한 명이 자신을 뚫어질 듯 처다봤다. 나중에 알고 보니 가야금 명인 강문득 선생이었다. 다음에 교습소를 가니 소장이 불러서 말했다. 교습소 그만 나오고 강문득 선생에게 가서 배우라는 것이었다.

"나는 라제건 씨의 독주회를 한번 열어주는 것이 꿈이었는데, 가야금 명인인 강문득 선생님께서 자네를 꼭 제자로 두고 싶다고 하니 어쩌겠나. 나랑은 비교가 되지 않는 고수이니 가서 한번 배워보게. 원한다고 배울 수 있는 분이 아니야."

아마추어에 불과한 라제건은 얼떨결에 가야금 명인 강문득의 제자가 되었다. 교습은 비원 옆 원서동의 조그만 단칸방에서 진행되었다. 강문득의 아버지는 국창 강장원, 어머니는 임유앵이었다. 가야금으로는 전통 예인 가정의 마지막 후계자였다. 다섯 살 때부터 이모 임춘앵의 주선으로 김병호 선생에게서 18년간 혹독할 정도로 가야금을 배웠다. 지금 전해지는 김병호류, 성금련류, 강태홍류, 김죽파류로 불리는 가야금 명인 중 한 분이었다. 그런데 강문득은 국악계의 주류에 속하지 못했다. 국립국악원, 시립국악원 그리고 서울대 음대를 포함한 국악과에는 현대적인 교육을 받은 분들이 주류를 이루고 있었다. 강문득은 이들에게는 채보 등 연구 대상으로 여겨졌다. 강문득은 교습을 받으러 오는 전문가들을 대상으로 가야금을 가르치며 어렵게 생계를 이어가고 있었다. 라제건은 강문득의 제자 중 유일한 아마추어였지만, 자신의 국악 세계의 정수를 라제건에게만 전해주려고 했다.

고등학교 때까지 피아노를 배우던 라제건에게 국악은 새로운 세계였다. 강문득과 나이 차이도 아홉 살밖에 나지 않다 보니 두 사람은 친구처럼 되어갔다. 라제건은 수많은 질문을 던졌다. 어릴 적부터 서양 음악에만 익숙하던 라제건과 전통적인 구음 방식의 국악에만 익숙하던 강문득 사이에서 양쪽의 음악이 만나고 있었다. 라제건을 곤혹스럽게 만든 것 중 하나가 산조의 장단이었다. 느린 진양조에서 시작하여 삼박자 네 개가 합쳐져 십이박을 이루는 우리나라의 전통 장단은 중모리까지는 별문제가 없었다. 문제는 자진모리였다. 도저히 이상한 장단을 따라갈 수가 없었다. 손뼉 치며 장단을 맞춰보려 해도 삼박자 중간중간에 끼어드는 장단을 맞출 도리가 없었다. 궁리 끝에 라제건은 강문득에게 부탁하여 집에서 녹음하기로 했다. 스테레오 녹음기를 틀어 놓고 한쪽 마이크는 메트로놈 앞에, 다른 쪽 마이크는 가야금 앞에 연결하여 가야금 녹음을 하기로 했다. 삼박자를 확실히 짚기 위해서 메트로놈에는 첫 박자에 종소리를 울리게 했다.

"문득이 형, 이제 시작!"

그런데 강문득은 첫 박자를 계속 놓쳤다. 몇 번을 다시 해도 "땡!" 소리가 나는 첫 박자를 지나 두 번째 박자에서 시작하는 것이었다. 이럴 수가 있나. 음악이 온몸에 배어 있는 강문득이 장단을 놓치다니. 라제건으로서는 도저히 이해할 수가 없었다. 논쟁이 시작되었다. 그러다가 라제건은 망치로 뒤통수를 얻어맞은 것 같은 충격을 느꼈다. 두 사람은 서로 다르게 듣고 있던 것이었다. 라제건의 귀에는 "땡 똑 딱!"으로 들리던 장단이 강문득에게는 "똑딱 땡!"으로 들리는 것이었다. 그러니 메트로놈을 처음 들어보는 강문득에게는 "땡"을 지나 "똑"이 첫 박자로 들렸던 것이다. 그냥 그렇게 들렸다. 강문득은 장단을 놓치지 않았다. 그랬을 리가 없다. 산조의 진양이나 중모리의 십이박은 틀림없이 첫 박이 "쿵"으로 시작된다. 그러나 삼박자 넷으로 엮어진 십이박의 세 번째 삼박은 "덩더 딱"으로 아홉 번째 장단에 장고의 채편을 두드린다.

"덩더 딱……." 이것이 숨어 있는 국악 장단의 비밀이었나? 첫 박의 "쿵"은 서양 음악과 같지만, 셋째 박에 "딱"을 친다? "땡 똑닥"과 "똑닥 땡"이 섞여 있다? 그럴 수 있나? 정악의 대표곡 중 하나인 '영산회상'도 같은 열두 박의 틀로 이루어져 있다. 늦은 상령산에서 시작하여 점점 빨라져 염불, 타령, 군악에 이르기까지 이 틀은 이어진다. 간혹 열두 박을 잘라먹고 여섯 박으로 장단이 끝나기도 해서 모르고 듣는 사람은 헷갈릴 수 있다. 밤새 강문득과 씨름하던 라제건은 자진모리 장단의 또 하나의 비밀을 발견했다. 중중모리까지 이어지던 삼박자에 자진모리에 오면 이박자가 끼어든 것이다. 그리고 마지막 단모리에 이르면 삼박자는 없어지고 이박자만 남는다. 마치 운동경기 응원에서 삼삼칠 박수를 치며 나중에 빨라지면 이박자만 남는 것처럼.

강문득과의 만남은 라제건에게 평생 잊지 못할 새로운 세상을 열어주었다. 라제건에게 국악은 그저 음악이 아니었다. 자연을 바라보는 한국인의 시각이자 공자의 예악(禮樂)으로부터 이어져 조선에 엄청난 영향을 미친 철학이기도 했다. 임진왜란과 병자호란을 겪은 후 폐허가 되어 버린 나라에서 양반 계급이 몰락하며 그곳에서 양반의 학식과 백성의 놀이 문화의 결합으로 탄생한 판소리 그리고 산조의 출현, 이어서 서양 음악과의 만남 등 국악은 라제건에게 바로 우리의 역사였다. 라제건은 대학 시절 기회가 주어지기만 하면 가야금을 들고 국악을 들려주러 다녔다. 요즈음 흔히 있는 '해설을 겸한 연주'였다. 조선 말기로 분위기를 이끌고 해설을 겸해 조금씩 산조를 들려주곤 했다. 왜 가야금 산조는 진양에서 반드시 우조로 시작하는지 그리고 애절한 가락인 계면조로 들어가려면 왜 한 장단이라도 평조를 포함하는지 이야기하다 보면 관객들은 대부분 40분이 넘는 산조 한바탕을 모두 들려달라고 했다. 국악과 우리나라 무용 혹은 서예와 조선 건축의 지붕 선까지를 두루 연결하는 라제건의 이해는 검증된 것들이 아니다. 누구에게 들은 것도 아니고 논문으로 발표된 것들도 아니다. 그러나 라제건은 상관없다고 생각한다. 듣는 사람들이 하나의 시각으로 이해해주면 되니까.

라제건의 국악과의 만남은 평생 이어져 오고 있다. 군 복무는 당시 국립국악원장이던 성경린 원장의 권유로 유일하게 국악대가 있는 육군본부 군악대에 들어가 가야금을 계속 접할 수 있었다. 미국 유학을 떠날 때는 가야금을 들고 가 미시간대학교의 국제민속축제에서 연주하기도 했다. 텐트 폴이 세계 최고라고 인정받게 되면 바이어에게 가야금을 들고 가서 낮에는 기술 이야기를 하고, 저녁에는 우리 음악을 들려주고 싶다던 본인의 희망대로 여러 차례 가야금을 들고 바이어들을 방문했다. 몇 해 전 DAC 방문을 원하는 캠퍼들을 인천에 초대했을 때도 연세대학교 국악동아리 동문들의 연주를 들려주기도 했다. 가야금은 알루미늄과 함께 라제건의 삶의 일부가 되어 있다.

Chapter 34

미시간대학교 MBA와
Jake's Class

군악대에서 군 복무를 마치고 학사 편입한 상대 경영학과를 졸업한 라제건은 1982년 미시간대학교 MBA 과정에 입학했다. 미국 미시간주 남동부 워시트노 카운티에 있는 연구 중심 대학인 미시간대학교는 1817년에 개교한 유서 깊은 명문 대학으로 졸업생 중에서 8명의 노벨상 수상자가 나왔으며, 교수까지 포함하면 무려 24명의 노벨상 수상자를 배출한 학교다. 라제건이 이 대학을 선택한 이유 가운데 하나는 셋째 형이 재학 중이었기 때문이다. 바로 위 형인 라제관은 서울대 공대 전기공학과를 졸업하고 대학원에 진학했다가 미시간대학교에서 공학 박사학위를 받았다.

그는 미국에 가기 전 한국 학생 중에는 영어를 제법 잘하는 편이었다. 세계를 무대로 활동하던 어머니에게 많은 영향을 받은 탓이다. 집에는 외국 손님들이 자주 드나들었다. 중학교 2학년 때는 미국 여대생 한 명이 1년 동안 교환학생으로 집에 머물면서 자연스럽게 원어민 과외 공부까지 하게 되었다.

그러나 미국에 가보니 그의 영어 실력은 우물 안 개구리였음이 드러났다. 한국에 있을 때는 미국인들이 사정 봐줘가며 영어를 구사했지만, 미국에서는 동양인 학생이라고 해서 사정 봐가면서 적당히 말하는 사람이 없었다. 학교엔 한국인 2세나 1.5세 서너 명이 있었다. 이들은 말은 물론 몸짓까지 미국인이었다. 스스럼없이 미국 학생들과 장난치고 농담하면서 어울렸다. 라제건은 그럴 수가 없었다. 첫 학기에 다섯 과목을 들었는데, 이 중 두 과목이 중간고사를 두 번씩 봤다. 중간고사를 두 번 보는 과목은 처음이었다. 중간고사 두 번 보는 과목의 시험 준비를 하다 보면 다른 과목 중간고사가 다가왔다. 중간고사 한 번 보는 과목 시험을 겨우 끝내면 곧바로 중간고사 두 번 보는 과목의 시험이 닥친다. 거기에 진을 빼며 허우적거리는 사이에 다른 과목 기말고사가 일제히 밀어닥쳤다. 정신을 차릴 수가 없었다. 그야말로 한 학기 내내 혼을 쏙 빼놓을 정도로 사람을 달달 볶는 게 미국 대학이었다.

입학 후 오리엔테이션을 할 때 2학년 선배들이 나와서 이렇게 일러주었다.

"좌우를 둘러보십시오. 1년 후면 여기 앉아 있는 사람 중 30퍼센트는 사라지고 없을 겁니다. 중간에 집으로 갈지 계속 남아 있을지는 여러분에게 달려 있습니다."

무시무시한 이야기였다. 입학만 하면 공부 안 해도 자동으로 졸업이 보장되는 한국 대학과는 천양지차였다. 성적은 상대평가였다. 1년이 지나면 무조건 30퍼센트는 중도 탈락할 수밖에 없었다.

무서운 경고에 이어 선배들은 이런 충고도 덧붙였다.

"스터디그룹을 잘 짜야 합니다. 누구도 혼자서는 살아남기 어렵습니다."

선배들 말대로 학기가 시작되자마자 대학은 전쟁터로 변했다. 우선 어떤 학생들과 스터디그룹을 짜야 나에게 도움이 될지를 열심히 살펴야 했다. 동시에 상대방도 자신을 선택할 수 있도록 자신을 홍보해야 했다. 라제건은 곧 포기했다. 누구를 선택할지도 몰랐고 누구에게 선택받을 자신도 없어서였다. 어찌 됐든 혼자서 헤쳐 나가보기로 했다. 어떤 과목은 읽을 게 너무 많아 시험 때가 되면 방법이 없겠다 싶어 데이지휠 타이프라이터를 사서 평소 조금씩 요약해두었다. 첫 중간고사를 볼 즈음 자료가 60장에 달했다. 이를 보고 있는데, 늘 옆에 앉는 친구가 그게 뭐냐고 물었다.

"진도는 빠르게 나가는데, 내가 영어가 안 되니까 도저히 한꺼번에 읽을 자신이 없어서 조금씩 요약해둔 자료야."

옆에 있던 친구가 그 말을 듣고 몹시 부러운 표정으로 그를 바라봤다.

"하나 복사해 줄까?"

라제건의 말에 친구 얼굴이 금방 환해졌다. 다음 날 복사한 자료를 그 친구에 건넸더니 지갑을 꺼내 복사비를 계산하려고 했다. 도서관 복사비가 한 장당 5센트였으므로 60장이면 3달러 정도였을 것이다. 라제건은 괜찮다며 받지 않겠다고 했다.

"돈을 주려면 몇천 달러는 주는 게 맞지. 내가 저녁마다 자료 만드느라 들인 공이 얼마인데 고작 3달러에 팔겠어? 공짜로 주든지 돈을 제대로 받든지 해야겠지."

고개를 갸우뚱하던 친구는 이내 받아들였다.

첫 학기가 끝나갈 즈음 마크라는 친구가 라제건에게 다가와 이런 부탁을 했다.

"내가 수학을 워낙 못 하거든…… 나에게 수학을 좀 가르쳐주면 안 될까?"

"내가 영어를 잘하지 못하는데……."

"너는 잘할 거야."

"그런데 왜 하필 영어도 잘 못 하는 나야?"

마크는 라제건이 요약 노트를 복사해 준 이야기를 들었다고 했다. 라제건은 몰랐지만, 교실에서 '동양에서 온 희한한 친구'라며 관심을 보이는 친구가 많다고 했다. 그러면서 다른 친구 한 명을 더 데려와도 되겠냐고 물었다. 라제건은 그렇게 하자고 약속했다. 한 친구의 부탁으로 수학을 가르치기 위해 공부 모임이 시작되었는데, 조금 지나다 보니 한 사람 두 사람 자꾸 늘어나기 시작했다. 빈 강의실은 학생들이 교육 목적으로 빌릴 수가 있었다. 라제건의 공부 모임은 그 강의실을 빌려서 진행되었다. 처음에는 하루씩 빌리다가 일주일, 이 주일씩 연장하게 되었다. 나중에는 학교에서 그 강의실을 학기 내내 사용할 수 있도록 지정해주었다. 공식적으로 라제건의 공부방이 생긴 것이다.

그 무렵 미국 학생들은 라제건을 '제이크(Jake)'라고 부르기 시작했다. 그전에는 이름의 앞 글자 한 자씩을 따서 그냥 'JK'라고 불렀다. 그런데 미시간대학교 박사 과정에 재학 중이던 형도 이름의 앞 글자 한 자씩을 따면 'JK'가 됐다. 이미 형은 JK로 불리고 있었다. 형은 동생에게 다른 이름을 쓰라고 했다. 라제건이 친구들과 상의했더니 그들은 'Jake'가 좋겠다고 했다. 그래서 공부 모임의 이름이 'Jake's Class'가 되었다. 'Jake's Class'는 학교 안에서 꽤 유명한 모임으로 자리 잡았다. 심지어 어떤 교수는 강의 중 학생이 질문을 하면 이렇게 농담을 던질 정도였다.

"아, 그건 이따가 저녁때 Jake's Class에 가서 물어보지 그래?"

Jake's Class는 매일 오후 5시부터 11시까지 진행되었다. 주말도 거르지 않았다. 처음에는 라제건 혼자 강의했다. 그러다가 주제별로 더 잘하는 학생들이 자발적으로 강의에 나섰다. 컴퓨터와 관련된 어려운 숙제는 형 라제관이 기꺼이 도와주었다. 그러다 보니 Jake's Class는 미시간대학교가 인정하는 '정보의 바다'가 되었다. 학생들이 공부하다 어려운 문제에 부닥치거나 필요한 정보가 생기면 Jake's Class를 찾았다. Jake's Class는 경쟁의 장소가 아니라 나눔의 장소였다. 누구든지 찾아오는 학생에게는 제한 없이 도움을 주었다. 라제건은 간혹 외우고 있던 한시를 칠판에 적어놓고 뜻을 풀기도 했다. 미국 친구들은 한시 중에 '장불한(杖不閑, 지팡이가 한가롭지 않다)'라는 세 글자가 나그네가 갈 길을 서두르고 있다는 의미를 나타내준다는 설명을 듣고 뜻글자인 한자에 대해 감탄하기도 했다.

철저한 경쟁사회인 것 같지만, 힘을 모으면 서로에게 도움이 된다는 라제건의 말은 Jake's Class의 분위기를 통해서 미국 학생들의 마음속에 스며들고 있었다. 그들 중에는 라제건을 멘토라고 부르는 학생도 있었다. 우리는 '멘토', '멘티'라는 말을 쉽게 쓰지만, 미국에서는 아무에게나 그런 말을 하지 않는다. Jake's Class에 드나드는 학생은 40명에 이르렀다. 처음부터 시작했던 마크와 더그가 인원을 제한했던 것을 라제건은 졸업생 파티에서야 참여하지 못한 학생의 말을 듣고 알게 되었다. Jake's Class의 가장 큰 수혜자는 모두에게 아낌없이 베풀던 바로 라제건 자신이었다. 마크의 어머니는 졸업식장에서 라제건을 부둥켜안고 네 도움으로 아들이 졸업할 수 있었다고 눈물을 흘렸다. 그러나 마크의 도움이 없었다면 오히려 라제건이 학업을 마치기 힘들지 않았을까?

Jake's Class는 라제건이 무엇을 하든 반드시 세계 최고를 하고 싶다는 결심을 하게 되는 계기를 마련해 주기도 했다. 동양인이라고는 라제건 한 명이던 Jake's Class에서 미국 친구들은 주저 없이 자신들의 생각을 이야기했다. 때로는 그들이 무심코 한 이야기들이 라제건의 폐부를 찔렀다. 겉으로는 동양인들을 아주 친절하게 대하지만, 그들의 속마음에는 자신들의 조상이 피 흘려 세운 나라에 와서 동양인들이 무임승차를 한다는 의식이 깔려 있었다. 이해할 수 있었다. 미국은 그들의 나라였다. 학교라는 가장 개방된 사회에서는 영어가 부족하고 문화도 잘 모르는 라제건이 멘토 대접까지 받을 수 있었지만, 사회에 나가면 어림도 없을 것 같았다. 학교를 떠난 후에도 라제건은 세계 최고가 되어 그들과 같은 눈높이에서 살고 싶다고 생각하게 되었다. 귀국하여 대한민국 사람으로.

Chapter 35

저 사람이라면
정말 좋겠다

"몸과 맘을 정히 하고 있으라고 해라."

1983년 1월 2일 어머니가 라제건의 큰형수에게 전화로 하신 말씀이었다. 그날 라제건은 큰형수에게서 소개받은 아가씨와 데이트하러 외출했다. 그사이에 시어머니가 전화한 것이었다. 제건이가 어디를 갔느냐고 묻는 어머니께 큰형수가 자초지종을 말씀드렸더니 시동생인 라제건이 돌아오면 전하라고 했다는 것이다. 평소의 어머니답지 않아 궁금했던 라제건은 어머니께 전화를 드렸다. 어머니는 좋은 혼처가 생겼으니 2월 말에 있는 일주일 방학에 한국에 다녀갔으면 좋겠다고 하셨다. 어머니에게서 늘 듣던 김현자 의원의 딸이라고 했다. 연말 국회 송년회에 부모님이 초대받아 가셨는데, 양쪽을 다 잘 아는 정래혁 국회의장이 다리를 놓았다고 했다. 나이를 물었더니 다섯 살 차이가 났다.

"다섯 살이면 나이 차이가 너무 크지 않아요?"

그전에 주로 또래만 사귀던 라제건이 물었다.

"네 살 반이다."

어머니에게서 바로 답변이 돌아왔다. 의외였다. 늘 부드러웠던 어머니답지 않았다.

'무슨 일일까? 그 정도로 어머니 마음에 쏙 들었단 말일까?'

연세대학교 영문학과를 졸업하고 라제건처럼 학사 편입하여 가정대를 다니고 있는 규수라고 했다. 라제건은 어머니가 김현자 의원을 워낙 오래도록 좋아하던 터라 그분 딸이라면 무조건 좋다고 하시는지도 모르겠다고 생각했다.

크리스마스 방학을 맞아 라제건은 큰형님 집에 와서 쉬고 있었다. 어린 시절부터 누이처럼 가까이 지내던 큰형수에게 외롭다고 진작부터 떼를 써서 여성을 소개받아 데이트하러 나갔던 터라 큰형수에게 미안하기도 하여 조금은 퉁명을 부렸다. 학교에 돌아가 스케줄을 보고 귀국할 수 있겠는지 확인해 알려드리겠다고 했다. 학교에 돌아가 보니 2월 말 방학 직후에 과제물들이 몰려 있었다. 놀지 말라는 이야기였다. 2월 말에는 귀국할 형편이 못 되니 5월 말 여름방학이 시작되면 귀국하겠다고 다시 연락을 드렸다. 얼마 후 라제건은 어머니에게서 편지를 받았다. 노랑 저고리에 파란 치마로 한복을 차려입고 한쪽 무릎을 세우고 앉아 세운 무릎 위에 양손을 포갠 자세의 사진과 신문로 부모님을 찾아뵙고 뜰에서 연한 회색 코트를 입고 찍은 사진들이 들어 있었다. 얼굴 보고 배필을 고르는 것은 아니라고 늘 생각해오던 라제건이었지만, 사진을 들여다보고서는 바로 가슴이 뛰기 시작했다. 너무나 단아하고 고운 모습이었다. '내가 이렇게 예쁜 여자의 마음에 들 수 있을까?' 라제건에게 바로 떠오른 생각이었다. 과분하다는 생각이 들었다. 한 번도 자신의 의지로 무엇인가를 얻어내겠다고 내달려본 적이 없던 라제건이었다. 기대가 커지면서 걱정도 함께 커졌다. 그러면서 시간이 흘렀다.

어머니로부터 연락이 왔다. 2월 중순 뉴욕에 있는 유엔 회의 참석차 미국에 가니 미시간에 들르겠다고 했다. 다시 라제건의 가슴이 뛰기 시작했다. 2월 말에 귀국해서 만나겠다고 할 걸 그랬나 하는 후회가 들기 시작했다. 그런데 어머니를 만나보니 2월 말 한국에 다녀갈 수 있는 왕복 비행기표를 내미는 게 아닌가. 방학이 시작되던 날 저녁 라제건은 뉴욕으로 날아가 어머니를 만나 함께 귀국길에 올랐다.

일요일 새벽에 도착한 라제건은 바로 그날 오후 2시에 조선호텔 레스토랑 예스터데이로 오혜련을 만나러 나갔다. 시간이 되니 사진에서 보았던 오혜련이 또각또각 걸음을 걸으며 나타났다. 사진에서 보던 엷은 회색 코트를 입은 채였다. 놀라웠다. 그녀는 불과 만 스물넷의 나이에 명확한 가치관과 깊은 사고를 가진 여성이었다. 가치관이 모든 것을 앞서는 듯했다. 이럴 수가 있나. 넋을 잃고 앉아 있던 라제건이 정신을 차리고 어떻게 해야 이 여성의 마음을 얻을 수 있을까 궁리하고 있는데, 오혜련은 전혀 뜻밖의 말을 꺼냈다.

"아버지가 집에 잠깐 데리고 오래요."

그렇게 얼떨결에 오기형 교수와 김현자 의원의 사위가 되었다. 라제건을 만나기 전날 오혜련은 호랑이가 덥석 어깨를 무는 꿈을 꾸었다고 했다. 집에서 오래 일하던 언니가 "혜련이가 시집가나 보다"라며 기뻐해주었단다. 결국 라제건은 자신이 간절히 원한다는 표현조차 할 기회가 없었던 셈이다.

라제건은 유학을 떠나기 전에 결혼해서 함께 떠나고 싶었다. 그런데 상대를 어떻게 선택할 것인가? 라제건은 대학 시절부터 곰곰이 생각해보던 것이 있었다. 결혼은 꼭 하고 싶은데, 부모가 반대한다면 어느 쪽을 택해야 하느냐는 것이었다. 로미오와 줄리엣을 들먹이지 않더라도 고전적이고 흔한 청춘 스토리였다. 내게도 혹시 그런 일이 생기면 어떻게 해야 하나? 아무리 상상해도 쉽게 결론을 내릴 수 있는 문제가 아니었다. 그러다가 나름대로 해법을 찾았다. 부모가 좋다는 범위의 여성 중에서 자신이 선택하는 것이었다. 결혼하고 나면 1년만 살아봐도 연애 10년 한 이상으로 서로를 알게 될 거라고 생각했다. 그러니 '사랑하니까 결혼한다'라는 건 아닌 것 같았다. '결혼해서 살다 보면 사랑하게 된다'가 오히려 맞는 것 아닌가? 결국 조건을 본다는 이야기인데, 집안의 재력이나 미모 등이 아니라 가치관, 성품, 함께 좋아하는 성향 등이 아닐까 생각했다. 그래도 얼마나 확신이 있어야 결혼하자고 할 수 있을 것인가? 라제건의 아버지는 '지자 막여부(知子 莫如父)'라는 말씀을 하곤 했다. 아들을 아는 데 있어서 아버지만한 사람이 없다는 뜻이었다. 태어나서 관심을 가지고 성인이 되도록 지켜보고 길러온 아버지이니 아들의 깊은 성품을 잘 알 수 있겠다고 믿었다. 누구나 알 만한 재벌가에서 '라익진의 아들'을 사위 삼고 싶어 집요하리만큼 적극적으로 선을 댔지만, 라제건이 만나지도 못하게 한 아버지였다.

그러던 어느 날 라제건이 한 여성을 만났다. 처음 만난 날 양가 부모님이 모두 찬성하시면 결혼을 고려해 보자고 했다. 여성도 흔쾌히 동의했다. 두세 번 만난 후에 여성의 부모님을 찾아뵈었다. 다행히 대환영이었다. 며칠 후 라제건의 집으로 여성을 초청했다. 마침 형수들도 함께 있었다. 여성이 다녀간 다음 날 아버지는 "네가 정 마음에 든다고 하면 아버지는 반대하지 않겠다"라고 말씀했다. 난감한 대답이었다. 형수 한 분은 "도련님만 확신이 있으면 추진하세요"라고 권했다. 문제는 그 '확신'이 없는 것이었다. 그 여성에게 아버지가 찬성하지 않는다고 이야기해 주었다. 짧은 기간의 만남이었지만 가슴이 몹시 아팠다.

결혼에 관해 여러 번 듣던 말이 '제짝은 따로 있다'였다. 천생연분이라는 말도 흔히 들었었다. 과연 첫눈에 알아볼 수 있는 천생연분이란 존재할 수 있는 것인가? 간혹 운 좋은 사람은 그럴 수도 있는가? 오혜련을 처음 만났을 때 라제건은 '아, 이런 느낌을 말하는 것인가?'라고 바로 느꼈다. 40년이 다 되도록 행복한 결혼생활을 이어가고 있는 라제건은 "아내를 진심으로 존경한다"라고 말한다. 한국 나이로 104세에 돌아가실 때까지 오래도록 시어머니를 모시고 살았던 아내. 친정어머니가 돌아가실 때까지 끔찍이도 보살펴드리던 아내. 시어머니가 설립해서 키워온 각당복지재단의 회장을 맡아 저녁 시간도 주말도 없이 헌신하는 아내. 그런 아내를 존경하지 않을 수 있는 남자는 이 세상에 없다는 생각이다.

Chapter 36

저는 역원정 출산으로 태어났습니다

결혼 초기 라제건은 이렇게 마음먹었다.

'나와 결혼한 이 여인의 인생에는 세 가지 길이 있었다. 하나는 평생 혼자 사는 것이고, 하나는 다른 남자와 결혼하는 것이며, 하나는 나와 결혼하는 것이었다. 이 여인은 그중에서 나와 결혼하는 길을 선택했다. 10년, 20년, 30년 세월이 흐른 뒤에 지금의 선택이 정말 옳았고 잘한 결정이었다고 생각할 수 있게 해줘야 한다. 만약 그때 가서 지금의 선택이 잘못되었거나 어리석은 결정이었다고 후회한다면 나는 이 여인에게 큰 죄를 짓는 것이다. 따라서 나는 결혼생활 내내 이 여인의 선택이 올바른 선택이었다고 생각할 수 있도록 남편으로서 최선의 노력을 다해야 한다.'

혼히 여자는 결혼을 인생의 출발점이라 생각하고 남자는 종착점이라 생각한다지만, 라제건은 마라톤 경주하듯 진지한 태도로 결혼생활을 시작했다. 어떻게 하면 아내를 행복하게 해줄 수 있을까 끊임없이 생각했다. 홀로 좌충우돌하던 유학 첫해와 달리 결혼해서 아내와 함께한 두 번째 해는 훨씬 안정적이면서 공부도 더 잘됐다. Jake's Class를 통해 알게 된 미국 친구들이 진심으로 그를 도와주었다. 집에 초대했을 때 아내가 만든 비빔밥을 처음 맛본 이들은 환상적인 맛이라며 매일같이 몰려와 "빔빔밥~"을 달라고 떼를 쓰는 바람에 아내가 애를 먹기도 했다. 공부하랴 틈틈이 아내와 신혼생활 즐기랴 힘들었지만, 다시 올 수 없는 행복한 시간이었다.

결혼한 지 얼마 지나자 아내가 아기를 가졌다. 라제건은 물론 한국에 있는 양가 부모님 모두 기뻐했다. 타지에서 공부하는 남편 뒷바라지하면서 배 속의 아기를 돌봐야 했던 아내의 고생이 심했다. 학교를 졸업할 무렵에는 만삭에 가깝게 될 예정이었다.

당시 한국 사회에서는 원정 출산이 암암리에 성행하고 있었다. 자녀의 외국 국적 취득을 위해 해외에 가서 아이를 낳는 것을 원정 출산이라고 한다. 아이를 낳으면 자동으로 시민권이나 국적이 부여되는 미국과 캐나다 등이 원정 출산 대상국이었다. 원정 출산을 하려는 이유는 크게 두 가지다. 하나는 교육 문제다. 외국 시민권과 국적을 가지고 있으면 조기 유학에 유리하기 때문이다. 또 하나는 병역 문제다.

미국 시민권자는 병역의 의무를 피할 수 있어 군대에 가지 않아도 된다. 이런 요인으로 미국에 원정 출산을 오는 사람들이 많았다. 그런데 라제건 부부는 반대였다.

"남들은 애 낳으러 미국에 오는데, 왜 아이 낳으러 한국으로 들어가는 거죠?"

한국 유학생들과 이민 온 한국인들이 라제건을 보고 의아하다는 듯 물었다.

"여기서 아이 낳아 미국 시민권 받으면 좋아요?"

라제건은 그들에게 되물었다. 그의 대답을 들은 사람들은 다들 할 말을 잃었다.

라제건이 미시간대학교 MBA 과정을 무사히 졸업하던 해인 1984년 늦은 봄 오혜련이 임신 8개월째 접어들었을 때 라제건은 한국으로 돌아왔다. 아내의 배가 불러 조금만 늦었어도 비행기를 못 탈 뻔했다. 그해 여름 아들 라영환이 태어났다.

고맙게도 아들인 라영환은 이 점에 대해 라제건에게 불평한 적이 없었다.

"아, 우리 아버지는 미국에서 한국으로 돌아와 저를 역원정 출산하셨어요."

나와 인터뷰 중 헬리녹스 라영환 대표는 이렇게 이야기했다.

라제건은 그때 미국에서 아들을 출산하지 않고 한국으로 돌아온 이유를 이렇게 설명한다.

"엉뚱한 짓 한 게 아니었습니다. 미국에서 백인들하고 섞여 무시당하면서 사는 아이로 크게 하고 싶지 않았습니다. 한국에서 한국인으로 자라 한국인의 자부심을 품고 당당하게 살아가기를 바랐습니다. 저는 MBA를 졸업하면 한국으로 돌아올 계획이었습니다. 한 10년쯤 지나면 미국에서 같이 공부한 친구들은 엄청 힘이 센 관료나 CEO들이 되어 있을 겁니다. 제가 미국에 계속 산다면 그들에 비해 초라하게 살기 쉬웠겠죠. 저도 제 아이도 대한민국 사람의 아이덴티티를 확실히 가지고 그 위치에서 당당하게 미국인들과 서로 존중하며 사는 관계를 원했습니다. 그래서 한국으로 돌아와 아이를 낳았습니다."

귀국 후 그가 처음으로 일한 곳은 대우였다. 근무 조건은 굉장히 열악했다. 9월부터 '수출 100일 작전'이 펼쳐졌다. 한 주가 월화수목금금금으로 이어졌다. 주말이나 휴일도 없이 매주 월화수목금금금이었다. 이런 생활을 한 달쯤 하고 나면 다들 지치기 마련이다. 일요일에 출근하더라도 상사들 없이 슬리퍼 끌고 다니며 자유롭게 일하면 조금 나은데, 높은 사람들이 다 출근해서 평소와 다름없이 일하면 힘들 수밖에 없다. 그렇게 일을 많이 하는데도 월급은 적었다. 그러다 우연히 내부의 문제가 발견되었다. 라제건의 성격상 모른 채 덮고 그냥 넘어갈 수 없었다. 결국 회사 내 비리를 건드리고 말았다. 고민을 거듭하던 끝에 첫 직장을 그만두게 되었다.

이즈음 그는 미국 로스앤젤레스에 있는 퍼스트인터스테이트은행에 취직했다. 대우에 있을 때보다 월급이 두 배 반이나 올랐다. 멋진 카펫이 깔린 자리가 무척 좋았다. 근무시간도 짧았다. 월화수목금토일, 한 주가 정상적으로 돌아갔다. 여건은 괜찮았지만, 은행의 분위기는 라제건에게 불편했다. 직원들의 관심사는 대부분 돈이었다. 교육받을 때 아직 심장이 충분히 차가워지지 않은 첫해에는 아예 대출하지 말라고 했다. 대출 사고의 대부분이 가슴이 아직 따뜻한 첫해에 벌어진다는 설명이었다. 은행업의 생리가 해가 쨍쨍할 때 우산을 주고 비가 오면 우산을 빼앗는 것이라고는 이해하지만, 라제건에게는 성격상 맞지 않았다.

1986년 말 라익진 회장은 라제건을 불러들였다. 아버지 회사로 와서 일하라는 것이었다. 아버지가 경영하던 동아무역주식회사는 둘째 형 라제훈이 상무로 일하고 있었다. 어머니는 형제가 한 회사에서 일하는 걸 반대했지만, 아버지 뜻이 강해 라제건은 미국 은행을 그만두고 동아무역주식회사에서 일하게 되었다. 3년 뒤 아버지가 갑작스레 별세하신 걸 보면 막내아들을 곁에 두고 경영 수업을 받게 하려고 그런 게 아니었나 짐작된다. 라제건의 형제들은 저마다 개성이 달랐다. 라제건은 아버지를 가까이 바라보며 그의 가치관을 본받으려 노력했다. 자기 생각과 아버지 생각이 일치할 때가 많았다. 지금도 그는 가치관 측면에서는 자신이 아버지를 가장 많이 닮았다고 생각한다.

미국에서 공부할 때 라제건은 Jake's Class에서 한국에 관한 이야기를 많이 들려주었다. 어떤 날은 한글을 가르치기도 했다. 한글의 우수성에는 미국 친구들도 늘 감탄했다. 한글의 개발 과정에는 더욱 놀라워했다. 세종대왕이 만들어준 한글을 사용하는 자신은 어떤 분야든 반드시 세계 최고가 되어 미국 부럽지 않은 한국, 미국인에게 주눅 들지 않는 한국인으로 살고 싶었다.

라제건이 생각한 가능성 있는 분야는 제조업이었다. 미국 은행에서 근무할 때도 적절한 사업 아이템이 없는지 계속 살펴봤다. 그 무렵 미국에 머물던 큰형이 화살 관련 사업을 하고 있었다. 당시 화살은 이스턴이라는 미국 업체가 독식하던 시대였다. 화살 제조의 핵심은 화살에 쓰이는 고강도 알루미늄 튜브 기술에 있었다. 큰형은 공급받던 화살의 품질이 이스턴에 못 미쳐 고생하고 있었다. 그는 승산이 있다고 판단했다. 한 곳만 따라잡으면 세계 최고가 될 수 있었기 때문이다. 고강도 알루미늄 시장은 규모가 무척 작은 데 반해 상당한 수준의 기술이 필요한 분야라서 사람들이 함부로 뛰어들 수도 없었다. 동아무역주식회사에서 아버지에게 경영 수업을 받으면서 그는 큰형의 권유로 알루미늄 튜브를 만드는 공장을 창업하기로 마음먹었다.

경영학과를 나오고 MBA를 마친 많은 사람이 미래 산업이라 불리는 금융업, 서비스업, 정보통신업 등으로 눈길을 돌릴 때 라제건은 굴뚝 산업인 제조업에 발을 들여놓았다. 세상이 아무리 빠르게 발전하고 변화한다 해도 누군가 사는 데 필요한 물건을 만들지 않으면 세상은 돌아가지 않는다고 믿었다. 컴퓨터가 발달하고, AI가 진화하고, 4차 산업혁명이 파도처럼 밀려들어도 누군가는 사람이 사용할 물건을 만들어야만 한다. 따라서 제조업이야말로 인류가 존재하는 한 영원하리라 생각했다.

창업 초기부터 생산 기술을 맡아온 초등학교 동기 동창인 김영호와 함께 포장마차에서 새벽까지 많은 대화를 나누면서 라제건은 이런 말을 했었다.

"우리 머리 허옇게 될 때까지 손에서 드라이버 놓지 맙시다."

훗날 김영호 전무가 퇴임할 때까지 그들은 그날의 약속을 지켰다. 검은 머리가 파뿌리처럼 하얗게 셀 때까지 손에서 드라이버를 놓지 않고 공장을 지키고 현장에 남았던 이들에 의해 세계 최고의 고급형 텐트 폴 제조 회사 DAC, 아웃도어 문화에 돌풍을 일으키고 있는 헬리녹스, 전 세계 텐트 시장에서 전설로 통하는 독보적인 브랜드 Jake Lah가 만들어질 수 있었다. 그 출발점은 1988년 봄 인천에서였다.

Part 5

기업이 곧 , 미래다

Chapter 37

무역으로 이루고 싶었던
아버지의 꿈

    라제건 회장 집무실 벽에는 커다란 휘호 하나가 걸려 있다. '淡如水(담여수)'라는 글귀다. '물과 같이 담담하다'라는 뜻이다. 광복 후 과도정부 민선 입법의원과 한국무역협회장을 지낸 이활 선생의 친필이다. 한국무역협회 창설 멤버였던 라익진 박사는 그를 보필하며 부회장으로 일했다. 오랫동안 라익진 박사를 가까이서 지켜본 그가 이런 휘호를 선물한 것은 라익진 박사의 성품이 물처럼 맑다는 것을 인정했기 때문이다. 라익진 박사의 호(號)도 그가 지어준 거나 마찬가지다. 골동품을 좋아했던 이활 회장이 어느 날 인사동에서 구했다며 라익진 박사에게 족자 하나를 건네주었다. 족자에는 '覺堂(각당)'이라는 글이 새겨져 있었다. 그는 글이 '깨닫는 집'이라는 의미이니 라익진 박사에게 딱 맞는다면서 이를 호로 쓰라고 했다. 가벼이 행동하지 않고 생각을 거듭하며 분명히 깨달은 바를 행동에 옮기는 라익진 박사의 언행이 이 글귀와 일치한다고 생각한 그가 이를 호로 사용할 것을 권한 것이다. 존경하는 선배의 권유를 받아들인 라익진 박사는 이후 각당을 자신의 호로 삼았다.

어렸을 때 라제건은 아버지를 따라 이활 회장의 집을 방문했던 기억이 있다. 설날 세배를 드리기 위해서였다. 세배를 마친 후 떡국을 먹고 나자 이활 회장이 며느리를 불러 열쇠 하나를 내줬다. 며느리는 그 열쇠를 받아서 조그만 서랍장을 열더니 설탕을 꺼냈다. 차를 타려는 것이었다. 차를 탄 후에는 서랍장에 설탕을 다시 넣어 잠그고 열쇠를 시아버지께 가져다드렸다. 이활 회장과 아버지는 그렇게 만들어진 차를 마시면서 정담을 나누었다. 이활 회장은 일본 와세다대학 전문부를 나와 영국 런던대학 경제학부를 졸업한 당대 보기 드문 엘리트였다. 그 정도 위치에 있는 사람조차 설탕을 서랍장에 꼭꼭 숨겨둔 채 귀한 손님이 오셨을 때 조금씩 꺼내 먹을 수밖에 없을 정도로 당시 우리네 살림살이는 곤궁했다. 어린 라제건은 이 풍경이 낯설기도 하고 신기하기도 해서 잊히지 않았다. 불과 50~60년 전 모습이다.

라익진의 정신세계는 전통적 유교 사상과 서구적 합리주의 사상이 적절히 조화를 이루고 있었다. 전북 김제가 고향인 그는 엄격한 아버지 밑에서 한학을 공부하며 자랐다. 아버지에게서는 정직과 근면을,

어머니에게서는 청렴결백을 배웠다. 열세 살 되던 해에 아버지가 돌아가시자 그는 서당 공부를 그만두고 보통학교에 들어갈 것을 결심한다. 그때까지 길게 땋고 다니던 머리를 싹둑 자르고 독학한 끝에 인근 보통학교 3학년에 편입했다. 남들처럼 일찍 결혼해 농촌에서 몇 마지기 논밭이나 일구며 촌부로 살고 싶지는 않았다. 그가 본 농촌의 실상은 도저히 가난의 굴레를 벗어날 수 없는 처참한 것이었다. 나라 잃은 식민지 백성으로 하루하루 입에 풀칠하고 사는 것마저 버거운 상황이었다. 신학문을 배우고 실력을 길러 힘 있는 사람이 되는 것이 가정을 살리고 나라를 되찾는 길이라 여겼다. 서울로 올라와 YMCA 청년학교와 대동상업학교를 거쳐 연희전문학교 상과에 진학한 것도 이 때문이다.

전액 장학생으로 학비 걱정 없이 대학을 졸업한 라익진은 1941년 조선식산은행에 입사했다. 일제가 세운 은행이었지만, 이때 익힌 금융 업무는 훗날 한국산업은행 총재로 일하게 된 바탕이 되었다. 광복 이후 그는 은행을 그만두었다. 일본인들이 사라지자 한국 직원들이 지점장 등 좋은 자리를 먼저 차지하려고 다투었다. 이런 모습이 보기 싫어 은행을 박차고 나온 그는 미군정청에서 일할 기회를 얻었다. 그러던 어느 날 민주의원 특별경제위원회에서 우리나라 경제 정책을 논하는 토론회가 열렸다. 중앙청에서 열린 토론회 주제는 토지 개혁이었다. 이 자리에 우연히 참석한 라익진은 쟁쟁한 정치인과 경제인들의 토론을 듣다가 의장인 김도연 박사의 허락을 얻어 평소 자신이 생각했던 바를 거침없이 이야기했다. 회의가 끝난 뒤 김도연 박사는 라익진을 따로 불러 아까 말한 내용을 글로 정리해달라고 했다. 김도연 박사는 일본 유학 중 조선청년독립단을 조직해 2·8 독립선언을 주도하다 옥고를 치렀으며, 항일운동을 위해 미국으로 건너가 아메리칸대학교에서 경제학 박사학위를 취득한 애국지사이자 경제학자였다. 후일 대한민국 초대 재무부 장관을 지낸 그의 눈에 띈 라익진은 이런 인연으로 민주의원 특별경제위원회 연구원으로 일하게 되었다.

연구원이 된 지 얼마 되지 않은 1946년 7월 김도연 박사가 라익진에게 말했다.

"오늘 사단법인 한국무역협회가 창립되었는데, 내가 회장직을 맡게 되었소. 라 군이 조사부장 일을 맡아줄 수 없겠소?"

라익진은 이미 김도연 박사를 깊이 신뢰하고 있었기에 흔쾌히 그 일을 맡게 되었다. 이로써 라익진과 한국무역협회의 인연이 시작되었다. 이활 선생은 상무이사를 맡기로 했다. 을지로 사거리 부근에 지금은 헐려 없어진 4층짜리 상공회의소 임시 사무실이 있었다. 한국무역협회는 그 건물 1층을 상공회의소로부터 빌려 임시 사무실로 사용하게 되었다. 30~40평 정도 되는 공간에 책상 세 개가 놓이고 김도연 회장, 이활 상무, 라익진 조사부장이 앉아 첫 업무를 시작했다. 그야말로 아무것도 없는 환경에서 아무 그림도 그려지지 않은 백지상태로 한국무역협회가 출범한 것이다. 그런데도 라익진은 그 어느 때보다 희망에 부풀어 있었고 의욕이 불타올랐다.

오랜 일제의 압제에서 벗어나 해방이 되었지만, 조국의 현실은 그토록 염원하던 자유로운 독립국가가 아니었다. 벼락처럼 찾아온 광복의 기쁨도 잠시, 나라는 점점 더 깊은 혼란과 무질서 속으로 빠져들고 있었다. 법과 제도는 미비했고 부정부패는 만연했다. 일제의 수탈은 끝났어도 여전히 가난은 지속되었고 먹고사는 일은 막막했다. 나라의 기틀을 세울 인재도 부족했고 뭔가를 해볼 만한 자본은 보이지 않았다. 라익진은 경제에 길이 있다고 생각했다. 경제를 다시 세워야 나라가 제대로 설 수 있다고 판단한 것이다. 나라 안에 돈이 없으니 나라 밖에서 돈을 들여와야 했는데, 그것은 무역을 통해서만 가능했다. 무역이 곧 살길이요, 애국이라고 생각했다.

세 사람 다 같은 마음이었다. 애국하는 심정으로 한국무역협회 일에 전심을 쏟았다. 김도연 회장과 이활 상무는 무보수로 일했다. 김도연 회장은 꼼꼼하고 자상한 성품이었고, 이활 상무는 대범하고 선이 굵은 성품이었다. 라익진은 실무 총책임자로 일하면서 회장이 대외적으로 발표하는 논문과 기사를 작성하느라 공부를 게을리할 수 없었다.

그즈음인 1947년 2월 10일 그는 문교부 편수국에서 근무하던 김옥라와 결혼했다. 마침내 1948년 8월 15일 대한민국 정부가 수립되자 김도연 박사는 초대 재무부 장관으로 입각했다. 이에 따라 이활 상무가 회장을 맡게 되었고, 라익진은 전무이사로 승진했다. 조직을 재정비해 의욕적으로 일하던 차에 북한의 기습 남침으로 전쟁이 터지고 말았다. 해방 후 일제의 수탈로 망가질 대로 망가진 나라 경제를 재건하기 위해 필사적으로 몸부림치고 있었는데, 그나마 몇 년간 닦아놓은 토대는 전쟁의 포화 속에 잿더미가 되었다. 천신만고 끝에 가족 모두 안전하게 살아남기는 했으나 폐허가 된 조국의 경제를 다시 살려 놓는 일은 암담하기만 했다.

생전에 김옥라 여사는 라익진 박사와 한국무역협회의 관계를 이렇게 회고했다.

"해방 후 그분이 역점을 둔 데가 한국무역협회예요. 우리나라는 자본도 없고 자원도 없으니까 무역을 해야만 산다고 아주 그걸 강조하셨어요. 그래서 한국무역협회를 만드는 데 크게 공헌하셨어요. 이활이라는 분하고 같이. 나중에 한국무역협회 부회장까지 했죠. 40년 동안 한국무역협회를 위해 일했다 해도 과언이 아니에요."

경제기획원 장관과 국무총리를 역임한 뒤 한국무역협회장을 지낸 남덕우 박사는 1990년 라익진 박사의 별세 후 간행된 추모문집에서 그를 다음과 같이 기억했다.

"무역협회로 오고 나서부터 각당과 나는 아주 가까운 사이로 지내게 되었다. 실업계에서 강직하고 바른말 하기로 유명한 각당은 무역협회의 비상근 부회장 또는 원로자문으로서 협회의 일이라면 앞장서서 자신의 경륜과 의견을 피력했다. 그도 그럴 것이 각당은 해방직후 협회 초대 회장직을 맡은 김도연 박사의 권유로 무역협회 조사부장에 취임하여 초창기의 협회를 이끌었고, 4·19 이후에는 한동안 허정 내각에 참여하다가 1960년대 초 실업계에 투신한 이후부터는 다시 8년간이나 무역협회 부회장직을 맡아가면서 무역협회를 키워온 장본인이었으니 협회에 대한 관심과 애착이 남다른 것은 오히려 당연하다 할 것이다. 사실상 각당을 떠나서 무역협회의 역사를 논할 수 없고 또 무역협회를 떠나서 각당의 일생을 논할 수 없다. 그는 자서전 『어머님을 그리면서』에서 이렇게 쓰고 있다. '내 청춘의 정력을

가장 많이 쏟았던 곳이기에 지금도 나에게는 이 협회가 나의 마음의
고향이다.'

Chapter 38

사람에 대한 지극한 사랑

6·25전쟁 중 한국무역협회에 다소 변화가 있었다. 정부에서 회장 인사에 개입하면서 이활 회장이 물러나게 된 것이다. 이 무렵 라익진 도 한국무역협회를 그만두었다. 김도연 박사와 이활 회장이 없는 한 국무역협회에 홀로 남아 있는 게 마뜩하지 않아서였다. 휴전 이후 사 업을 하면서 부흥부 자문 자격으로 미국을 방문해 정부 기관과 연구 소 등을 둘러보며 경제 재건에 관한 식견을 넓히던 라익진에게 뜻하 지 않은 일이 닥쳤다. 1960년 4·19혁명 이후 이승만 대통령이 하야하

고 자유당 정권이 몰락하자 헌법에 따라 허정 수석국무위원 겸 외무부 장관이 대통령 권한대행으로서 과도내각을 수립했다. 이때 체신부 장관으로 오정수 씨가 발탁되었는데, 그의 추천으로 라익진이 체신부 차관을 맡게 된 것이다. 그는 관리가 된다는 걸 상상해 본 적이 없는 데다 가족 모두가 반대하는 관계로 맡을 뜻이 없었으나 오정수 장관의 권고가 워낙 강력했고, 나라 사정이 말이 아니었기에 어쩔 수 없이 맡게 되었다.

장관이나 차관으로 업무를 파악하고 소신껏 일하기 위해서는 최소 몇 년은 자리를 지키고 있어야 하는데, 혼란스러운 나라 사정이 그렇지를 못했다. 얼마 되지 않아 오정수 장관이 상공부 장관으로 자리를 옮긴 것이다. 이에 따라 라익진도 상공부 차관으로 전임했다. 그로서는 체신부보다 상공부가 자신의 전공에 더 잘 맞았다. 상공부는 상업, 무역, 공업 등에 관한 업무를 맡아 보던 중앙행정기관이다. 따라서 기업들이 활발하게 일해 생산성을 높이고 일자리를 창출하며, 무역으로 외화를 벌어들이는 일에 매진할 수 있도록 돕고 지원하는 일을 해야 했다. 하지만 실상은 그렇지 않았다. 상공부는 정부 부처 중에서도 가장 부정이 많은 곳으로 알려져 있었다. 한국무역협회 일을 처리하면서 직접 듣고 본 바로도 상공부는 상당한 수술이 필요했다. 인사를 개편하고 업무를 대대적으로 손질했으나 저항 또한 만만치 않았다. 게다가 중간에 오정수 장관이 자리를 비우는 바람에 장관 대행과 차관을 겸하기도 했다.

1960년 6월 의원내각제 개헌이 이루어지고, 7월 총선거를 치러 민주당 장면 총리와 윤보선 대통령을 선출함에 따라 8월에 이르러 제2

공화국이 출범했다. 허정 과도내각이 약속대로 물러나면서 라익진도 짧은 각료 생활을 마감해야 했다. 충분한 시간은 아니었지만, 그래도 이 기간에 그가 상공부에 중소기업과를 신설해 중소기업은행 설립 준비에 착수한 것은 큰 성과였다. 이는 1959년 미국 방문 때 목격했던 중소기업금융회사를 참고해서 만든 것이었다. 나라 경제가 튼튼하게 뿌리내리려면 대기업 외에도 견실한 중소기업이 많이 육성되어야 한다는 게 그의 지론이었다.

국민의 요구에 따라 민주적으로 새 정부가 들어섰음에도 나라 사정은 여전히 오리무중이었다. 정치권은 민주당 신파인 장면 총리와 구파인 윤보선 대통령 사이에 알력이 심해져 제대로 된 지도력을 발휘하지 못했다. 국민은 피로감에 지쳐갔다. 이 사이 1961년 5월 16일 박정희 소장이 이끄는 군부에 의해 쿠데타가 발생했다. 군사정부가 들어선 것이다. 당시 LH공사의 전신인 주택영단 이사장으로 근무하고 있던 라익진의 사무실로 어느 날 육군 대령 한 명이 찾아왔다. 그는 올 것이 왔다고 생각했다. 전임 각료였으니 체포되어 갈 것이 분명했다.

"안녕하십니까? 채 대령입니다. 국방대학원에서 뵈었지요?"

그는 의외로 상냥하게 인사를 건넸다. 알고 보니 그는 국방대학원 교수였다. 라익진 역시 국방대학원에 나가 경제 강의를 했었기에 서로 면식이 있는 사이였다. 국방대학원 학생들에게 그의 강의는 인기가 있었다. 전직 각료였음에도 군사정부에 참여한 군인들이 의논 끝에 그를 경제 정책을 수립하는 직책에 모시기 위해 찾아온 것이었다. 라익진은 새 정부에서 국가재건최고회의 기획위원을 맡았다. 재정경제분과위원회 소속으로 여러 정책과 법률을 입안하게 된 그는 군인들이 포진한 삼엄한 분위기 속에서도 할 말은 하고 반대할 것은 단호히 반대하는 소신을 지켰다. 이후 상공부 장관 고문에 임명된 그는 정래혁 장관을 도와 다시 상공부 현안들을 챙기게 되었다. 군인들이 장관을 맡고 실제 업무는 민간 고문들이 처리하는 방식이었다.

얼마 뒤 최고회의 재정경제위원장인 이주일 장군이 만나자고 해서 찾아갔다.

"선생님께서 한국산업은행 총재를 맡아주셨으면 합니다."

라익진은 깜짝 놀랐다. 자신은 해방 전 은행 평직원으로 5년 남짓 일한 게 전부였기에 은행 총재라는 막중한 임무를 맡기에는 부족한 사람이라 여긴 까닭이다. 당연히 할 수 없다며 고사했다. 한국산업은행은 1954년에 제정된 한국산업은행법에 따라 기업금융 지원을 위해 세워진 국책은행이었다. 라익진이 근무했던 조선식산은행은 한국산업은행으로 모든 업무를 이관하고 주요 자산을 양도한 뒤 해산되었다.

"우리도 아주 신중히 검토해서 결정한 일이니까 사양하지 말고 맡아 주십시오."

그러나 이는 너무도 막중한 일이었기에 그는 극구 사양한 다음 자리를 물러났다. 그런데도 다음 날 라익진은 한국산업은행 총재로 발령이 나버렸다. 은행을 떠난 지 16년 만에 다시 은행으로 돌아온 것이다. 남들 눈에는 행원에서 총재로 초고속 승진한 것처럼 보일 수도 있었지만, 사정은 그렇지 않았다. 서슬 퍼런 군사정부 아래 지난 정권인 자유당 정부나 민주당 정부의 요직에 있던 사람들은 모두 교도소에 수감되어 있었고, 한국산업은행 전임 총재 여섯 명 전원도 교도소 신세를 지고 있었기 때문이다. 그만큼 정부와 금융기관의 부정부패는 뿌리 깊게 만연해 있었다. 자신이 7대 총재로 발령이 났으니 다음에 갈 곳은 정해진 거나 마찬가지인 셈이었다.

그는 매일 살얼음 위를 걷는 기분으로 한국산업은행 총재직을 수행했다. 한국산업은행은 자유당 말기에 정치자금 공급원으로 이용됐다는 게 공공연한 비밀이었다. 게다가 군사정부에서 파견된 군인들이 은행 인사를 좌우해 조직은 크게 동요하고 있었다. 라익진은 조직을 안정시키고, 은행 설립 본연의 목적에 맞는 업무에 충실하며, 부정부패에 일절 관여하지 않는 것을 원칙으로 삼고 일을 처리해나갔다. 그는 은행의 자본금을 100배로 증자해 많은 생산 공장 설립을 직간접적으로 지원하면서 그 혜택을 국민이 공유할 수 있도록 하는 한국산업은행법 개정안을 마련해 여러 관계기관은 물론 박정희 의장까지 끈질기게 설득한 끝에 통과되도록 만들었다. 각종 청탁과 부정 대출을 끝까지 막아내 재임 기간 중 한 건의 사고도 일어나지 않았다.

1962년 1월 말 재무부와 협의해 총재직에서 물러나면서 그는 드디어 무거운 짐을 벗을 수 있었다. 오랜만에 긴 휴식이 찾아왔다. 과도정부, 민주당 정부, 군사정부 세 번의 정권이 바뀌는 현대사의 격변기에 공직을 맡아 중요한 일을 처리하면서도 권력에 휘둘리거나 이권에 개입하지 않고 원칙을 지킴으로써 비록 짧은 기간이었으나 소신껏 일할 수 있었던 것은 크나큰 보람이었다. 아무런 인맥도 배경도 없는 그가 매번 좋은 사람을 만나고 요직에 기용될 수 있었던 건 누구든 사람에게 함부로 하지 않고 진심으로 대하며 정성을 다하는 그의 올곧은 대인관계 덕분이었다. 그를 접해 본 사람이라면 누구나 그의 강직함과 진정성을 인정하지 않을 수 없었다.

국가재건최고회의 의장이었던 박정희 대통령은 뒷날 그를 이렇게 평했다고 한다.

"믿고 일할 수 있는 좋은 분이지만, 큰일을 같이하기는 어려운 사람이야."

실력과 인품은 인정하지만, 고분고분하지 않은 원칙주의자라 융통성이 없다는 뜻이었다. 하지만 당시 융통성이란 기회주의와 부정부패의 또 다른 이름일 뿐이었다.

공직에서 물러난 라익진은 몇 달 동안 몸져누워 있었다. 잘해야 한다는 책임감과 실수하면 안 된다는 중압감에 시달리다 모든 걸 내려놓자 탈진 상태에 이른 것이다. 이상과 현실의 부조화에서 오는 무력감일 수도 있었다. 그렇게 앓다가 어느 날 자리를 털고 일어나 일을 하기 시작했다. 공직을 맡기 전에 했던 사업들을 다시 추스른 것이다. 그러면서 한국무역협회에 출입하며 이사로 일했다. 한동안 한국무역협회를 떠나 있던 이활 회장이 4·19혁명 이후 복귀해 일하고 있었기 때문이다. 이활 회장을 만나 한국무역협회 일을 다시 하게 된 것이 꼭 고향에 돌아온 것 같았다.

공직에 있을 때는 자동차가 제공되어 운전기사가 비서와 함께 데리러 오고 데려다주었는데, 야인이 되자 걷거나 대중교통을 이용해야 했다. 어린 라제건은 아버지가 걸어서 외출하는 모습이 충격적이었던 것 같다. 하루는 라익진 박사가 일을 보러 나가는데, 막내아들이 2층에서 아버지를 바라보며 소리를 질렀다.

"아버지가 걸어서 나가신다!"

라제건은 손님들로 북적이던 집에 인적이 끊기고, 매일 아침 자동차와 비서가 아버지를 모시러 오지 않는 게 의아했다. 골목길을 터덜터덜 걸어가는 아버지의 뒷모습에서 쓸쓸함 같은 걸 느낀 것이다. 어린 마음에도 아버지가 몹시나 안쓰러웠다.

아버지 라익진은 아들 라제건의 가치관을 형성하는 데 결정적인 영향을 끼쳤다. 옆에서 아버지를 지켜보며 아버지는 도대체 왜 저런 말과 행동을 하실까 궁금했다. 남들처럼 생각하지 않고, 남들처럼 반응하지 않는 아버지의 본심을 알고 싶었다.

"아버지는 제가 자꾸 질문하도록 만드셨어요. 묻지 않을 수가 없었죠. 왜 저러시지? 무슨 일인가? 저건 위선인가 아니면 진실인가? 그냥 폼만 잡으시는 건가?"

아버지에 관한 끝없는 의문은 라제건이 중학교 3학년 무렵에서야 풀렸다. 그것은 사랑이었다. 자신에 대한 사랑, 타인에 대한 사랑, 가족에 대한 사랑, 조국에 대한 사랑. 이 모든 게 아버지의 말과 행동을 규정짓는 원리였다. 사랑 때문에 아버지는 매사 최선을 다할 수밖에 없었고, 원리원칙대로 살아갈 수밖에 없던 것이었다.

Chapter 39

황금 보기를 돌같이

"아주 강직하고 정직하고 거짓말은 농담으로도 못 해요. 자기 말은 법률이라고 해요. 허튼말은 안 해요. 그러니까 재미가 없죠. 우스갯소리도 하고 그래야 웃기도 하고 그러잖아요? 일은 철저하죠. 논문 쓰고 책 쓰고 기업인보다는 학자 같았어요. 사업은 열심히 했죠. 열심히는 했는데, 삼성처럼 크게 발전시킬 줄은 몰랐어요."

김옥라 여사는 남편의 성품과 기질을 이렇게 표현한 적 있다.

체신부 차관으로 있을 때였다. 각종 청탁 때문에 일을 할 수가 없었다. 가장 많은 청탁은 전화를 개설해달라는 것이었다. 그때는 인구에 대비해 전화선의 숫자가 매우 부족해서 전화 자체가 큰 재산으로 여겨지던 시절이다. 당시 백색전화라는 게 있었다. 사용권을 다른 사람에게 넘겨줄 수 있는 전화였다. 그 가입 원장이 백색이어서 붙여진 이름이다. 사용권을 남에게 넘겨줄 수 없는 전화는 청색전화로 불렸다. 체신부에서 받는 공식 전화 개설 가격은 9만 원 수준이었는데, 이것이 시중에서는 20~30만 원에 거래되었다. 백색전화 한 대만 가지고 있어도 많은 차익을 남길 수 있었다. 매일같이 백색전화를 놔달라는 청탁이 들어왔다. 유명 정치인, 언론인, 연예인 등 알 만한 사람들도 많았다. 이름난 가수가 자기 첩의 집에 전화를 개설해달라고 부탁하는 일도 있었다. 라익진은 단 한 건의 청탁도 들어주지 않았다. 청탁을 거절하는 건 괴로운 일이었다. 기분을 상하게 만들어 반감을 사면 혹시 다른 일에 지장을 줄 수도 있으므로 자존심을 건드리지 않으면서 지혜롭게 거절해야 했다.

알고 보니 청탁은 상부상조로 하는 것이었다. 내가 청탁을 들어줄 만한 위치에 있을 때 누군가의 청탁 하나를 들어주면 나중에 내가 아쉬운 입장이 됐을 경우 당당하게 청탁 하나를 할 수 있는 것이다. 어려운 청을 들어주고 그 대가로 또 다른 부탁을 예약하는 암묵적인 품앗이인 셈이었다. 라익진은 누군가에게 청탁해 본 적도 없고 앞으로도 할 생각이 없으니 다른 사람의 청탁 또한 들어줄 필요가 없었다. 모든 청탁은 아까운 시간을 낭비하며 그를 시달리게 만드는 부조리한 것들이었다.

한국산업은행 총재로 일할 때는 이런 일도 있었다. 하루는 재무부로부터 부산에 있는 흥아타이어라는 공장에 5억 원을 대출해주라는 지시가 내려왔다. 이 공장은 미국의 원조로 건설되었기에 가동이 되지 않으면 미국과의 관계에 문제가 생길뿐더러 앞으로 원조를 받는 데 지장이 있으니 무조건 대출해주라는 것이었다. 그러나 라익진이 파악하기로 이 공장은 오래전부터 가동이 중단된 상태였다. 운영도 잘못한 데다 국내 타이어 수요가 많지 않았기 때문이다. 게다가 이미 대출한 금액도 상환이 어려울 정도로 사정이 좋지 않았다. 라익진은 당연히 대출 불가 판정을 내렸지만, 재무부의 압력과 독촉은 갈수록 심해졌다. 그는 묘안을 생각해냈다. 정부에서 지불 보증을 하면 대출해주겠다고 한 것이다. 일개 사기업에 정부에서 지불 보증을 할 리 만무하다 여겼다. 이를 핑계로 대출에 쐐기를 박으려 한 것이다.

그런데 재무부로부터 뜻밖의 공문이 내려왔다. 지불 보증을 할 테니 조속히 대출을 진행하라는 것이었다. 라익진은 정부의 지불 보증서부터 가져오라고 버텼다. 그러던 어느 날 박정희 의장에게서 호출이 왔다. 의장실로 갔더니 김종필 중앙정보부장도 와 있었다. 박정희 의장이 흥아타이어 대출 건에 관해 설명을 듣고 싶어 불렀다고 했다. 라익진은 대출의 부당함에 대해 상세히 설명했다. 박정희 의장은 라익진의 주장에 동의를 표하면서도 대출해서 공장이 가동되면 수출할 수 있으니 진상을 정확히 조사해본 다음 결정하자며 박태준 비서실장에게 조사를 지시했다. 그 뒤 조사 결과가 어땠는지 라익진은 알지 못했다. 얼마 후 한국산업은행 총재직에서 물러났기 때문이다. 그의 후임으로 한국산업은행 총재직을 맡은 사람은 결국 이 대출 건을 승인해서 진행하는 바람에 나중에 관련자들과 함께 사법 처분되었다.

라익진이 시류에 편승하는 출세 지향적 인물이었거나 적당히 윗사람 비위를 맞출 줄 아는 정치적인 사람이었다면 공직에 더 오래 머물 수 있었을 것이고, 재산도 많이 모을 수 있었을 것이며, 훨씬 높은 자리에까지 오를 수 있었을 것이다. 하지만 그는 전혀 정치적인 인물이 아니었다. 제대로 된 길이 아니면 가지 않고, 앉을 만한 자리가 아니면 앉지 않았다. 아부는 물론 타협이라는 걸 할 줄 모르는 사람이었다.

군사정부가 민정 이양을 할 즈음 윤보선 전 대통령이 새로운 정당을 만들어 선거에 임하면서 라익진에게 국회의원 비례대표로 이름을 좀 올려달라고 부탁한 일이 있다. 라익진은 한사코 사양했다. 자신은 정치와 맞지 않는 사람이라고 생각한 것이다. 거듭된 요청에도 요지부동이자 윤보선 전 대통령은 한탄하듯 이렇게 말했다.

"좀 함께해줬으면 하는 분은 아무리 부탁을 해도 거절만 하고, 시키고 싶지 않은 사람은 돈을 싸들고 쫓아다니면서 시켜달라고 조르니 이를 어쩌면 좋겠소."

한국은행 부총재를 지낸 장기영 씨가 1964년 부총리 겸 경제기획원 장관으로 입각하면서 라익진을 찾아왔다. 상공부 장관을 자신이 추천하기로 했으니 함께 정부 일을 해보자고 설득하기 위해서였다. 라익진은 단호하게 이를 거절했다. 두 번씩이나 찾아왔지만, 끝내 결심을 돌이키지 않았다.

공직에서 물러난 후 그에 의해 인재로 발탁된 사람이나 그의 정책 덕분에 혜택을 입은 사람 중 몇몇이 은혜를 갚기 위해 집을 찾아오기도 했다. 그들이 무슨 제안을 하든지 라익진은 이를 다 물리쳤다. 당시 공정 환율이 300대 1가량이었고, 시장 환율은 600대 1 정도였다.

외국에서 차관을 들여오면 바로 두 배가 되었다. 어차피 들여올 차관이니 이걸 가져다 쓰라는 권유가 많았다. 그 돈으로 사업을 해도 되고, 그냥 은행에 넣어두기만 해도 큰돈을 벌 수 있었다. 라익진은 이야기도 꺼내지 못하도록 했다. 나라 경제를 살리기 위해 들여온 차관을 개인의 이익을 쓴다는 건 있을 수 없는 일이었다. 나는 새도 떨어뜨린다는 김종필 중앙정보부장에게도 반기를 들었고, 실세인 박종규 청와대 경호실장과도 뜻이 안 맞으면 입씨름을 벌였다.

"아버지가 무슨 배짱으로 저러시는 거지? 도대체 뭐가 마음에 안 드시는 걸까?"

어린 라제건은 아버지가 거절한 것들이 너무 아까웠다. 높은 자리와 많은 돈을 그냥 받기만 하면 근사한 차도 생길 텐데 차 한 대 없이 걸어 다니면서 왜 저런 제안을 다 마다하는지 이해하기 힘들었다.

한참 세월이 흘러 고등학교 3학년쯤 되었을 때 아버지에게 그즈음 일을 물었다.

"아버지, 그때 왜 그 좋은 자리를 다 거절하셨어요?"

"공직을 맡아 봐야 아무것도 할 수 없다는 걸 뼈저리게 느꼈기 때문이야. 정부에 들어가면 나라를 위해 이런저런 일을 해야 한다고 생각했는데, 하나도 제대로 할 수가 없었다. 그런데 가서 뭐 하겠니? 그냥 자리만 차지하고 있을 수야 없지……."

한국산업은행 총재직에서 물러난 뒤 몇 달 동안 앓듯이 누워 있었던 건 해야 할 일을 하지 못한 데 대한 통한의 아픔 때문이었다. 라익진은 해방 이후 어떻게 하면 이 나라를 살릴 수 있을까? 조국을 반석 위에 올려놓을 수 있을까? 이 생각에 몰입해왔다. 그가 찾은 길은 무역이었고, 이 기준에 맞지 않는 것은 거들떠보지를 않았다. 돈, 명예, 권력에 통 관심이 없었다.

"황금 보기를 돌같이 하라."

고려 말 최영 장군이 했던 말이다. 라제건은 어린 시절 최영 장군 이야기를 많이 듣고 자랐다. 그러나 그는 이 말에 동의하기 힘들었다. 인간이 어떻게 황금을 돌같이 볼 수 있단 말인가? 그렇게 말하는 것은 위선 아닌가? 그런데 곁에서 지켜본 아버지의 행동들은 정말 황금 보기를 돌같이 하는 것이었다. 아버지도 일상생활에서는 보통 사람 중 하나였다. 친구와 바둑에서 지기만 해도 표정에서 아쉬움을 감추지 못했다. 뜰에 장미 몇 송이를 심어놓고 매일 보살피며 즐거워했다. 그런 아버지가 왜 남들은 앉지 못해서 안달인 권력의 자리를 거절하는 것일까? 모두가 원하는 쉽게 돈 버는 좋은 기회를 왜 마다하는 것일까? 아버지에 대한 라제건의 궁금증은 오래도록 계속되었다. 위선이 아니라면 사람들이 황금같이 생각하는 것을 돌처럼 여기는 것이 어떻게 가능하다는 말인가?

오랫동안 생각한 끝에 라제건은 하나의 가설을 생각했다. '주머니는 하나밖에 없다. 그런데 눈앞에 다이아몬드와 금덩어리가 있다. 무엇을 집을 것인가? 당연히 더 귀한 다이아몬드다. 하지만 다른 사람들에게는 그 다이아몬드가 보이지 않는다. 그렇다면 다른 사람들 눈에는 금덩어리를 보고도 돌과 같이 그냥 지나치는 것으로 보일 수 있다.' 이 가설로는 설명될 수 있었다. 황금을 돌같이 여기라는 최영 장군의 말도, 그리고 돈과 권력을 마다했던 아버지의 행동도 수긍할 수 있었다. 아버지에게 있어서 다이아몬드는 무엇이었을까? 라제건은 아버지에게 있어 다이아몬드는 '정직'과 '사랑'이었다고 이해했다. 사랑하는 나라를 위해 일할 수 없는 권력의 자리는 아버지에게 돌덩어리에 불과했다. 자신의 정직함의 기준에 맞지 않는 돈도 그에게는 돌덩어리에 불과했을 것이다.

그렇다면 라제건에게 다이아몬드는 무엇일까? 오랜 고민 끝에 찾은 자신의 다이아몬드는 바로 자신의 행복이었다. 자신이 행복하려면 자신이 사랑하는 주변의 사람들이 함께 행복해야 했다. 자신이 사랑하는 조국이 행복한 나라가 되어야 했다. 돈도 필요하다고 생각했다. 그러나 돈은 행복하게 살기 위한 필요조건이지 행복을 가져다주는 충분조건은 아님을 그는 잘 알고 있다. 라제건이 자신의 행복을 위해 추구해오고 앞으로도 추구할 삶은 결국 함께 잘살며 함께 행복을 누리는 세상이었다. 어린 시절 이해할 수 없던 아버지의 행동들을 통해 얻었던 질문들은 라제건이 자기 자신의 삶의 목표를 정하는 밑거름이 되었다. 때로는 다른 사람들과 다르게 생각하고 행동해온 라제건 회장에 대한 궁금증은 그의 아버지 이야기를 들으며 풀려나갔다.

Chapter 40

한국 걸스카우트 운동

라제건은 할머니 사랑을 듬뿍 받으면서 질문의 대상이었던 아버지와 대화를 나누며 성장했다. 아버지는 엄격하고 무서운 존재였지만, 알고 싶고 닮고 싶은 존재이기도 했다. 어머니는 사회 활동과 여성운동을 하느라 늘 바빴고, 툭하면 외국으로 출장을 떠났다. 김옥라 여사는 막내아들 라제건에게 특별히 미안한 게 있다고 했다.

"그 애가 두 살 반 정도 됐을 때 미국 걸스카우트에서 초청장이 왔어요. 그 시절에는 미국 가기 어려웠어요. 재정보증서가 오면 줄줄이

결재를 받아서 여권 신청을 해야 하는데, 그게 너무 힘들었죠. 하늘의 별 따기였어요. 미국에서 3개월, 유럽에서 2개월 총 5개월 동안 생활 보증을 한다는 서류가 왔어요. 마음이 헷갈렸죠. 어린애 넷을 두고 어떻게 다섯 달이나 여행을 가요? 고민을 거듭했어요. 걸스카우트를 전문적으로 하려면 가기는 해야겠는데, 마음 편히 갈 수 없어 답답했죠. 그러다 남편이 알았어요. 남편이 어머니께 말씀드렸죠. 어머니께서 내가 아이들 봐줄 테니 다녀오라고 그러시더라고요. 그래서 5개월 동안 집을 비웠어요. 두 살 반 된 애가 우는데도 떠났어요. 그리고 세 살 됐을 때 돌아왔죠. 그러니까 아이들에게 미안해요. 특히 막내한테 대단히 미안했어요. 엄마가 옆에 꼭 있어줘야 할 나이잖아요?"

어머니가 사회 활동에 전념하다 보니 라제건은 어머니와 깊은 대화를 나눌 기회가 별로 없었다. 그러다가 라제건이 창업 후 밤낮없이 일에 매달리던 1992년경 어머니가 잠깐 보자고 부르시더니 심각한 얼굴로 말씀하셨다.

"너 그렇게 일하다가 죽을 것 같다. 바람 좀 쐬며 쉬어야겠다."

그러더니 어머니 고향인 강원도로 데리고 갔다. 성장한 후 처음 어머니와 2박 3일 동안 여행을 한 것이다. 강원도까지 오가는 차 안에서 두 사람은 긴 대화를 나누었다.

"회사 일이 그렇게 힘드니?"

"이제 겨우 코가 물 밖으로 나와 숨은 쉴 정도인데, 제가 한 건 하나도 없어 보여요. 이건 김순남이 한 거고, 저건 김태형이 한 거고, 또 이건 김영호가 한 건데, 그럼 나는 뭐 했지? 이런 자괴감도 들고 미안한 마음도 생기네요. 어머니는 강원도 산골에서 태어났지만, 혼자 힘으로 세계적인 인물이 되셨잖아요?"

"아니야, 그렇지 않아. 나 혼자 힘으로 한 건 아무것도 없다."

그러면서 어머니의 지나온 삶에 관해 자세히 들려주었다. 라제건은 비로소 어머니에 대해서 진지하게 이해할 수 있게 되었다. 어머니도 사람이었고 여성이었다.

김옥라는 1918년 강원도 고성군 간성면에 있는 두메산골에서 태어났다. 높은 산에 올라가면 바다가 보이는 마을이었다. 김옥라의 아버지는 농사를 지으며 한학에 심취했지만, 기독교를 받아들인 초기 신자였다. 그래서 김옥라는 아버지에게 『명심보감』과 『성경』을 배우며 자랐다. 간성에는 원산항을 통해 들어온 선교사들이 많이 드나들었다. 원산은 기독교 선교사들의 선교지 분할 정책에 따라 감리교회가 부흥했던 곳이라 간성도 그 영향을 받았다. 김옥라의 작은아버지는 선교사 추천으로 일본 고베신학교를 나와 목사가 되었다. 이런 연유로 마을 사람들은 그녀의 집을 예수 믿는 집이라고 불렀다. 부모님은 10남매를 낳았으나 6남매만 살아남았다.

남녀를 차별하지 않던 부모님 덕분에 김옥라는 공립보통학교를 다닐 수 있었다. 그녀는 어릴 적부터 공부를 많이 해 한국 여성 박사 1호인 김활란 박사처럼 박사가 될 거라고 이야기했다. 그러나 공립보통학교를 졸업한 그녀는 상급 학교로 진학할 수 없었다. 6년 개근에 최우등 졸업을 했지만, 어머니처럼 집안일이나 거들어야 했다. 공부에 대한 꿈을 접지 못한 채 강의록을 구해 주경야독하며 몇 년째 검정고시 격인 전검 시험을 치르던 그녀는 아버지를 설득해준 주경애 전도

사의 주선으로 원산에 있는 보혜성경학교에 들어갔다가 거포계(쿠퍼) 목사의 추천을 받아 서울에 있는 감리교신학교에 진학하게 되었다. 김옥라가 열아홉 살 되던 해였다.

고향에서는 똑똑하다는 소리를 듣던 그녀였지만, 외국인 교수의 영어 강의 앞에서는 속수무책이었다. 저녁때마다 창문을 열고 어머니를 생각하며 눈물을 흘렸다. 다행히 그녀를 가엾게 여겨 과외공부를 해준 한 선교사의 호의로 무사히 예과 2년을 마칠 수 있었으나 학교에 대한 일제의 탄압이 극심해져 정상적인 강의가 이어지질 못했다. 미국에서 선교사들에 대한 철수령이 내려지자 김옥라는 휴학계를 내고 학업을 중단했다. 사감 선생의 추천으로 철원에 있는 기독교사회관에 가서 아이들을 가르치는 일을 했다. 하지만 이곳도 곧 문을 닫고 말았다. 그녀는 일본 유학을 결심하고 준비한 끝에 1941년 봄 일본으로 건너가 쿄아이여자고등학교 4학년에 편입했다.

이듬해 최우등생으로 졸업한 그녀는 교토에 있는 도시샤여자전문학교 영문과에 진학했다. 미국이 적국이던 그 시절, 일본에서 영문학을 전공한 것은 탁월한 선택이었다. 꿈에 그리던 대학 공부에 전념하는 와중에 췌장암에 걸린 어머니가 하늘나라로 가셨고, 학비를 대주던 셋째 오빠가 아내와 두 딸을 잃자 학비 지원이 끊겼다. 취업하라는 권유를 듣지 않고 고민하던 중에 기숙사 사감 선생의 주선으로 장학금을 받아 학업을 계속할 수 있었다. 그런데 태평양전쟁을 일으킨 일제는 남학생들과 교수들을 전쟁터로 끌고 갔다. 급기야 여학생들마저 제2의 전선인 산업 현장으로 내몰았다. 그녀 역시 해군 항공창에 끌려가 공장 노동자가 될 수밖에 없었다. 그러는 사이 마침내 해방의 날이 도래했다. 미국이 히로시마에 원자폭탄을 투하하자 일본이 무조건 항복하기에 이른 것이다.

전시 상태라서 조기 졸업으로 졸업장을 받은 그녀는 천신만고 끝에 조국 땅을 다시 밟았다. 하지만 38선으로 남북이 분단되면서 고향이 이북에 편입되어 돌아갈 수 없었다. 나라는 되찾았지만, 고향은 잃어버린 처량한 신세가 된 것이다. 얼마 후 그녀는 도시샤여자전문학교에서 함께 공부한 고봉경 선배의 주선으로 미군정청 인사과에서 번역사로 일하게 되었다. 그러면서 미국 유학을 준비했다. 결혼은 하지 않으리라 결심했다. 평생 시부모 모시고 남편 받들며 살면서 아이 낳아 기르고 집안일에 농사일까지 도맡아 고생만 하다가 돌아가신 어머니처럼 살고 싶지 않았기 때문이다.

그러던 차에 우연히 만난 청년 라익진에게서 구혼장을 받았다. 나와 여생을 같이할 반려자가 되어줄 수 있겠느냐, 승낙한다면 일생을 통해 양심적으로 살아가기를 확약한다는, 깍듯하지만 대단히 저돌적인 구혼 편지였다. 청혼을 받아준다면 뭘 해주겠다는 게 아니라 양심적으로 살겠다는 게 전부인 구혼장이었다.

독신을 고집하다가 갑자기 결혼하게 된 이유를 김옥라 여사는 이렇게 설명했다.

"결혼 안 하려고 했어요. 박사학위를 받아 사회 활동하며 살기로 마음먹고 있었죠. 그런데 이분이 청혼했어요. 내가 그 말을 했죠. 가정에 있으면 아이 낳고 살림하면서 사회 활동을 하지 못하니 나는 결혼 안 한다. 그랬더니 자기가 다 용인하겠다고 하더라고요. 그 시절에 고등교육 받은 사람이 천분의 일이래요. 그런 희귀한 사람을 가정에 붙들어두는 건 사회적 손해다. 사회에 내보내 활약하게 해야 한다고 그래요. 시어머니가 젊으니 아이 낳더라도 다 봐줄 용의가 있다고까지 이야기하더라고요. 그래서 결혼을 허락했어요. 그 말대로 해줬어요. 4형제를 낳았죠. 전쟁 전에 둘 낳고 전쟁 후에 둘 낳았는데, 약속했던 대로 시어머니께서 다 봐주셨어요.”

결혼한 지 얼마 되지 않아 6·25전쟁이 터졌다. 죽음의 위기를 넘긴 그녀는 가족과 함께 부산으로 피란해 힘겨운 나날을 보내야 했다. 송림에 싸인 바닷가 작은 집에 머물던 그녀는 전쟁고아 중 소녀들을 돌보는 일을 시작했다. 1948년 미군정청에서 일할 때 미국 걸스카우트 본부에서 교육을 위해 파견되어 온 마거릿 튜이라는 분을 우연히 만났다. 하지만 그녀는 혼자서 빈 사무실을 지키고 있었다. 미국 연수까지 마친 대한소녀단 회장단이 아무도 없었기 때문이었다. 김옥라가 대신 나서서 6개월 동안 틈틈이 그녀를 통역하며 봉사했다. 그런데 부산에서 피란 생활을 하던 중 한 소책자를 보게 되었다. 일본에서 만든 걸스카우트 가이드북이었다. 책자에는 한국에서 푸대접을 받고 돌아간 마거릿 튜이가 일본에서 환영받고 맹활약하며 전수한 프로그램이 소개되어 있었다. 충격이었다. 김옥라는 통곡했다.

걸스카우트 운동은 정치 결사도, 군사 조직도, 경제 단체도 아니었다. 교육받은 여성들이 힘을 모아 해방된 조국에서 우리 딸인 소녀들을 제대로 교육하고 인격적인 존재로 길러보자는 순수한 사회운동이었다. 엄청난 자금이나 인원이 필요한 일도 아니었다. 그런데 그런 일까지 일본에 뒤진다는 게 참을 수 없었다. 우리는 제 발로 교육해준다고 찾아온 미국인 간사를 허송세월하다 그냥 보냈는데, 일본에서는 극진히 대접하며 걸스카우트 운동의 진수를 고스란히 배워 실천한 것이다. 견딜 수 없었다. 억울했다. 어머니 돌아가셨을 때보다 더 크게 소리 내어 울었다. 그러면서 결심했다. 이 땅의 소녀들을 위해 걸스카우트 운동의 기수가 되기로 마음먹은 것이다.

'걸스카우트를 통해 나라를 사랑하겠다.'

이 생각뿐이었다. 그녀는 지인들과 함께 송도걸스카우트위원회를 만들어 사람들에게 걸스카우트 이야기를 들려주면서 소녀들을 모아 희망의 작은 씨앗들을 뿌려 나갔다.

Chapter 41

세계기구 회장에 선출된 최초의 한국 여성

　1952년 11월 피란지에서 모인 대한소녀단 중앙연합회 이사회에서 김옥라는 간사장으로 임명되었다. 운영에 필요한 자금을 마련하기 위해 모금도 하고 수익 사업도 했다. 그러면서 미국 걸스카우트 본부와 영국 런던에 있는 세계 걸스카우트 본부에 편지를 써 보냈다. "걸스카우트가 한국에 살아서 활동하고 있어요!" 전쟁 중인 당시 세계 최빈국 중 하나인 대한민국에서 걸스카우트가 활동하고 있다는 김옥라의 편지를 받은 미국과 영국의 걸스카우트는 감동했다. 바로 모금이 이루어졌다. 영국 세계 본부에서는 격려 편지와 함께 300달러를 보내왔고, 미국 본부에서도 격려가 담긴 편지와 함께 한 달에 100달러씩 6개월 동안 보내주겠다는 약속을 했다. 엄청난 응원이었다. 전쟁통에 일어난 기적이었다.

1953년 9월 휴전과 더불어 서울로 올라온 김옥라는 걸스카우트 재건을 위해 발 벗고 나섰다. 중구 필동 보이스카우트 본부에 허름한 방 하나를 얻어 사무실을 차렸다. 여러 학교를 수없이 찾아다니며 학생들이 걸스카우트가 되게 해달라고 요청했다. 적은 수였지만, 정성껏 교본을 만들고 강사 교육도 시작했다. 부산에서 불을 지핀 걸스카우트 운동은 서울을 거쳐 마산, 광주 등으로 확산했다. 1954년에는 태평로회관까지 마련할 수 있었다. 1955년부터는 세계 본부에서 한국에 훈련 강사들을 파견해주었다. 이들로부터 체계적인 프로그램을 배웠다. 걸스카우트 프로그램에서 중요한 것은 캠핑이었다. 이때는 한강 모래사장에서 캠핑 훈련을 했다. 텐트를 치고 야외 화장실을 만들고 요리하는 과정이 포함되었다. 모든 게 열악했지만, 가난한 나라의 소녀들이 더 나은 미래를 꿈꿀 수만 있다면 그 이상 바랄 것이 없었다.

체계적 훈련으로 1급 지도자들이 배출되기 시작하면서 조직 또한 열두 살 이내인 브라우니와 중학생인 걸 가이드와 고등학생인 시니어 가이드 외에 대학생인 한얼대까지 갖추어졌다. 이들은 구호가 필요한 곳을 찾아가 봉사활동을 하고, 어려운 형편 때문에 공부를 계속할 수 없는 아이들을 모아 야학을 개설하는 등 점점 지평을 넓혀 나갔다. 1957년에는 제16차 세계대회를 앞두고 한국이 세계연맹의 준회원 심사를 받게 되었다. 그즈음 미국 걸스카우트 본부의 초대를 받아 김옥라는 5개월 동안 세계 시찰 여행을 떠났다. 뉴욕에 도착했을 때 브라질에서 열린 세계대회에서 한국이 준회원으로 승인되었다는 소식을 들었다. 감격의 눈물이 흘러내렸다. 그녀는 미국 걸스카우트 중앙 지도자 캠프에 초대받았다. 전 세계 지도자급 회원들이 참가하는 행사였다. 걸스카우트 세계연맹 준회원국으로서 그녀는 세계 걸스카우트 배지를 달고 코리아 대표로 참석했다. 그때 다급한 일이 벌어졌다. 국기 게양을 해야 하는데, 태극기가 없던 것이었다. 김옥라는 빨강, 파랑, 검정 색깔 천을 구해주며 도와주는 현지 회원들의 도움을 받아 흰색 천 양쪽에 태극과 4괘를 손으로 꿰매 태극기를 만들었다. 그렇게 만들어진 태극기가 전 세계 회원들이 보는 가운데 국기 게양대에 올라갔다. 눈물이 펑펑 쏟아졌다. 그날 아침의 감격을 김옥라는 평생 잊을 수 없었다.

이후 1963년에 이르러 대한민국은 걸스카우트 세계연맹 정회원이 되었다. 1963년에 열린 제18차 세계대회 장소는 덴마크 코펜하겐이었다. 한국걸스카우트연맹 인터내셔널 커미셔너를 맡고 있던 김옥라는 아시아재단 후원으로 이 대회에 참석해 정회원 승인의 기쁨을 누렸다. 이때는 오륜기와 함께 제대로 만들어진 태극기가 행사장에 게양되었다. 정회원은 세계연맹에서 발언권과 의결권을 가질 수 있었다. 아직 대한민국이 유엔에 가입하기도 전에 한국 걸스카우트가 세계 정회원이 된 것은 큰 외교적 쾌거였다. 그 뒤에도 그녀는 15년 동안 중앙간사장을 맡았고, 30여 년 동안 중앙이사 겸 훈련 강사로 일하며 걸스카우트 운동의 최전선을 꿋꿋이 지켰다.

걸스카우트 조직이 체계를 갖추면서 사회운동으로서 충분히 제 역할을 할 수 있게 되자 김옥라는 한동안 잊고 있던 공부에 대한 열정이 되살아났다. 감리교신학교를 채 마치지 못해 아쉬웠던 기억도 떠올랐다. 그녀는 쉰 살로 접어들고 있었지만, 젊은 사람들과 함께 시험을 치러 연세대학교 연합신학대학원에 입학했다. 오랜만에 대학 강의실에서 다시 공부에 전념하게 된 그녀는 벅찬 환희를 느꼈다. 1971년 논문이 통과되고 노천극장에서 학위 수여식을 할 때 최우수 성적을 받아 대표로 단상에 올라가 총장으로부터 학위 수여증을 받았다.

"50대 중년 부인이 나가서 학위 수여증을 받으니까 졸업식장이 '와~' 하는 탄성과 함께 술렁술렁했습니다. 저는 시험 때가 되면 밤새워 공부한답시고 요란을 떨었는데, 그때에야 아버지와 함께 잠자리에 들었던 어머니가 자정쯤 되면 조용히 서재로 나와 밤새도록 공부하시는 것을 알게 되었죠. 어머니는 남들보다 두 배, 세 배 더 노력하신 분입니다. 그러니 공부만 하면 늘 우등생이셨죠."

라제건은 어머니의 공부에 대한 열정과 집념은 대단한 것이었다고 고백했다.

그녀는 곧이어 박사 과정 공부를 시작했다. 김활란 박사처럼 되고 싶었던 어릴 적 꿈을 이루고 싶었다. 그러나 감리교 여선교회 일 때문에 학업을 이어가기 어려웠다.

감리교인인 김옥라는 우리나라에서 처음 세워진 감리교회인 정동제일교회에 출석했다. 1975년에는 장로 안수를 받았고 은퇴 후에는 명예 장로로 활동했다. 1967년부터 1973년까지 한국교회여성연합회 초대 부회장과 2대 회장으로 봉사했고, 1974년부터 1982년까지 기독교대한감리회 여선교회 전국연합회장으로 봉사했으며, 1976년부터 1981년까지 세계감리교 여성연합회 동남아지역 회장으로 봉사했다. 그리고 1981년부터 1986년까지 세계감리교 여성연합회(World Federation of Methodist and Uniting Church Women) 회장 및 세계감리교협의회 임원으로 봉사했다. 이후 1986년부터 1991년까지는 세계감리교 여성연합회 명예 회장을 지냈다.

1974년 12월 감리교 총회에서 김창희 목사가 감독에 선출되자 불만을 품은 사람들이 다른 장소에 모여 마경일 목사를 감독으로 선출함으로써 교단이 분열되었다. 김창희 감독을 지지하는 파를 '법통파', 마경일 감독을 지지하는 파를 '갱신파'라고 불렀다. 당시 여선교회 전국연합회장을 맡고 있던 김옥라는 고민 끝에 지방 총무들에게 연락해 회의를 소집했다. 이 자리에서 전 감리교 지도자들에게 보내는 성명서를 작성했다. 교단 분열에도 불구하고 우리 여선교회는 일치단결하여 선교와 전도 사업에 전념할 것이므로 두 감독은 교회 분열의 책임을 통감하고 지체 없이 통합의 방법을 모색해달라는 요지였다. 두 교단으로부터 엄청난 비난과 압력이 쏟아졌다. 그러나 전국 회원들의 눈물 쏟는 지지를 받고 있던 김옥라는 흔들리지 않았다. 우여곡절 끝에 몇 년 뒤에 교단이 다시 통합되면서 김옥라의 리더십은 재평가되었다.

1981년 7월 하와이에서 감리교 세계대회가 열렸다. 김옥라는 세계감리교 여성연합회 동남아지역 회장을 마지막으로 여선교회 일을 내려놓고 박사학위 논문을 마무리하는 데 매진하고자 결심했다. 더는 미룰 수가 없었던 까닭이다. 그런데 하와이에 도착한 그녀에게 전혀 뜻밖의 일이 기다리고 있었다. 5년 임기의 차기 회장으로 김옥라가 추천된 것이다. 그때까지 세계감리교 여성연합회 회장은 주로 서양 사람들이 맡아왔다. 따라서 김옥라로서는 자신이 회장이 된다는 건 상상조차 해본 적이 없는 일이었다. 시간도 능력도 부족해 맡을 수 없다며 계속해서 손사래를 쳤다. 그러자 공천위원회 의장인 밀타 파이퍼가 다가와 김옥라에게 김활란 박사 이야기를 꺼냈다. 1923년 미국 유학 중이던 김활란 박사는 미국 감리교 총회에 참석해 감동적인 연설을 함으로써 세계감리교 여선교회가 탄생하게 되었는데, 그 기억을 상기시킨 것이다. 존경하는 김활란 박사를 생각하면 주어진 사명을 마다할 수 없었다. 게다가 감리교는 조선에 들어와 많은 학교와 병원을 지어 근대화에 기여하고 백성들을 보살폈는데, 그 은혜를 갚을 좋은 기회이기도 했다. 고민이 깊어졌다. 규정상 남편의 동의가 필요하다고 해서 남편에게 전화를 걸었다. 목소리가 자꾸 떨렸다.

"박사학위 마지막 학기인데, 회장을 맡으라니 어쩌면 좋아요?"

"박사학위는 누구나 할 수 있지만, 세계 회장 자리는 항상 오는 게 아니잖소? 극동의 작은 나라 한국의 여성을 들어 쓰시려는 것이니 받으시오. 내가 협력하겠소."

남편의 믿음직스럽고 따뜻한 목소리를 들은 김옥라는 왈칵 눈물을 쏟고 말았다. 이틀 후에 임원을 선출하는 투표가 진행되었다. 김옥라는 압도적인 지지로 회장에 당선되었다. 한국 여성이 세계기구 회장에 선출된 것은 유사 이래 처음이었다.

Chapter 42

세계를 품다

신임 회장으로서 단상에 올라 수락 연설을 해야 했다. 생각지도 않은 직책을 갑자기 맡았으니 준비한 연설이 있을 리 없었다. 머릿속이 하얗게 변해 버렸다. 무슨 말을 해야 할지 몰랐다. 그때 성경 한 절이 떠올랐다. 요한복음 15장 16절이었다.

"너희가 나를 택한 것이 아니요. 내가 너희를 택하여 세웠나니 이는 너희로 가서 열매를 맺게 하고 또 너희 열매가 항상 있게 하여 내 이름으로 아버지께 무엇을 구하든지 다 받게 하려 함이라."

이 구절을 영어로 몇 번 반복했다. 그런 다음 지금 제가 드릴 수 있는 말씀은 이게 전부라고 하고 단상을 내려왔다. 우레 같은 박수가 쏟아졌다. 전 세계 수많은 감리교 여성을 섬기는 위치에 선 사람으로서 가져야 할 자세에 딱 맞는 연설이었다.

세계감리교 여성연합회 회의가 막을 내린 후 김옥라는 미국 캘리포니아에 있는 큰아들 집에 가서 열흘 동안 머물며 자신이 맡게 된 무거운 사명에 대해 깊이 묵상하는 시간을 가졌다. 수많은 고난과 슬픔, 가난과 시련, 공부에 대한 갈망, 죽음의 위기, 두 차례에 걸친 전쟁의 공포 등 지난 세월이 영화의 한 장면처럼 스쳐 지나갔다. 그러면서 깨달음이 왔다. 가난과 질병으로 고통받는 여성들, 전쟁과 폭력 속에 신음하는 여성들, 학대와 차별로 사람다운 대접을 받지 못하는 여성들을 위해 누구보다 이들의 아픔을 잘 알고 있는 자신을 일꾼으로 세운 거라는 각성이었다.

이후 5년 동안 그녀는 전 세계를 다니며 깨달은 바를 몸소 실천했다. 그것은 사랑의 다리를 놓는 일이었다. 총 50여 개국, 100여 개의 도시를 찾아 사람들을 만났다. 전체 비행 거리만 26만 마일에 달할 정도였다. 세계감리교 여성연합회 예산이 넉넉지 않아 많은 부분 자비로 해결해야 했다. 남편은 이를 묵묵히 지원해주었다.

그녀가 회장으로 일하는 동안 제일 기뻤던 일은 세계감리교 여성연합회가 유엔 NGO(Non-Governmental Organization, 자발적인 비영리 시민단체)에 가입한 일이다. 각 나라나 지역에서 해결하기 어려운 문제는 국제적 연대를 통해 해결하는 것이 좋았다. 그러기 위해서는 유엔이라는 무대를 활용해야 했고, 그러려면 유엔이 인정하는 NGO에 가입해야 했다. 하지만 1956년부터 시도한 일이었음에도 전혀 진척 없이 지지부진했다. 김옥라는 대책도 없이 뉴욕의 유엔 본부를 찾아갔다. 물어물어 담당자를 만나 절차를 배워 오랜 준비 끝에 가입 신청서를 제출했다. 마침내 유엔 총회에서 의장이 세계감리교 여성연합회가 제출한 신청서가 통과되었다고 선언하며 의사봉을 두드렸다. 숙원 사업이 해결되는 순간이었다.

당시 가까이서 어머니가 일하는 모습을 지켜본 라제건은 이런 기억을 떠올렸다.

"레바논 내전이 격화되었을 때였어요. 저는 그저 남의 집 불구경하듯이 텔레비전을 보고 있었죠. 그런데 어머니께서 갑자기 서재로 가더니 편지를 쓰시더라고요. 레바논에 있는 지인이 걱정스러웠던 거죠. 저는 세계 반대쪽에서 일어나는 별 관심도 없는 일이었지만, 어머니는 아름다운 레바논 풍경과 절친한 지인의 얼굴이 떠오른 겁니다. 어머니 책상에는 지구본이 있었어요. 늘 지구본을 곁에 두고 사셨죠. 그게 저에게도 많은 영향을 끼쳤어요. 무엇이 그런 시야를 갖게 했을까? 어머니는 걸스카우트 운동과 세계감리교 여성연합회 활동을 하면서 세계를 보신 것 같아요. 어머니의 관심에는 늘 세계를 품고 계셨죠."

팩스와 이메일이 없던 시절, 그녀가 5년 동안 세계 각국에 보낸 편지는 9361통에 달했다. 평균 하루에 다섯 통의 편지를 쓴 셈이다. 김옥라는 직접 발로 뛰며 흩어져 있던 자료를 모아 세계감리교 여성연합회 역사책을 만들었다. 1986년 7월 케냐 나이로비에서 열린 제7차 세계감리교 연합회 행사 때 출판 기념회를 했다. 행사장에는 김옥라가 작사한 노랫말에 독일 작곡가가 지은 노래가 울려 퍼졌다. 5년 동안의 임기를 마치는 순간이었다. 참으로 멀고 먼 여정이었다. 돌아오는 비행기 안에서 그녀는 많은 생각을 했다. 32시간이나 되는 긴 비행이었다. 그녀 나이 예순여덟, 손주들 재롱을 보며 여생을 편히 보낼 나이였다. 그런데 그녀는 비행기 안에서 이렇게 기도했다.

'하나님, 저 아직도 건강해요. 나이는 많지만 할 일을 시켜주세요.'

잠시도 쉬어 본 적 없는 그녀로서는 당연한 기도였는지 모른다. 아직도 갈 길은 멀고 해야 할 일은 많았다. 남편과 함께 이제부터 무엇을 해야 좋을지 의논했다.

"걸스카우트와 여성연합회 일은 다 자원봉사로 한 거예요. 남편은 평생 모금해가며 활동하느라 애썼다고 이제는 자신이 지원할 테니 봉사하라고 했어요. 그래서 한국자원봉사능력개발연구회를 만들었어요. 남편하고 취지서도 만들고 누가 봉사할 것인가, 누가 봉사를 받을 것인가 고민하면서 우리가 죽은 후에도 계속되면 좋겠다는 생각에 사회복지법인으로 만들었어요. 자원봉사가 참 멋있어요. 자원봉사로 세상을 아름답게 할 수 있어요. 그런 사명이 솟아올랐어요. 은퇴한 분들, 어머니들, 노인들 이런 사람들이 모여서 우리나라를 좀 아름답게 만듭시다. 그런 캐치프레이즈를 내걸었죠."

그녀의 삶은 대나무와 같았다. 어렵사리 하나의 매듭이 지어지는가 싶으면 곧바로 다음 매듭이 시작되었다. 그렇게 매듭과 매듭이 끊임없이 이어져 커다란 대나무가 되고 울창한 숲을 이루었다. 한국자원봉사능력개발연구회는 이렇게 탄생했다. 지금의 각당복지재단이다. 시작은 쉽지 않았다. 법인 등록을 위해 관공서를 찾아갔다.

"자원봉사 단체를 등록하려고 왔습니다."

"네? 자원봉사요? 그게 뭔데요?"

인식이 전혀 되어 있지 않았다. 하나하나 설명하고 설득해가면서 단체를 만들었다. 법인을 설립하려면 3억 원을 기본 재산으로 등록해야 했다. 남편이 선뜻 돈을 내놓았다. 검소하고 신중하기로 정평이 난 라익진이었지만, 아내 김옥라가 하는 일만큼은 무조건 믿고 지원하는 통 큰 남편이었다. 평소 인연이 있던 각계 인사들에게 부탁해 8명으로 이사회를 구성했고, 남편 라익진을 고문으로 추대했다. 우리 사회가 좀 더 성숙해지려면 각 분야에 걸쳐 시민들의 자원봉사가 활성화되어야 한다는 믿음에서 시작한 일이었다. 가장 어려운 건 자원봉사자를 모으는 일이었다. 자원봉사에 대한 인식이 없으니 사람이 모이지 않았다. 전국 주요 대학 은퇴 교수들에게 편지를 보냈다. 200통 넘게 보냈는데, 답장이 딱 한 통 왔다. 그것도 사정상 참여가 어렵다는 편지였다. 걸스카우트 때처럼 일일이 찾아다니며 사람을 모았다.

강습회가 이어지며 자원봉사 모임이 자리를 잡자 김옥라는 호스피스 봉사를 시작했다. 죽음을 앞둔 환자에게 평안한 임종을 맞도록 돕는 봉사였다. 그 무렵인 1990년 5월 라익진은 연세대학교에서 명예 경제학 박사학위를 받았다. 그리고 얼마 뒤인 8월 23일 간이 좋지 않아 치료차 일본에 갔다가 급서하는 비극이 벌어졌다. 절망을 모르던 김옥라도 이때만큼은 속절없이 무너져 내렸다.

"한국자원봉사능력개발연구회를 시작한 지 4년 만에 남편이 죽었어요. 그래서 매일같이 울고불고했죠. 그러다 영감이 왔어요. 너도 죽고 나도 죽고 생명을 가진 온 세상 사람은 다 죽는 것이다. 그러니 죽음을 탁상 위에 올려놓고 공론에 부치라. 그런 영감이었어요. 그래서 '삶과 죽음을 생각하는 회'를 만들었죠. 종교 지도자들에게 편지를 썼어요. 선생님은 죽음을 어떻게 생각하십니까? 선생님은 선생님의 죽음에 대해서 무슨 준비를 하고 계십니까? 딱 두 가지 질문을 했어요. 다들 아주 성실하게 회답을 주셨어요. 그중에서 특별히 마음속에 있는 것은 김수환 추기경 말씀이에요. '죽음은 하나의 관문을 넘는 것이다. 그 관문을 넘은 밖에 있는 것은 읽어보지 않은 책과 같다.' 이런 말씀을 주셨어요. 그 말씀에 많이 감동하고 힘을 얻어서 해마다 여러 대한민국 명사들을 초청해서 죽음에 대한 뜻과 철학을 공부했습니다."

그녀는 사랑하는 남편의 죽음 앞에서도 자신이 해야 할 일을 발견한 사람이었다.

강원도를 여행하면서 어머니의 파란만장한 인생 여정을 듣게 된 라제건은 회사에 대한 기여가 부족하다고 자괴감에 빠졌던 자기 생각이 틀렸다는 것을 깨달았다.

"내가 오로지 내 힘으로 살아왔다고? 그렇지 않아. 나는 지금껏 전 세계 수많은 사람에게서 도움을 받으며 살아왔지."

어머니 이야기를 들으며 라제건은 남의 도움을 받는 것도 그 사람이 하기에 달린 거라는 사실을 배웠다. 열심히 온 힘을 다해 노력해야 도움도 받을 수 있는 것이라는 교훈을 얻었다. 어머니처럼 최선을 다해 노력하며 사는 사람이 있으면 누구라도 돕고 싶을 거라는 생각이 들었다.

Chapter 43

참전하려고
왔습니다

    최근 러시아의 침공으로 전쟁터가 된 우크라이나를 보며 분노와 안타까움 속에서도 가슴 뭉클한 감동을 경험한 순간이 있었다. 해외에 나가 있던 우크라이나인들이 조국을 지키기 위해 급히 귀국해 자원입대하는 장면이었다. 그중에는 배우도 있었고, 오케스트라 단원도 있었고, 미스 우크라이나도 있었고, 전 세계 복싱 챔피언도 있었다. 애국심으로 똘똘 뭉쳐 결사 항전하는 우크라이나 국민을 향해 세계 각지에서 도움과 응원의 물결이 이어졌다.

그런데 우리나라에도 이런 일이 있었다. 바로 라제건 회장의 장인인 오기형 교수다. 오기형은 1947년 서울대학교 철학과를 졸업한 뒤 미국으로 건너가 컬럼비아대학교 교육학 박사 과정에 재학 중이었다. 컬럼비아대학교는 뉴욕시에 있는 연구 중심 사립 종합대학교로 1754년에 설립된 미국 동부 아이비리그 명문 대학이다. 버락 오바마 전 대통령도 이 대학 출신이다. 오기형이 한창 공부에 열중하며 학위를 준비하고 있을 때 6·25전쟁이 일어났다. 조국에 전쟁이 벌어졌는데 혼자서 편히 공부하고 있을 수 없다고 생각한 오기형은 학업을 중도 포기하고 한국으로 돌아왔다. 그래서 오기형은 미국 유학을 했음에도 박사학위가 없다.

오기형은 부산에 있는 모병소를 찾아갔다. 자원입대하기 위해서였다.

모병관이 질문했다.

"어디서 뭐 하다 왔나?"

"미국에서 공부하다 전쟁에 참전하려고 왔습니다."

"뭐 미국? 미국에서 여기까지 전쟁하러 왔단 말이야?"

"네, 그렇습니다."

"미국 어디서 공부했는데?"

"컬럼비아대학교에서 박사학위를 준비하고 있었습니다."

"뭐라고? ……잠깐 기다려봐."

모병관은 누군가와 상의를 하더니 다시 오기형에게 다가와 말했다.

"자네 같은 사람에게는 총 들고 전투하는 것 말고 애국하는 길이 따로 있어."

그러면서 오기형에게 백낙준 박사를 소개해주었다. 백낙준 박사는 연희대학교 총장을 지내다 문교부 장관으로 일하고 있었다. 그는 오기형 같은 인재는 할 일이 따로 있다며 부산에 설치되었던 연희대학교 부산분교 교수 자리를 내주었다. 총을 들고 전쟁터에 나갈 각오로 귀국한 그에게 조국은 펜을 들고 학생들을 가르치라고 한 것이다. 전쟁통에도 배움은 계속되어야 했기에 그는 그것도 나라를 위해 필요한 일이라 생각해 열심히 학생들을 가르쳤다. 비록 박사학위는 없었지만, 그의 강의는 학생들에게 큰 인기를 끌었다. 휴전 이후 정식으로 교수에 취임한 오기형은 한태동 교수, 손보기 교수와 함께 연세대학교 3대 천재로 불리며 교육학과에서 30년 넘게 교수로 재직했다.

예전에는 박사학위 없이도 교수가 되는 사례가 많았다. 인재가 그만큼 부족했기 때문이다. 오기형 교수 역시 대학원장을 지내면서 많은 제자를 지도하고 박사학위를 수여했는데, 정작 자신은 박사학위가 없었다. 적당히 절차만 밟으면 어렵지 않게 학위를 받을 수 있었다. 그러나 그는 은퇴할 때까지 박사학위를 받지 않았다. 은퇴 후에도 오기형 교수는 자신이 시작했던 인간교육학회를 통한 연구를 세상을 떠나기 불과 며칠 전까지도 멈추지 않았다. 교육을 통해 인류에 기여하겠다는 그의 열정은 제자들에 의해 이어지고 있다.

컬럼비아대학교에서 같은 유학생으로 오기형을 만났던 김현자는 1953년에 귀국하여 오기형과 결혼했다. 이화여대 재학 시절 YWCA와 인연을 맺었던 김현자는 YWCA 운동을 펼치던 박에스더 선생의 눈에 띄었다. 6·25전쟁 중 미국으로 돌아갔던 박에스더 선생의 초청으로 미국 유학길에 올라 컬럼비아대학교에서 공부를 마치고, 미국 YWCA의 주선으로 4개월 동안 14개국을 순방하게 되었다. 그때 김현자는 24세였다. 김현자는 귀국 후 평생을 YWCA 활동을 위해 헌신했다. 나중에 여러 차례 고사 끝에 국회의원이 되어 주로 여성계를 위한 입법 등 8년간의 의정 생활을 하게 되었지만, 김현자의 고향은 평생 YWCA였다. 김옥라와 김현자는 당시 흔치 않았던 여성계의 리더로서 수십 년간을 서로 존경하는 사이로 지냈다. 박에스더, 김신실, 고황경 등 우리나라 1세대 여성 활동가들의 사랑과 신뢰를 한 몸에 받았던 것도 같았고, 유창한 영어를 구사할 수 있었던 것도 같았다. 김옥라가 미국 걸스카우트의 초청으로 미국과 유럽을 돌아볼 기회가 있었다면, 김현자는 미국 YWCA의 주선으로 세계를 돌며 시야를 넓힐 수 있었다. 모두 1950년대의 일이었다. 이 두 사람이 사돈이 된 것이었다.

라익진, 김옥라 그리고 오기형, 김현자…… 이들은 받는 것보다 주는 것이 얼마나 더 행복한 일인지를 알았던 사람들이고, 나를 위해 나라에 자꾸 무엇을 요구하기보다 나라를 위해 내가 무엇을 할 것인지를 계속 고민하고 실천하는 삶을 살았던 사람들이다. 오늘의 대한민국을 있게 한 이들과 함께할 수 있었던 것은 라제건에게는 축복이기도 했지만, 엄청난 부담이기도 했다.

Chapter 44

아무도 가지 않은 길을 걷는 설렘과 두려움

　내 유익만을 추구하며 편안하고 안락한 길을 걷지 않고, 모두의 유익을 위해 험하고 고단한 길을 기꺼이 걸어온 사람들. 세상은 그들에 의해 조금씩 진보하고 조금씩 밝아졌다. 그들은 그 자신들이 선택했던 길이 최선이었을 것이고, 그래서 그들은 행복했을 것이었다. 라제건은 그렇게 믿었다. 자신이 믿는 일을 위해 최선을 다하고 사는 것이, 그래서 그가 사는 세상이 조금 더 아름답게 될 수 있다면 그것이 자신에게 행복을 가져다주는 삶이라고 생각했다.

라제건이 공장을 시작할 때 고강도 알루미늄 튜브를 만드는 데 상당한 실력을 갖춘 듯한 엔지니어를 만났다. 저 정도면 나에게 큰 도움이 되겠다 싶었다. 누가 봐도 마스터급이었다. 라제건은 그를 굳게 믿고 의지했다. 그런데 몇 달 지나다 보니 아무래도 불안했다. 그 엔지니어에게 다가가 앞으로 매일 공장으로 출근하겠다고 했다. 그랬더니 그가 라제건을 빤히 바라보며 말했다.

"그래, 부잣집 막내 도련님이 이 험한 현장에서 며칠이나 견디나 두고 봅시다."

같잖다는 눈빛이었다. 아무것도 모르면 지켜만 볼 것이지 왜 간섭하려 드느냐는 투였다. 라제건은 지금도 그 모습이 눈에 선하다. 그는 아무런 말도 하지 못했다.

그의 눈에 라제건은 철없는 부잣집 막내 도련님으로 보이는 게 당연했다. 고생 모르고 자라 미국 유학을 마친 뒤 대기업과 은행에서 일하던 사람이 어느 날 갑자기 공장을 하겠다고 나섰으니 누구라도 이런 시각으로 볼 수밖에 없었다.

대학 입시를 마치고 친구들이 모여 각자의 미래에 관해 이야기했다. 무엇을 추구하며 살 것인지에 관한 토론이 밤새 계속되었다.

"나는 적어도 돈을 버는 것이 목표가 될 수는 없을 것 같아."

무심코 툭 던진 라제건의 이 한마디에 왁자지껄하던 분위기가 싸늘해졌다.

"야, 내가 너 같은 환경에서 자랐다면 나도 그런 말 할 수 있어."

"너 춥고 배고프고 가난해서 서러운 게 뭔지 아나?"

"네가 고생을 안 해봐서 그런 말 하지. 세상 절대 만만한 거 아니다."

친구들은 전부 라제건의 말을 성토하고 나섰다. 그는 친구들에게 반박할 수 없었다. 자신의 집이 굉장한 부잣집도 아니었고, 대단한 권력을 가진 집도 아니었지만, 가난과 결핍을 모른 채 각별한 혜택을 누리며 산 것 또한 부인할 수 없었기 때문이다. 아버지는 라제건이 어렸을 때부터 국전이나 국화 전시회 같은 데를 매년 데리고 다녔다. 왜 저건 입선이고 이건 특선이지? 작년과 올해는 뭐가 다르지? 생각하는 훈련을 한 것이다. 한글보다 악보를 먼저 배웠다. 음악, 미술과 자연스럽게 친해질 수 있었다. 대학 시절까지 알고 싶거나 보고 싶거나 듣고 싶은 게 있으면 얼마든지 누리고 접하며 자랄 수 있었다. 공장을 짓고 건물을 세우면서도 아름다움이라는 개념을 적용하고 예술과 환경을 머릿속에 떠올릴 수 있었던 건 어릴 적부터 몸에 밴 이런 기억이 있었기에 가능했다. 그는 돈과 권력에 대한 거부감이 컸다. 돈 많은 자와 힘 있는 자의 거들먹거림은 그냥 참고 봐 넘길 수 없을 만큼 싫어했다. 그리고 아버지 덕분에 주변에서 돈과 권력을 가졌던 사람들의 삶의 허망함에 대해 많이 보고 자랐다. 하지만 그것은 돈과 권력을 추구하지 않아도 사는 데 불편이 없을 만한 환경에서 자랐기 때문이기도 하다. 그런 여건과 환경은 전부 부모님이 만들어주신 거였다.

그래서 라제건은 늘 동시대를 살아온 사람들에게 부채 의식이 있었다. 뭔가 빚을 진 느낌이었다. 많은 혜택을 받으면서 자랐기에 자신만큼 혜택을 받지 못한 사람들을 위해 노력하는 것은 자신의 의무라고 생각했다. 공장을 잘 운영해서 직원들과 행복을 나누고, 기업의 영향력을 키워 이웃들과 행복을 나누며, 세계 최고의 제품을 만들어 국가와 기쁨을 나누는 거라고 판단했다. 온 세상 사람이 DAC를 통해 즐거

위할 수 있다면 그 빚을 갚는 것이라고 여겼다.

세계를 무대로 삼은 것은 라제건의 꿈이기도 했지만, 부모님의 꿈이기도 했다. 겨우 김과 미역 같은 걸 수출하던 시절, 외국에 눈을 돌린다는 건 쉽지 않은 일이었다. 김옥라 여사가 생의 마지막에 자원봉사에 심혈을 기울인 것은 걸스카우트 운동과 감리교 여성연합회 일을 하면서 선진국의 시민운동이 시민들의 순수한 자원봉사로 이루어지고 있다는 사실을 체험했기 때문이었다. 자원봉사의 힘이 곧 선진국의 힘이라는 걸 절실히 느낀 것이다. 아버지는 기업을 통해, 어머니는 자원봉사를 통해 세상에 선한 영향력을 끼치고 나라에 애국하는 방법을 알려 주었다. 라제건은 부모님이 뿌린 씨앗을 자신이 열매 맺게 할 책임이 있다고 생각했다. 이것이 그의 소명 의식이었다.

DAC의 지난 30년이 세계 최고의 제품을 생산해 직원들을 행복하게 만들고 이웃에게 유익을 끼치며 나라에 애국하는 것이었다면, DAC의 향후 30년은 DAC와 헬리녹스와 JakeLah 브랜드를 통해 세계 시장을 선도하면서 온 세상 사람들을 즐겁고 행복하게 만들며 대한민국에 자긍심을 심어주는 일이 될 것이다. CSR이나 ESG를 넘어 기업과 사회가 만나 하나의 지향점을 향해 동행하는, 즉 영리와 비영리의 조화를 통해 미래 사회에 더 나은 가치를 만들어 내는 데 집중하게 될 것이다.

이를 위해 지금 DAC에서 열정을 쏟고 있는 것은 JakeLah와 DAC VN이다.

"새로운 시장을 개척하고, 수요를 창출하고, 가치를 만들어 내려면 새롭게 도전해야 합니다. 지금 회사가 잘되고 있으니까 편안하게 유지만 하면 된다는 생각은 위험합니다. 그동안 회장님의 영업 방식은 고차원적이었습니다. 나비가 꽃을 찾아오게 만드는 방식이었죠. 그러나 이제는 나비가 있는 곳을 찾아가 꽃을 피우는 방식도 필요합니다. 절대 안주하지 않는 CEO가 있다는 것만으로도 DAC의 앞날은 밝습니다. 모두가 반대해도 미래를 보고 해야 할 일이 있습니다. 그래서 CEO는 고독한 결단을 하는 존재이죠. 향후 헬리녹스는 백패커들을 상대로 한 캠핑용품을 생산하는 데 주력할 것이고, JakeLah는 새로운 빅 텐트 시장을 만들어나갈 겁니다. 기존 빅 텐트는 용역 업체에서 설치하는 개념인데, 우리가 만드는 빅 텐트는 두세 명이 간단히 설치하고 철거할 수 있는 구조입니다.

DAC VN, 즉 베트남 공장은 훨씬 안정적인 생산 거점으로 자리 잡을 겁니다. 우리가 베트남으로 가는 이유는 자명합니다. 한국의 기업 환경이 예전처럼 좋지 않습니다. 임금 수준이나 노동 환경 그리고 각종 규제 등에서 베트남이 기업을 하기에 더 좋은 환경이죠. 인구가 많아서 내수 시장도 큽니다. 노동 인구 평균 연령도 30대로 아주 젊고요. 우리나라는 이미 초고령사회죠. 생산 인구도 적습니다. 베트남은 성장 가능성이 매우 큰 곳입니다. 세계를 무대로 나가려면 글로벌 전진기지가 있어야 합니다. 인천 공장은 3000평이지만, 베트남 공장은 1만 5000평입니다. 그중 3분의 1은 숲으로 가꿀 예정입니다. 숲속의 공장이 될 겁니다. 인천은 아름다운 공장, 베트남은 숲속의 공장이죠. 베트남 사람들에게 사랑받고 그들이 자랑스럽게 생각하는 공장이 되는 것이 목표 중 하나입니다. JakeLah 브랜드가 어떻게 진화할지 정말 기대됩니다. DAC VN이 성장하는 만큼 DAC가 성장할 겁니다."

DAC의 미래를 설계 중인 JKL Corporation 박찬영 사장의 꿈도 만만치 않았다.

　DAC의 미래인 베트남 공장은 현재진행형이다. JKL Corporation에서 생산 기술 지원을 담당하고 있는 박동오 이사는 베트남 현지에 머물며 같은 꿈을 꾸고 있다.

　"기계 설비는 풀 세트로 완비됐지만, 베트남 직원들을 교육하면서 생산을 테스트하는 중입니다. 공장이 하노이에서 차로 1시간 10분 정도 떨어진 곳에 있습니다. 한적한 시골이죠. 현재 5개 동의 건물이 완공되었는데, 규모가 인천보다 훨씬 크니까 정상적으로 생산이 이루어지면 굉장할 겁니다. 베트남 사람들이 순수하고 때가 묻지 않았어요. 일하는 태도도 적극적이고요. 누구 눈치 보지 않고 아주 즐겁게 일하는 모습이 인상적이었습니다. 활기가 넘치는 공장을 보면 대단히 희망적입니다."

　라제건 회장의 아버지는 고민이 있어도 혼자서 조용히 삭이는 성품이었지만, 어머니는 감정을 드러내놓고 푸는 성품이었다. 그래서 어머니는 눈물도 참 많이 쏟으셨다. 이를 보며 라제건 회장은 용감한 사람은 울지 않는 사람이 아니라 울면서도 주저앉지 않는 사람이라는 걸 깨달았다. 꿈이 있다면, 그 꿈이 분명하다면 울면서도 계속 가야만 한다. 설령 내가 살아 있는 동안 그 꿈이 이루어지지 않는다고 해도 내가 놓은 초석 때문에 누군가가 그것을 밟고 일어서 또 하나의 꿈을 이루게 될 것이다.

　2018년 여름 독일에 출장 갔다가 막 귀국한 라제건 회장은 부랴부랴 강연이 열리는 홀로 달려가 많은 청중 앞에서 연설하게 되었다.

'세상을 바꾸는 시간 15분'이라는 프로그램에 출연하기로 약속이 되어 있었기 때문이다. 아름다운 공장에 관해 강연을 이어가던 그는 청년이 대부분인 청중을 향해 다음과 같은 질문을 던졌다.

"젊은 분일수록 미래에 대한 불안은 사실 더 크리라고 생각합니다. 저도 그랬었고요. 그러나 여러분들 가슴을 뛰게 할 만한 그런 어떤 목표를 잡아 놓고 평생을 밀고 나가면 반드시 그 꿈은 이루어지리라고 저는 그렇게 믿습니다. 여러분들이 평생을 끌고 가고 싶은 여러분들의 꿈은 무엇입니까?"

Part 6

영리와 비영리의 아름다운 랑데부

Chapter 45

통제력과 영향력이
곧 힘이다

라제건 회장이 겪은 젊은 시절 경험 중 하나다. 어느 날 버스를 탔
다. 딱 한 군데 자리가 비어 있었다. 얼른 다가가 앉으려다 멈칫하고
는 그냥 자리를 비워두었다.

'다음 정류장에서 노인이나 임신부가 타면 앉을 수 있도록 비워두
는 게 좋겠어.'

이렇게 생각했기 때문이다. 사회적 약자에 대한 작은 배려였다.

그런데 다음 정류장에서 노인과 임신부는 타지 않았다. 대신 어떤 청년이 타더니 자신이 비워둔 자리에 떡하니 앉아버렸다. 그의 배려가 무색해지는 순간이었다.

그다음 정류장에서 한 노인이 버스에 올랐다. 노인은 앉을 자리가 없어 손잡이를 잡고 힘겹게 서 있었다. 자신이 비워둔 자리에 앉았던 청년은 본체만체했다. 노인에게 자리를 양보할 의사가 없어 보였다.

그러나 그 자리는 이미 라제건의 자리가 아니라 청년의 자리였고, 그가 자리를 양보할 의사가 없는 이상 아무리 노인과 임신부가 탔다 하더라도 강제로 일어나라 마라 할 수는 없는 노릇이었다.

그보다 더 어렸을 때 경험했던 일화도 있다. 라제건보다 열 살쯤 어린 미국인 남매가 있었다. 부모님은 남매에게 똑같은 금액의 용돈을 주었다. 그렇지만 오빠는 늘 돈이 없어 쩔쩔맸고, 여동생은 언제나 돈을 많이 가지고 있었다. 오빠는 군것질하고 싶거나 뭔가 갖고 싶은 게 있을 때면 동생에게 가서 돈을 좀 꿔달라고 사정했다.

이들 남매를 재미있게 관찰하던 한 어른이 여동생에게 다가가 물어봤다.

"왜 오빠는 언제나 돈이 없는데, 너는 돈이 많은 거니?"

그러자 동생이 간단명료하게 대답했다.

"He spends and I save."

같은 용돈을 받았지만, 오빠는 받는 대로 써버려 돈이 없었고, 여동생은 쓰지 않고 모아두어 돈에 여유가 있던 것이었다. 시작은 같았으나 결과는 무척 달랐다.

라제건 회장은 최진석 교수와 자주 만난다. 그가 개설한 강의를 듣고, 중요한 일이 있을 때 의논도 하기 위해서다. 최진석 교수는 정년이 보장된 서강대학교 철학과 교수직을 일찍 물러나 사단법인 새말새몸짓 이사장으로 활동하면서 고향인 전남 함평에 호접몽가(胡蝶夢家)를 지어 기본학교를 운영 중인 도가철학자다. 철학자와의 교류는 사업가로서 라제건 회장의 사유 세계를 넓히는 데 큰 도움이 되고 있다.

"힘이 뭘까요? 저는 힘은 통제력과 영향력이라고 정의합니다. 힘은 내가 통제할 수 있어야 합니다. 상황을 통제할 수 있어야 한다는 것이죠. 그리고 그게 좋은 것이라면 영향력을 미칠 수 있어야 합니다. 영향력이 없다면 힘이라고 할 수 없겠죠."

어느 날 강의 중에 최진석 교수는 이런 말을 했다. 힘은 통제력과 영향력이라는 그의 정의를 들으며 예전에 자신이 경험했던 두 가지 에피소드가 생각났다.

버스에 자리가 났을 때 그냥 앉아 있었더라면 나중에 노인이나 임신부가 탔을 경우, 기꺼이 자리를 양보할 수 있었을 것이다. 그러면 사회적 약자에 대한 그의 작은 배려는 충분히 의미 있게 발휘될 수 있었다. 자리가 있을 때 자리에 앉아 언제든 양보가 가능한 기회를 확보하는 것, 그것이 통제력이고, 기회가 왔을 때 자리를 기꺼이 양보하는 것, 그것이 영향력이었다. 그는 통제력을 미리 놓아버리는 바람에 기회가 왔을 때 영향력을 발휘할 수 없었다. 통제력을 상실하면 영향력도 상실할 수밖에 없는 것이다. 미국인 남매도 마찬가지였다. 부모님께 받은 용돈을 성실히 모아두는 건 통제력을 갖추는 일이다. 나중에 필요할 때 적절히 돈을 사용하기 위해서는 쓰고 싶어도 참고 모을 줄 아는 통제력이 필요하다. 여동생은 통제력을 가지고 있었기에 오빠에게 영향력을 발휘할 수 있었다. 이에 반해 오빠는 돈만 생기면 바로 바로 다 써버렸기에, 즉 통제력이 없었기에 돈이 필요할 때 동생에게 부탁할 수밖에 없었다. 이렇듯 힘이란 통제력을 가지고 상황을 제어할 수 있을 때라야만 제대로 영향력을 미칠 수 있는 것이다. 오래도록 남아 있던 의문의 실마리가 풀리는 느낌이었다.

라제건 회장은 힘을 무척 싫어했다. 힘이라는 말과 그것이 갖는 의미 모두에 강한 거부감을 가지고 있었다. 힘은 나쁜 거라고 여겼다. 남을 억압하고 강제하고 못되게 만드는 게 힘이었다. 돈도 싫어했다. 남을 억압하고 강제하고 못되게 만드는 데 돈이 큰 역할을 한다고 생각했다. 돈이 있으면 거들먹거리게 되고, 돈의 힘으로 누군가를 못살게 한다고 믿었다. 사업을 하면서도 이런 인식이 깔려 있었다. 힘을 갖기 싫어하고 돈을 멀리하는 CEO, 그러니 그는 보통의 CEO라기 보다는 미지의 세계를 열어가는 개척자 혹은 새로운 제품을 만들어 내는 개발자에 가까웠다.

그런데 최진석 교수의 강의를 듣고 나서 생각이 바뀌었다. 그동안 자신이 힘에 관해 잘못 생각하고 있었다는 걸 깨달았다. 힘 자체가 거부감의 대상일 필요는 없었다. 힘을 잘 쓰기만 하면 얼마든지 긍정적인 결과를 가져올 수 있고, 세상을 아름답게 만들 수 있다고 생각하게 된 것이다. 통제되지 않는 힘, 통제할 수 없는 힘, 선한 영향력을 끼칠 수 없는 힘, 악한 영향력만 발휘하는 힘이 문제일 뿐이었다. 통제력과 영향력을 제대로 발휘하기만 한다면 힘이 있는 것과 돈을 가진 것은 얼마든지 장점이 될 수 있었다. 그렇게 쓴다면 힘은 필요한 것이다. 돈도 필요한 것이다. 기업을 하면서 돈을 버는 것에 대해 고민하고 갈등할 필요가 없다. 정당한 방법으로 선의의 경쟁을 해서 돈을 벌고 이에 대한 통제력을 가지고 있으면 그걸 가지고 이웃과 사회와 국가를 위해 선한 영향력을 펼칠 수 있다. 힘은 그렇게 쓰면 된다.

그는 아버지 생각이 많이 났다. 라익진 박사는 공직을 맡게 되자 벌여놓은 사업을 다 정리하고, 집을 지으려 설계해놓은 것까지 취소한 다음 공직에 들어갔다. 남에게 의심을 살 만한 여지를 주지 않기 위해서였다. 공직에 있는 동안 매일 살얼음 위를 걷는 것처럼 신중하게 처신했다. 그에게 힘이 생겼기 때문이다. 힘을 쓸 수 있는 공직의 칼이 손에 쥐어진 순간부터 그는 노심초사했다. 혹시 그 힘을 잘못 쓰게 될까 봐, 혹시 그 칼을 잘못 휘둘러 누군가에게 해를 끼칠까 봐 조심하고 또 조심했다. 어머니는 장바구니를 들고 장을 보러 다녔다. 아버지는 한 번도 어머니 쓰라고 관용차를 내준 적이 없다. 동네 아주머니들이 장관 사모님이 장바구니 들고 장 보러 다닌다고 수군거릴 정도였다. 라익진 박사는 공직에서 물러나며 주어진 칼을 다시 칼집에 넣어 반납할 때까지 그 마음과 자세를 잃지 않았다. 라제건 회장은 아버지처럼 힘을 쓴다면 힘은 악한 것이 아니라 선한 것일 수 있다고 생각했다.

세계에서 가장 영향력 있는 경영 석학이자 베스트셀러 작가인 짐 콜린스는 한국어로 『성공하는 기업들의 8가지 습관』이라는 제목으로 번역된 책 『Built to Last: Successful Habits of Visionary Companies』에서 다음과 같이 말했다.

"경영대학원에서 가르치는 원리인 주주의 부의 극대화 또는 수익 극대화는 비전 기업들의 역사를 볼 때 그들의 주요 목표나 그 목표를 달성하게 하는 힘은 아니었다. 그렇다. 그들은 이익을 추구했으나 동시에 핵심 이념—돈 버는 것 이상의 핵심 가치와 목적의식—에 의해 인도되었다. 하지만 모순되게도 비전 기업들이 그들보다 더 이익을 추구한 비교 기업들보다 더 많은 돈을 벌었다."

정말 성공한 회사는 돈을 좇아 달려간 회사가 아니라 그보다 더 나은 가치와 목적을 위해 매진한 회사였다는 것이다. 통제력과 영향력을 제대로 행사할 줄 아는 바른 가치와 목적을 가진 기업이 우리가 추구해야 할 비전 기업이라는 말이다.

신약성경에 달란트 비유가 나온다. 어떤 사람이 외국에 가면서 종들에게 자기 소유를 맡기고 떠난다. 각각 재능대로 금 다섯 달란트, 두 달란트, 한 달란트씩을 맡겼다. 나중에 그가 돌아와 종들을 불러 맡긴 소유가 어떻게 되었는지 확인한다. 다섯 달란트와 두 달란트 받은 종은 장사를 잘해 배를 남겼기에 잘했다고 크게 칭찬받는다. 그런데 한 달란트 받은 종은 받은 돈을 땅에 감춰두었다가 그대로 한 달란트를 가져옴으로써 주인에게 악하고 게으른 종이라 크게 꾸중을 듣고 쫓겨난다.

라제건 회장은 자신이 남들보다 좀 더 좋은 환경에서 자라 큰 어려움 없이 공부하고, 작지만 튼실한 기업을 일구었으니 다섯 달란트쯤 받은 종일 거라고 여겼다. 따라서 누구보다 열심히 일하고 땀 흘려서 그에 상응한 결과를 남기는 것이 자신에게 맡겨진 역할을 다하는 일이라 생각했다. 그러기 위해서는 통제력을 발휘할 수 있는 위치에 있어야 한다. 그래야 선하고 아름다운 영향력을 행사할 수 있다. 요즘 라제건 회장은 이런 생각을 많이 한다. 주위를 둘러보면 좋은 뜻을 가진 사람들, 조금만 도와주면 금방 일어설 수 있는 사람들, 선한 생각이 가득함에도 주변 환경이 여의치 않은 사람들이 참 많다. 그런 사람들에게 힘이 되려면 내가 힘을 기르고, 그 힘을 통제할 수 있는 능력을 갖춰야 한다. 그가 힘을 가져야겠다고 생각한 이유다.

Chapter 46

나눔 속에 진정한 행복이 있다

라제건이 대학생 시절 강문득 명인을 만나 가야금을 배울 때 일이다. 그는 고생을 많이 하며 자라 몸이 허약한 데다 결핵으로 인한 고관절염이 있어 거동이 매우 불편했다. 급기야 몸져누워 일어서기도 어려운 지경이 되었다. 나중에는 증세가 심해져 사경을 헤맬 정도였다. 그런데도 돌보는 사람이 아무도 없었다. 강문득 명인에게 가야금을 배우던 제자들이 모였다. 대부분 교수였고 막내 격인 사람이 박사 과정에 재학 중이었다. 안타까움을 토로하며 실컷 이야기하던 사람들이 시간이 지나자 라제건에게 "이분은 꼭 살려야 해요. 잘 부탁해요"라고 말하며 하나둘 자리를 떴다. 그때부터 강문득 명인을 돌보는 일은 라제건의 몫이 되었다. 그는 모아둔 돈을 다 털어 작은 전세방하나를 얻어 강문득 명인을 모셨다. 집주인이 이틀에 한 번꼴로 라제건에게 "송장 치우라"며 전화를 했다. 그는 강문득 명인을 모시고 병원을 전전하면서 간호했지만, 시간이 지날수록 한계를 절감했다.

하는 수 없이 그는 어머니께 도움을 구했다. 어머니에게서 이야기를 전해 들은 아버지는 동아일보 이동욱 회장에게 연락했고, 얼마 지나지 않아 하금열 기자에게서 전화가 왔다. 자초지종을 알게 된 하금열 기자는 동아일보에 기사를 실어주었다. 가야금 명인의 안타까운 사연과 함께 도움의 손길을 부탁한다는 기사였다. 이 동아일보 기사덕분에 강문득 명인은 국립의료원에서 치료를 받고, 다음 해에 생애 첫 독주회를 열게 된다. 애절한 내용의 기사가 실리고 나니 신문사로 성금을 보내주겠다는 연락들이 왔다. 하금열 기자는 라제건에게 주소를 전해주며 직접 가서 받으라고 했다. 그때는 온라인 송금이 일반화되지 않아 돈을 주고받으려면 사람을 만나야 했다. 라제건이 찾아간 사람은 30명가량이었다. 그가 만난 사람 중 부자는 한 사람도 없었다. 사는 게 녹록하지 않은 서민들이었다. 이태원 윤락가를 세 번 방문했고, 청량리와 의정부에 있는 윤락가도 찾아갔다. 나이 든 여자들이었다. 그들은 허름한 방으로 들어오라고 한 뒤 라제건을 붙잡고 한참이나 푸념을 늘어놓았다. 죽도록 고생하며 살아온 지난 세월에 대한 회고였다. 그런 다음 연탄 100장 사라고, 쌀 몇 말쯤 사라고 돈 1만원을 건네주었다. 그렇게 모은 돈이 35만 원 정도 됐다.

그때 성금을 모으러 다니면서 라제건은 중요한 걸 깨달았다. 예전에 힘들게 살았고 지금도 형편이 여의치 않은 사람이 다른 사람의 아픔에 공감하면서 기꺼이 지갑을 연다는 사실이었다. 가난을 체험해본 적 없는 사람이나 사는 데 그다지 어려움을 느끼지 않는 사람은 다른 사람의 고통에 쉽게 공감하지 못한다는 걸 알게 되었다. 돈과 시간이 많다고 해서 그 돈과 시간을 남을 돕는 데 쓰는 게 아니라는 것을 분명하게 느꼈다. 배고픈 설움은 배를 곯아본 사람이 알고, 병마와 싸우는 고초는 몸이 아파본 사람이 아는 법이다. 누군가를 돕는 것, 남을 위해 지갑을 여는 것, 다른 사람에게 흔쾌히 손을 내미는 것은 공감이 없으면 할 수 없는 일이다. 공감이란 상대방의 처지를 가엽게 여기는 마음, 즉 맹자가 말한 측은지심(惻隱之心)과도 일맥상통한다. 그 일이 있고 난 뒤 그의 가슴속에는 근원적인 질문 하나가 생겨났다.

'돈 많은 사람은 왜 어렵고 가난한 사람의 힘겨운 삶에 공감하지 못하는 걸까?'

이때의 교훈을 마음에 새긴 라제건은 지난 30여 년 동안 해마다 DAC 평균 매출액 대비 0.64퍼센트, 순이익 대비 4.61퍼센트를 기부해왔다. 그중 상당액은 각당복지재단에 보내져 재단을 통해 사회에 영향력을 확산하는 데 쓰였다. 그 외에도 소외된 이웃이나 북한 동포들을 위해서도 여러 경로를 통해 도움의 손길을 보내고 있다. 헬리녹스 역시 DAC와는 별도로 이와 같은 일을 계속하고 있다. DAC와 헬리녹스의 성장세를 보면 그리고 JKL Corporation과 DAC VN의 미래를 보면 기부금 비율과 규모는 갈수록 커질 것으로 전망된다.

코로나 팬데믹이 오기 전까지는 매달 회사 직원들이 영등포 사회복지관을 방문해 노인들에게 생일잔치를 해주기도 했으며, 다문화가정 어린이집을 다달이 방문하기도 했다. 독거노인들이 거주하는 참사랑 복지관에는 매년 설과 추석에 지원금을 보내고 있다. 라제건 회장의 경영 철학과 각당복지재단 김옥라 명예 이사장의 나눔 정신을 잘 알고 있는 DAC 직원들 중에는 알게 모르게 나눔의 손길을 펴는 사람이 많다.

영업부 이경란 부장도 그중 한 사람이다. 그녀가 DAC에 입사하게 된 사연은 좀 특별하다. 하루는 라제건 회장이 어머니에게 전혀 하지 않던 뜻밖의 부탁을 했다.

"재단 봉사자 중에 한 사람만 찾아주세요. 오랫동안 일할 사람이 필요합니다."

그는 한번 인연을 맺으면 어지간한 일이 없는 한 오래도록 같이 일하기를 원했다. 그런데 젊은 직원들은 일 좀 익히고 정들 만하면 부득이한 일이 생겨 그만두는 경우가 있었다. 그래서 자원봉사를 하는 사람이면 순수하고 성실하리라 생각해 어머니께 부탁한 것이었다. 그렇게 해서 어머니가 소개한 사람이 이경란 부장이었다.

그녀는 1997년 어느 날 신문을 뒤적이다가 눈길을 사로잡는 기사 하나를 봤다.

'예쁜 옷 안 입고 맛있는 거 안 먹어도 되니까 엄마, 아빠와 같이 살게 해주세요.'

이런 기사였다. 초등학교 3학년인 가영이와 1학년인 순길이는 만성 폐렴과 천식이 있는 아빠, 손목뼈 기형인 엄마와 함께 살고 있었다. 집이 곧 철거당할 상황이 되자 아빠, 엄마는 아이들을 보육원에 보내기로 했다. 이 말을 들은 가영이가 신문사에 도움을 요청해 이런 기사가 난 것이었다. 이경란 부장은 가영이를 도울 방법을 찾았다. 그러고는 생필품을 사서 가영이 집을 찾아가 아이들을 만났다. 생애 첫 차를 사려고 모아둔 돈 600만 원을 가지고 가영이 가족이 살 방 두 칸짜리 전세를 얻어 이사하게 했다. 그녀는 남에게 선뜻 도움을 베풀 만큼 형편이 넉넉하지 않았다. 홀어머니를 모시고 대학생 동생과 함께 살고 있던 그녀는 사실상 처녀 가장이었다.

이 일을 계기로 그녀는 봉사활동에 뛰어들게 되었다. 보육원을 찾아 아이들 과외공부를 시켜주고, 복지관을 방문해 어르신들을 돌봐 드렸다. 그러다 호스피스 교육을 받기 위해 간 곳이 각당복지재단이었다. 그곳에서 김옥라 명예 이사장의 눈에 띈 것이다. 갑자기 연락을 받은 그녀에게 라제건 회장의 어머니는 좀 도와달라고만 말했다. 아들 회사에 취직해서 일을 좀 해달라는 이야기인 줄은 전혀 몰랐다. 비정기적으로 영어 번역 일을 하면서 열심히 봉사활동을 하던 그녀는 당연히 취직할 생각이 없었다. 라제건 회장은 그녀를 끈질기게 설득해 회사에 출근하도록 만들었다. 처음 입사 조건은 회사에 다니면서도 봉사활동을 할 수 있게 해준다는 것이었다. 물론 회사 일이 바빠지고 업무에 적응하면서 매일 출근할 수밖에 없게 되었지만, 그녀는 DAC에 다니면서 남편을 만나 결혼도 하고 아이들도 낳아 단란한 가정을 이루었다. 지금도 그녀는 우간다, 수단, 에티오피아에 있는 세 명의 아이를 후원하고 있다. 그사이 가영이와 순길이는 대학을 졸업한 뒤 어엿한 사회인이 되었다. 한 사람의 선행이 한 가족의 삶을 바꾸었고, 자신의 인생까지 빛나게 바꿔놓은 것이다.

"다시 그때로 돌아간다고 해도 같은 선택을 할 것 같습니다. 눈에 보이는 것보다도 다른 사람을 배려하는 선택을 하게 되면 그게 나에게 돌아오는 것 같습니다."

생애 첫 차를 사기 위해 모아둔 돈을 일면식도 없던 다른 사람을 돕기 위해 내놓는다는 건 결코 쉬운 일이 아니다. 이경란 부장은 다시 그 순간으로 돌아간다 해도 같은 선택을 할 거라고 했다. 이런 사람이 오랫동안 행복하게 일하는 회사, 그런 직원과 함께 매일 신바람 나게 일하는 CEO는 얼마나 행복할까 하는 생각이 들었다. 그녀의 남편은 라제건 회장이 세계 최고 수준의 텐트 패턴사라고 기회 있을 때마다 자랑하는 최준석 상무다. 중국어를 전공한 그녀의 아들 역시 JKL Corporation에서 일하고 있다.

어떤 나라가 선진국인가 아닌가를 구분하는 기준 중 하나는 그 나라에 남을 돕는 문화가 있느냐 없느냐 하는 것이다. 기부와 나눔 같은 이타적 행위가 자연스럽게 이루어지는 나라는 선진국이다. 후진국일수록 자기만 더 많이 갖겠다는 극단적 이기주의가 만연해 있다. 서로 돕고 베푸는 국민이 있어야 그 나라가 성숙한 사회로 발전할 수 있다. 소유가 많아야 행복해지는 게 아니라 나눔이 많아야 행복해진다.

생전의 김옥라 여사는 늘 감사하는 마음으로 이웃과 나누는 삶을 실천했다. 힘들고 어렵고 괴로웠던 기억은 떠올리지 않으려 했고, 고맙고 기쁘고 감사했던 일만 기억하려 애썼다. 일제 강점기에 태어나 식민지 백성으로 살면서 태평양전쟁을 경험했고, 6·25전쟁 때 죽음의 위기를 넘기면서 가난과 질곡의 세월을 살아왔기에 힘들고 어렵고 괴로웠던 기억이 얼마나 많았겠는가? 하지만 김옥라 여사는 자신의 인생이 참 행복했다고 고백했다. 모든 것을 나누는 삶에서 진정한 행복을 느낀 것이다.

돌아가시기 얼마 전 저녁 식사 중 라제건 회장이 어머니께 말했다.

"어머니는 정말 행복한 할머니이신 것 같아요."

김옥라 여사는 고개를 끄덕끄덕하며 대답했다.

"행복해. 나는 참 행복한 할머니야."

Chapter 47

자원봉사는 나 자신이
행복해지는 길

    라제건 회장은 2015년 2월 각당복지재단 이사장에 취임했다. 1986년 라익진 박사와 김옥라 여사가 우리나라 최초의 자원봉사자 전문양성기관으로 설립한 한국자원봉사능력개발연구회는 라익진 박사가 별세한 이듬해인 1991년 법인 명칭을 라익진 박사의 호를 딴 각당복지재단으로 변경했다. 30년 동안 불모지나 다름없던 대한민국이라는 토양에 자원봉사의 씨앗을 뿌리고 가꿔온 김옥라 여사는 명예 이사장으로 은퇴했다. 2021년 3월부터는 라제건 회장의 아내인 오혜련

씨가 회장으로 일하고 있다. 아버지가 세우고 어머니가 일군 재단을 막내아들과 며느리가 이끌어가게 된 것이다. 종로구 경희궁1길에 있는 각당복지재단 건물은 김옥라 여사가 자택 부지 일부를 떼어 재단에 기부함으로써 마련되었다. 자택과 재단은 마당을 사이에 두고 마주해 있다.

"넷째는 사람이 너그럽죠. 온 세계에 대해서 관대해요. 세계를 보려고 하고요. 그런 넓은 마음이 있어요. 아버지 돌아가시고 제가 혼자 살기가 힘들어서 제건이가 미국 출장 간 사이에 막내며느리 혜련이에게 들어와서 함께 살자고 했지요. 그래서 같이 살죠. 재단이 20년쯤 됐을 때 사무실을 만들자고 해서 땅은 제가 내놓고 건물은 넷째가 지었어요. 우리 집터가 300평이에요. 제가 100평을 각당복지재단에 기증했어요. 사무실 건물 지하가 강당이고, 꼭대기가 상담실인데, 거기서 지금껏 교육받은 사람이 몇만 명 돼요. 가운데 정원이 정말 예뻐요. 저는 아주 마음이 풍성하고 좋아요. 앞으로도 두 부부가 자기 가정일처럼 생각하고 복지재단을 키워주려니 생각하고 있죠. 만족해요."

막내아들 내외가 재단을 책임지고 있는 데 대해 김옥라 여사는 만족해했다.

재단 설립 때부터 시작한 자원봉사 공개강좌는 현재까지 이어지고 있다. 자원봉사 정신과 실제에 관한 교육, 자원봉사에 관한 연구, 자원봉사의 영역 발굴 그리고 교육을 완료한 자원봉사자들을 필요한 곳에 적절히 지원하는 일 등을 하고 있다. 무지개호스피스연구회는 호스피스 자원봉사자를 교육하는 팀이다. 호스피스 봉사란 임종에 가까운 말기 암 환자의 신체적, 정신적, 영적 요구에 응하여 그들이 인간의 존엄성을 지키며 두려움 없이 평화로운 죽음을 준비할 수 있도록 사랑으로 돌보는 것을 가리킨다. 아울러 재가 암 환자 및 사별 가족을 보살피는 봉사자를 파견하는 가정 호스피스를 운영하고 있으며, 한국호스피스협의회가 주관하는 호스피스 자원봉사자 자격인증 시험에 본회의 추천을 받아 응시하여 자격인증서를 받도록 돕고 있다. 지금까지 교육을 마친 많은 자원봉사자가 병원과 시설 등에서 봉사하고 있다.

삶과 죽음을 생각하는 회는 죽음에 관한 담론을 확산하기 위해 공개강좌를 시작한 이래 죽음에 대한 이해를 넓히고 죽음으로 인한 슬픔을 치유하려는 다양한 노력을 계속해왔다. 또한 죽음 준비 교육을 통해 많은 사람에게 삶과 죽음을 성찰하고 삶을 좀 더 아름답게 만들어갈 수 있도록 도와주는 일을 하고 있다. 2002년부터 시작한 죽음 준비 교육 지도자 과정과 2007년부터 7년 동안 국내 최초로 진행되었던 웰다잉(Well-Dying) 전문 강사 양성 교육은 한국 사회의 웰다잉 교육 확산에 큰 영향을 끼쳤다. 삶과 죽음을 생각하는 회의 연장선상에서 애도심리상담센터도 운영되고 있다. 애도(哀悼, Mourning)란 사람의 죽음을 슬퍼한다는 뜻으로 의미 있는 애정 대상을 상실한 후에 따라오는 마음의 평정을 회복하는 정신 과정을 총칭한다. 사랑하는 사람의 죽음으로 인해 겪게 되는 정신적 고통과 슬픔을 치유하는 전문가를 양성하는 곳이다. 훈련된 전문 상담가들은 사별한 사람들을 돕기 위한 개인 상담과 사별 애도 집단상담 프로그램을 통해 애도 과정에 동반자로 함께하고 있다.

각당복지재단이 지향하는 바는 교육 그 자체에 있는 게 아니라 교육을 통해 각 분야에 전문적 소양을 가진 자원봉사자를 길러내고, 그들이 곳곳에서 봉사의 손길을 펼치게 함으로써 우리 사회와 공동체에 사랑의 온기를 불어넣는 것이다. 재단 운영에 참여하는 사람들이나 재단의 프로그램에 동참해 교육을 받는 사람들 모두 세상을 바꾸는 힘은 물리적 힘이 아니라 사랑의 힘이라는 것을 믿는 사람들이다.

"자원봉사 정신으로 인류사회에 봉사함으로 사랑의 사회 공동체를 함께 만들어갑니다."

오혜련 회장을 만나기 위해 붉은 벽돌로 지은 각당복지재단에 들어섰을 때 맨 처음 맞닥뜨린 글귀다. 김옥라 여사가 재단을 설립할 때 작성했던 캐치프레이즈다.

"시어머니가 하던 일을 맡으신 건데…… 재단 일이 하실 만한가요?"

"전에는 아이들 키우는 데만 전념했어요. 쉰 살이 됐을 때 아이들이 대학에 들어가자 저도 대학원에 입학했죠. 사회복지를 전공하면서 어머니 일을 돕는 정도였어요. 그러다가 점점 재단 일에 깊이 관여하게 되었어요. 어떤 의식이나 사명 같은 게 생겼다고 할까요? 어머니께서 은퇴하신 후 본격적으로 재단 일을 맡게 되었죠. 생각보다 제 성향에도 맞고, 어머니의 설립 정신과 철학을 이어받아 일하는 게 편안하고 감사해요."

"재단 운영에 어려움은 없으신가요?"

"큰 어려움은 없어요. 재단의 기본 재산이 있는 데다 남편과 아들 회사에서 정기적으로 지원하고 있고 또 후원도 들어오니까요. 어떻게 하면 많은 사람에게 자원봉사 정신을 알리고 교육을 확산해나갈

까 고민 중이에요. 공부가 좀 더 필요해서 서울신학대학교 대학원 박사 과정에서 가족치료 상담이론을 공부하고 있어요."

"현재 재단이 하는 일과 앞으로 해야 할 일은 어떤 게 있을까요?"

"1987년에 보호관찰소와 연계해서 비행 청소년을 상담하는 일을 처음 시작했어요. 그런데 이런 일을 하는 곳이 많아지고, 청소년 인구가 계속 줄어들어서 다른 방향으로 연구가 필요한 실정이에요. 호스피스는 시대 흐름에 맞게 잘 연구하면 교육과 봉사의 기회가 점점 늘어날 것 같아요. 삶과 죽음 교육은 지금 제일 필요한 일이라고 생각해요. 이와 연관된 애도 심리상담은 앞으로 더 집중해야 할 영역이죠."

부모가 하던 일을 자식이 이어받아서 하고, 부부가 하나의 목표를 향해 손발을 맞춰가는 걸 보는 건 늘 아름답다. 그것이 영리와 관계없는 일일 때 더욱 그렇다.

라제건 회장은 2020년 7월 한국자원봉사협의회 상임대표를 맡았다. 한국자원봉사협의회는 전통적으로 전승되고 발전되어 온 한국의 자원봉사를 계승하고 시대 변화에 맞게 자원봉사 정신을 정착시키기 위해 1994년에 자발적으로 만들어진 자원봉사단체 총괄 기구로 현재 125개 회원과 250여 개 협력단체로 구성되어 있다.

그는 상임대표 취임사에서 늘 하던 대로 많은 질문을 던졌다.

"우리가 모인 곳이 한국자원봉사협의회입니다. 그러면 자원봉사란 무엇인가? 자원봉사 단체들이 모인 협의회는 무엇을 하는 곳인가? 협의회가 어디를 향해 나가야 하는가? 이런 문제에 관해 좀 깊이 생각해 보려고 합니다. 저는 시간도 없고 능력도 따라주지 않아 한국자원봉사협의회 일을 도저히 맡을 수가 없다고 했는데, 많은 분이 저에게 중심을 잡고 거기 있어 주기만 하면 된다고 하셨습니다. 중심을 잡고 거기 있어 주는 게 뭘까요? 적어도 우리가 추구하는 가치에서 어긋나지 않고 한 발자국이라도 앞으로 나가는 것이 아니겠습니까?"

라제건 회장이 한국자원봉사협의회 상임대표를 맡자 어머니가 한마디 하셨다.

"네가 이제 데뷔했구나."

30년 넘게 공장과 집을 오가며 DAC에만 파묻혀 살던 사람이 이제야 비로소 사회 전체를 바라보는 위치에 들어섰다는 말씀이었다. 사실이 그랬다. 라제건 회장은 텐트 폴과 텐트에 미쳐 30년 넘는 세월을 꿈처럼 흘려보냈다. 어머니 말씀은 이제 회사 일은 다른 사람에게 좀 맡겨두고 나라와 사회를 위해 더 공헌해야 한다는 의미였다. 돌이켜보니 어머니 말씀이 맞았다. 한국자원봉사협의회 상임대표로 외부 활동을 하면서 많은 사람을 만나보니 우리나라에 참 좋은 분들이 많다고 느꼈다.

자원봉사란 시민사회가 성숙하지 않으면 이루어질 수 없다. 아무 대가도 받지 않고 소중한 돈을 들여서 배우고, 귀한 시간을 쏟아서 타인을 위해 봉사한다는 건 함께 살아가는 사회에 대한 책임감과 시민으로서의 의무감이 없으면 할 수 없는 일이다. 영국에서 시작된 산업혁명 이후 경제력을 갖게 된 자유 시민들이 자신들이 만들어낸 커뮤니티를 스스로 지켜야 한다는 의식을 갖게 되었고, 그 실행방법 중에 하나로 볼런티어(Volunteer), 즉 자원봉사 운동이 시작되었다. 자원봉사는 왕과 영주들이 주인이던 나라에서 시민들이 나라의 주인 역할을 하게 되는 과정에서 생겨난 개념이다. 그래서 자원봉사는 주권

재민의 국가에서 피어나는 꽃으로 비유된다. 전체주의, 사회주의 혹은 공산주의 사회에서는 성립할 수 없는 개념이다. 자원봉사는 나의 행복을 위해 필요한 것이다. 내가 주인인 곳을 스스로 보살피는 것은 너무나 당연한 일이기 때문이다. 따라서 자원봉사는 이 땅에서 살아갈 우리 후손들에게 아름다운 세상을 남겨주기 위해 반드시 해야만 하는 활동이다. 한국자원봉사협의회 상임대표로 일하면서 자원봉사에 관한 라제건 회장의 신념은 점점 더 확고해졌다.

Chapter 48

쌀독을 채우는 일과
쌀독의 쌀을 나누는 일

2020년 10월 21일 온라인으로 열린 제13차 전국자원봉사 콘퍼런스에서 한국자원봉사협의회 라제건 상임대표는 '왜 자원봉사인가?'라는 제목으로 기조연설을 했다.

"여러분은 스스로 주인으로 살아가십니까? 여러분은 함께 살아가는 커뮤니티의 주인입니까? 여러분은 국가의 진정한 주인이라 생각하십니까? 여러분은 국가의 발전이 나의 책임이라고 느끼십니까? ······ 기업 활동이 주로 쌀독에 쌀을 채우는 일이라면 사회복지와 자원봉사는 쌀독의 쌀을 필요한 곳에 배분하는 일이라고 생각하고 있습니다. 쌀독에 누군가 쌀을 채우지 않으면 그래서 쌀독이 비어 있으면 아무리 쌀이 간절히 필요해도 나눠줄 쌀이 없습니다. 저는 쌀독에 쌀을 채우는 일에 혼신의 힘을 다해왔고, 제 어머니께서는 제가 채워드린 쌀독의 쌀을 정말로 소중하게 아껴가며 나눠 오셨습니다. 이제는 그 두 가지 책임을 함께 지게 되었습니다."

이날 라제건 회장이 질문을 던진 것은 사회복지와 자원봉사의 필요성과 중요성을 강조하기 위한 것이었다. 스스로 자기 삶의 주인이라는 주체성을 가진 사람이라면, 그리고 이 사회와 국가의 일원으로서 책임감을 느끼는 시민이라면 누구나 이웃을 돌아보고 사회의 어두운 면에 관심을 두며 자원봉사 정신을 가져야 한다는 것이다.

정말 하고 싶은 말은 다음 이야기였다. 라제건 회장은 기업을 경영하는 CEO다. 기업은 영리를 추구한다. 돈을 버는 곳이다. 반면 사회복지와 자원봉사는 비영리를 추구한다. 돈을 쓰는 곳이다. 그동안 라제건 회장은 기업 경영을 통해 번 돈 중 일부를 각당복지재단 등을 통해 사회에 환원해왔다. 김옥라 여사는 그 돈으로 각당복지재단을 운영했다. 쌀독에 쌀을 채우는 일과 채워진 쌀독의 쌀을 분배하는 일의 역할 분담이 이루어진 것이다. 그런데 이제부터는 라제건 회장이 두 가지를 다해야 한다. DAC 회장이면서 각당복지재단 이사장과 한국자원봉사협의회 상임대표를 동시에 맡았기 때문이다. 돈을 버는 일과 쓰는 일을 함께하는 것, 영리를 추구하면서도 비영리를 지향해야하는 것, 이 두 가지 일의 어려움과 버거움을 토로한 것이다.

비단 DAC와 각당복지재단에만 해당하는 문제는 아니다. 모든 기업과 사회복지 혹은 자원봉사 단체에는 이와 같은 고민이 있다. 자원봉사는 자발적으로 이루어지는 비영리 활동이다. 하지만 조직을 꾸리고 계획을 추진하며 연구, 교육, 발굴, 지원, 사후 처리 등의 일을 지속해서 해나가려면 당연히 그에 따른 비용이 발생한다. 이 비용은 기업의 후원이나 정부의 지원이나 시민들의 기부 등으로 이루어진다. 자발적인 순수한 비영리 활동이 정부의 지원을 받고 이에 의존하게 되면 본의 아니게 변질할 우려가 있다. 친정부 성향을 띠거나 정부 눈치를 보게 된다는 말이다. 기업의 후원에만 의존할 때도 비슷한 문제가 생긴다. 기업의 비리나 병폐에 침묵할 위험이 있는 것이다. 그나마 안정적으로 기업의 후원을 받는다는 게 쉬운 일이 아니다. 시민들의 순수한 기부로만 운영될 수 있다면 좋겠지만, 여기에만 의지하기에는 한계가 있고 불안할 수밖에 없다. 이것이 자원봉사 단체가 안고 있는 딜레마다.

라제건 회장이 한국자원봉사협의회 상임대표로 일하면서 회원과 협력단체를 살펴보니 이런 딜레마가 극명하게 드러났다. 자금이 너무 빈약했다. 단체의 취지와 사업 방향은 좋은데, 운영 자금이 넉넉지 않아 활발하게 활동하기 어려운 곳이 많았다. 시민들의 기부도 적었지만, 이를 극복할 방안도 별로 없었다. 어떻게 하든지 정부의 지원을 많이 받거나 기업의 후원을 더 유치하려고 애쓰는 모습이 확연했다.

게다가 깜짝 놀란 게 있었다. 자원봉사 단체를 운영하는 사람들의 인식이 편향되어 있었다. 대다수가 기업을 경영하는 사람은 돈만 아는 사람들이라고 생각하는 듯했다. 분배에는 관심이 없고 어떡하든지 이윤을 추구해 축적하려고만 하는 사람들이라는 것이다. 그러니까 그런 기업으로부터 돈을 걷어서 자원봉사 단체를 위해 사용하는 것은 좋은 일이라는 인식을 품고 있었다. 반기업 정서였다. 기업에서 열심히 돈을 가져다가 좋은 일에 쓰는 자신들은 선한 사람들이고, 어려운 이웃에게 분배할 줄 모른 채 돈만 버는 기업은 악한 사람들이라는 것이다. 기업이 돈을 벌기 위해 얼마나 피눈물 나는 노력을 하는지 알지 못했다. 그리고 정말 정직하고 깨끗하게 돈을 벌고 사회에 헌신하는 기업이 많다는 사실을 모르는 것 같았다.

"정부나 기업 혹은 다른 곳에서 돈을 가져다 쓸 생각만 하기보다는 한국자원봉사협의회와 소속 단체들이 스스로 건강하게 살아갈 수 있는 방법을 찾아야 합니다."

라제건 회장이 이렇게 말하면 대부분 현실적인 어려움을 이야기한다. 그러나 자원봉사 단체가 성숙한 시민사회의 동반자로서 지속가능성을 가지려면 누군가에게 의존하거나 도덕적으로 우월하다는 특권의식에 사로잡혀서는 안 되고, 적극적으로 시민사회 속으로 들어가 자생력을 갖춰야 한다.

"자원봉사 단체에 돈이 많이 모이는 걸 원하지 않습니다. 돈이 많아지면 부작용이 생깁니다. 이상한 사람도 기웃거리고 안 해도 될 일도 합니다. 시민들이 자발적으로 참여하고, 시민들이 눈을 부릅뜨고 감시하고, 시민들이 격려와 칭찬을 보내는 곳이면 됩니다. 시민들 눈높이에 맞는 건강한 자원봉사 단체가 되어야 합니다."

이런 말도 했다. 실제로 김옥라 여사는 직접 찾아가고 발로 뛰면서 자원봉사 운동을 풀뿌리에서부터 시작했다. 라익진 박사와 라제건 회장이 있기는 했지만, 김옥라 여사와 그녀의 스태프가 보여준 눈물겨운 헌신은 이루 말할 수 없이 값진 것이었다. 그들은 길을 만들면서 걸어갔다. 누가 만들어준 길을 간 게 아니다. 서구처럼 시민사회가 성숙하지 않았기에 어려움이 많았으나 그들은 자원봉사를 통해 주인 의식을 가진 시민들이 많이 길러지길 진심으로 바랐다. 자원봉사와 관련된 일을 하는 사람들이 왜 김옥라 하면 인정할 수밖에 없었을까? 하나는 헌신이었다. 그녀의 진정성 앞에서 뭐라고 이의를 제기하기 어려웠다. 또 하나는 신뢰였다. 전적으로 믿을 수밖에 없으니까 지지하는 것이다. 이것이 돈으로 따질 수 없는 가치와 힘이었다.

라제건 회장은 얼마 전 각당복지재단이 비영리 단체로서 어떤 상태인지를 알아보기 위해 한국비영리학회 회장인 서울신학대학교 양용희 교수에게 진단을 의뢰했다.

"비영리 조직에서 가장 중요한 건 투명성과 건전성입니다. 각당복지재단은 지금까지 그걸 잘 지켜온 것 같습니다. DAC와 라제건 회장님이 상당한 금액을 출연해 오셨죠. 그래서 재정이나 조직, 운영 등에서 굉장히 건강한 재단입니다. 중요한 건 지금부터라고 생각합니다. 설립자에게서 아들 세대로 리더십이 잘 넘어온 것처럼 다음 세대로 재단 운영이 원만하게 이어져야 합니다. 지속가능성을 준비해야 한다는 것이죠. 개인과 가족의 출연에만 의지할 게 아니라 소액이라도 많은 사람이 기부하고 참여하면서 시민들이 자유롭게 공유할 수 있는 공간이 되면 좋겠습니다."

연세대학교 상경대학 건물인 대우관 지하에는 '각당헌(覺堂軒)'이라 이름 붙여진 강당이 있다. 1996년 라익진 박사 후손들의 기부로 조성되어 상경대학의 주요 행사와 대형 강의 등이 이루어지는 공간이다. 라익진 박사가 연세대 재단 감사로 일하던 당시 그의 주장으로 일하게 된 상임 회계사가 연세대 정병수 교수다. 각당복지재단 설립 때부터 라익진 박사를 도와 감사로 일한 정병수 교수의 주장으로 2018년『각당복지재단 재정 30년사』라는 책이 출판되었다. 이 책을 보면 각당복지재단이 얼마나 투명하게 운영되었는지 알 수 있다. 재무와 역사는 정확하게 일치했다. 대한민국에 있는 비영리 단체 중 재정의 역사를 따로 펴낸 곳은 없었다. 각당복지재단은 재정의 역사를 따로 기록해서 펴낸 유일한 기관이다.

비영리 단체가 시민들의 관심을 얻고 자발적 기부와 자원봉사가 넘쳐나려면 투명성과 건전성을 확보해야 한다. 철저하게 원리원칙을 따라 운영되어야 한다. 어떤 시민이든 단체의 운영과 재정에 관해 투명하게 들여다볼 수 있어야 한다. 내가 낸 돈과 내가 들인 정성과 내가 쏟은 시간이 어떤 결과를 가져왔는지 소상하게 전달받을 수 있어야 한다. 이래야만 시민들의 자발적 참여를 높일 수 있다. 쌀독의 쌀은 그랬을 때 채워질 수 있다. 나눌 생각 이전에 채울 생각을 해야 한다.

라제건 회장은 쌀독에 쌀을 채우는 일과 쌀독에 든 쌀을 나누는 일을 동시에 하고 있다. 그러면서도 쌀독에 쌀을 채우는 일, 즉 영리 부문과 쌀독에 든 쌀을 나누는 일, 즉 비영리 부문이 어떻게 어우러질 수 있을까를 끊임없이 고민하고 있다.

언젠가 각당복지재단 뜰에서 작은 코칭 프로그램을 진행한 적이 있다. 제목이 힐링 캠프였다. 라제건 회장이 개발한 6미터짜리 텐트를 치고 그 안에 의자와 테이블 10여 개를 놓고 시작했다. 사람들이 정말 좋아했다. 어떤 사람은 "아, 코칭은 사람이 가장 중요한 줄 알고 있었는데, 환경도 중요하네요"라고 말했다. 이를 보면서 라제건 회장은 DAC와 헬리녹스 그리고 JKL Corporation이 가진 인프라를 바탕으로 각당복지재단이 가진 네트워크를 활용한다면 자원봉사의 세 영역인 재난구호 현장과 가난하고 병약한 사람을 돕는 일과 다양한 공공 행사에 효과적으로 대응할 수 있으리라 생각했다. 구상은 아직도 진행 중이다. 생각의 틀에 갇히지 말고 자유롭게 상상하다 보면 다른 부문에서도 영리와 비영리의 조화와 균형은 이루어질 수 있으리라 믿는다. 영리와 비영리는 대척점에 있지 않다. 맞닿는 부분, 시너지가 나는 부분이 있다. 영리와 비영리의 융합, 그 길을 찾아 나가는 것이 또 하나의 도전이다.

젖먹이들을 돌봐야 했던 30대 여성의 몸으로 부산 피란 시절 미군에서 불하받은 하나의 텐트에서 걸스카우트 운동과 자원봉사 활동을 벌이던 김옥라 여사. 그리고 30여 년간 수많은 텐트를 개발하며 사람들이 자연을 보다 편안하게 즐길 수 있도록 노력해온 라제건 회장. 그들이 걸었던 서로 다른 길이 하나로 합쳐질 수 있을까, 하는 생각에 다다르자 잔잔한 흥분이 온몸을 휘감아 온다.

Chapter 49

죽음을 어떻게
받아들일 것인가?

세상은 불평등과 부조리로 가득 차 있다고 믿는 사람이라 해도 인정하지 않을 수 없는 사실이 있다. 그것은 누구에게나 죽음은 찾아오고 피할 수 없지만, 언제 들이닥칠지는 아무도 모른다는 것이다. 죽음 앞에서 모든 인간은 예외 없이 평등하다.

최근에 죽음과 관련해서 두 유명인사의 소식이 전해졌다. 한 사람은 프랑스 영화배우 알랭 들롱이다. '세기의 미남'으로 불리는 그는 '잘생겼다'라는 일반동사를 자신을 향한 고유명사로 바꿔버린 사람이다. 또렷한 이목구비와 빨려들 듯 고요한 눈망울은 보는 이로 하여금 절로 탄성을 자아내게 한다. 하지만 세상에서 가장 잘생긴 남자도 생로병사라는 인생의 진리 앞에서 예외일 수는 없었다. 1935년생으로 어느덧 80대 후반의 나이가 된 알랭 들롱이 안락사를 결심했다는 언론 보도가 나왔다. 2019년 뇌졸중 수술을 받은 후 안락사가 가능한 스위스에서 여생을 보내고 있는 그는 아들에게 자신이 세상을 떠날 순간을 결정하면 임종을 지켜봐달라고 부탁했다고 한다. 무의미한 연명 치료를 거부하고 존엄하게 죽을 권리를 선택한 것이다.

또 한 사람은 '한국의 지성'으로 불리던 이어령 박사다. 세상 모든 걸 꿰뚫고 있는 듯한 날카로운 눈매와 시켜만 주면 무슨 주제든 얼마든지 강의할 수 있을 법한 예리한 입술을 보면 누구라도 주눅이 들지 않을 수 없었다. 가히 그는 걸어 다니는 백과사전이요, 활동하는 박물관이었다. 문학, 예술, 역사, 종교를 넘나드는 방대한 지식 체계와 지칠 줄 모르고 샘솟는 창의성은 타의 추종을 불허했다. 지성의 최고봉에서 내려올 줄 모르던 그도 세월의 무상함 앞에서는 어쩔 수 없는 한 인간이 되어 쓸쓸히 하산해야만 했다. 2017년 암이 발견돼 두 차례 큰 수술을 받은 그는 항암 치료를 거부하고 저서 집필에 마지막 힘을 쏟았다. 삶의 모든 여력을 병과 투쟁하는 데 쓰지 않고 지성의 우물을 끝까지 퍼 올리는 데 쓴 것이다. 육체는 죽음을 향해 치닫고 있었지만, 정신은 생명을 향해 달음질하고 있었다. 그는 2022년 2월 26일 가족들이 지켜보는 가운데 자택에서 조용히 숨을 거두었다. 향년 88세였다.

잘 죽을 권리, 존엄성을 잃지 않은 채 세상과 이별할 권리, 본인의 삶과 죽음을 선택할 권리에 관한 관심이 점점 높아지고 있다. 삶의 시작인 탄생은 선택할 수 없지만, 삶을 마감하는 죽음만큼은 자신의 의지대로 하고 싶은 바람이 커진 것이다.

안락사(安樂死, Euthanasia)는 회복의 가망이 없는 상태에서 극심한 고통을 받으며 힘들어하는 환자에 대해 본인 또는 가족의 요구에 따라 고통이 적은 방법으로 생명을 단축하는 의료행위를 가리킨다. 안락사는 적극적 안락사와 소극적 안락사로 나뉜다. 적극적 안락사는 의사가 약물 투여 등 적극적인 방법으로 환자의 죽음을 앞당기는 것이고, 소극적 안락사는 죽음이 임박한 환자의 연명 치료를 본인 혹은 가족의 동의하에 중단하는 것이다. 우리나라에서는 소극적 안락사만 인정하고 있다. 의학적인 치료를 다 했음에도 회복의 가망이 없을 때 무의미한 연명 치료를 중단함으로써 질병에 의한 죽음을 자연스럽게 받아들이는 것이다. 일부 국가에서는 환자 스스로 동의했느냐에 따라 자발적 안락사와 비자발적 안락사로 구분하기도 한다.

이에 비해 조력자살은 타인의 도움을 받아 스스로 목숨을 끊는 행위를 말한다. 의사가 처방한 약물을 환자 본인이 직접 주입하는 방식이다. 알랭 들롱이 안락사를 결심했다는 건 이와 같은 조력자살을 선택한 것이다. 한국에서는 조력자살이 불법으로, 처벌 대상이다. 지난 2009년에 '김 할머니 사건'이 화두로 떠올랐다. 식물인간이 된 김 할머니에 대해 자녀들이 연명 치료 중단을 요구했지만, 병원 측에서 이를 거부하면서 소송으로 이어진 것이다. 결국 대법원까지 가서야 법원은 김 할머니의 존엄사를 허용했다. 이 사건을 계기로 '호스피스 ·

완화의료 및 임종 과정에 있는 환자의 연명의료 결정에 관한 법률(약칭 연명의료 결정법)'이 제정되어 2018년 2월부터 시행되고 있다. 회생의 가능성이 없거나 병세가 심각할 경우 본인과 가족의 의사에 따라 '사전연명의료의향서'에 서약해 연명 치료를 중단할 수 있는 법이다.

유럽 국가들은 계속해서 조력자살과 안락사를 합법화하고 있다. 세계 최초로 조력자살과 적극적 안락사를 모두 허용한 나라는 네덜란드다. 이후 벨기에, 룩셈부르크, 스위스, 미국과 호주 일부 주 등이 안락사를 합법화했다. 외국인에게도 안락사를 허용하는 나라는 스위스가 유일하다. 죽을 권리를 가장 잘 보장하는 나라인 스위스는 조력자살이 합법이다. 독일, 미국과 호주 일부 주에서도 조력자살을 허용하고 있다. 연명 치료를 중단하는 존엄사는 우리나라 외에도 프랑스, 이탈리아, 스웨덴, 헝가리, 노르웨이, 영국, 인도 등에서 제한적 조건 아래 가능하도록 합법화됐다.

호스피스 교육과 삶과 죽음을 생각하는 회를 이어오면서 애도심리상담센터를 운영 중인 각당복지재단에서는 2010년부터 보건복지부가 지정한 연세대학교 생명윤리위원회 등과 합동으로 사전연명의료의향서 표준서식을 개발했고, 배포와 서명 운동에도 주도적으로 참여했다. 2012년에는 상담실을 운영하면서 전화와 방문 상담을 병행하여 2013년 1월까지 4만 7000여 부의 사전연명의료의향서를 배포했다. 2016년 1월 8일 연명의료 결정법이 국회에서 통과된 이후에는 웰다잉 전문 강사들로 이루어진 상담봉사팀을 구성했으며, 2016년 7월 1일부터 공식적으로 사전연명의료의향서 작성을 돕기 위한 상담실을 운영하였다. 이어 2018년 2월 4일부터 보건복지부 지정 사전연명의료의향서 등록기관으로서 상담과 작성업무를 하고 있다.

사전연명의료의향서는 평소 건강할 때 자신의 의료행위에 대한 의사를 미리 밝히는 것이다. 뜻밖의 일을 겪게 되었을 경우, 무의미한 연명의료로 고통당하지 않고, 인간으로서의 품위와 존엄을 유지할 수 있도록 돕는 문서다. 죽음이 임박한 상황에서 어떤 일이 일어나리라는 것은 대략 예상할 수 있다. 따라서 의학적 치료에 관한 의사 결정 능력이 있을 때 본인의 의사를 미리 밝혀두고, 이를 가족들에게도 알려주는 것이 자신은 물론 가족들도 마음의 준비를 할 수 있도록 도와주는 것이다.

각당복지재단의 두 축은 자원봉사와 함께 삶과 죽음이다. 모든 프로그램과 콘텐츠의 지향점은 오늘의 삶을 서로 도우며 살아내는 것과 존엄성을 유지하면서 아름답게 죽음을 맞이하기 위한 준비에 맞춰져 있다. 라익진 박사와 김옥라 여사의 삶이 바로 그런 삶이었다.

김옥라 여사는 100세가 넘은 후부터 자식들에게 이런 말을 자주 했다.

"주위에 폐 끼치지 않고 갔으면 좋겠다. 아무 고통 없이 조용히 갔으면 좋겠다."

라제건 회장은 매일 어머니를 만나면서도 잠자리에 들 때마다 이런 생각을 했다.

'오늘은 뵈었지만, 내일은 못 뵐 수도 있겠구나.'

다음 날 아침에 어머니가 돌아가셨다면 한없이 슬프고 놀랍고 허무할 수 있지만, 어머니에게는 가장 바라던 죽음이 아닐까 생각했다. 실제로 김옥라 여사는 각당복지재단에서 사전연명의료의향서를 작성한 후에 호스피스에서 조용히 남편 곁으로 떠났다.

2020년 3월 한국죽음교육협회가 창립되었다. 죽음 교육의 체계적 기반을 마련하고, 우리 사회에 올바른 죽음 문화를 정착하기 위해 40여 개 단체가 모인 것이다. 라제건 회장은 창립 이사장을 맡았다. 죽음 교육에 관한 한 각당복지재단이 맏형인 까닭이다. 그해 12월에 열린 온라인 학술대회에서 그는 죽음을 이렇게 정의했다.

"죽음은 삶의 다른 한 면입니다. 그래서 죽음을 생각하지 않는 삶은 주어진 삶의 절반만을 살아가는 것과 같습니다. 죽음을 맞는 과정 혹은 죽음 자체에 초점을 맞추면 어둡고 두려운 느낌에서 벗어나기 힘듭니다. 그러나 삶의 다른 한 면으로서의 죽음에 초점을 맞추면 철학을 그 축으로 하여 문학, 예술을 포함한 인문학 전체로 범위가 넓어집니다. 종교 역시 그 중심에 죽음이라는 주제가 자리 잡고 있습니다."

김옥라 여사는 2016년 한 세기를 달려온 자신의 삶을 구술 채록한 책의 제목을 『날마다 아름다운 죽음을 살고 싶다』라고 정했다. 그 누구보다 불꽃같은 삶을 살아왔으면서도 하루하루가 아름다운 죽음을 향한 비장한 발걸음이었다는 중의적인 표현이었다. 삶과 죽음은 종이 한 장 차이라는 것을 깊이 인식한 것이다.

'메멘토 모리(Memento Mori)'라는 말은 "죽음을 기억하라", "너는 반드시 죽는다는 것을 기억하라"라는 뜻의 라틴어. 옛날 로마에서는 원정에서 승리를 거두고 개선하는 장군이 행진할 때 노예를 시켜 행렬 뒤에서 큰소리로 "메멘토 모리!"라고 외치게 했다고 한다. 전쟁에서 승리했다고 우쭐대지 말고, 너도 언젠가는 죽는다는 걸 기억하면서 늘 겸손하게 행동하라는 교훈을 주기 위해 생긴 풍습이라고 한다.

김옥라 여사가 강조했던 '메멘토 모리'의 의미는 라제건 회장에 이르러 더 심화하면서 체계화되고 있는 듯하다. 죽음 준비는 곧 삶의 준비와 긴밀히 맞닿아 있다.

이어령 박사는 생애 마지막 인터뷰에서 죽음에 관한 소회를 담담하게 밝혔다.

"내가 느끼는 죽음은 마른 대지를 적시는 소낙비나 조용히 떨어지는 단풍잎이에요. 때가 되었구나. 겨울이 오고 있구나…… 죽음이 계절처럼 오고 있구나. 그러니 내가 받았던 빛나는 선물을 나는 돌려주려고 해요. 침대에서 깨어 눈 맞추던 식구, 정원에 울던 새, 어김없이 피던 꽃들…… 원래 내 것이 아니었으니 돌려보내요. 한국말이 얼마나 아름다워요. 죽는다고 하지 않고 돌아간다고 합니다. 애초에 있던 그 자리로, 나는 돌아갑니다."

Chapter 50

삶을 성찰하고
각성한다는 것

삶과 죽음을 생각하는 회 30주년을 맞아 2021년 4월 9일 최진석 교수와 라제건 회장의 대담이 진행되었다. 매년 공개 세미나를 했었는데, 코로나 팬데믹 때문에 할 수 없게 되자 최진석 교수에게 강의를 부탁했지만, 최진석 교수는 강의보다는 두 사람이 자연스럽게 대화하는 게 좋겠다고 해서 자리가 마련된 것이다. 대담은 각당복지재단 마당에 돔형 텐트를 쳐 놓고 그 안에 앉아 차를 마시는 편안한 분위기속에서 이루어졌다. 라제건 회장이 설계한 흰색 텐트는 달걀 속 같은 아늑함을 선사했다. 야외에서 대화할 때 느끼는 허전함과 어수선함, 실내에서 대화할 때 느끼는 답답함과 경직성을 없애주는 차분하면서도 자유로운 풍경이 대단히 이색적이었다.

라제건: 우리가 죽음을 이야기하는 이유가 죽음 자체 때문이 아니고 삶 때문이라고 말씀하신 적 있는데, 좀 더 구체적으로 설명해주시겠습니까?

최진석: 인간이 경험할 수 없는 유일한 것이면서 또 가장 치명적인 게 죽음입니다. 죽음을 인식할 때 자기가 더 도드라지게 드러나는 것 같아요. 죽음을 인식하지 않고서는 분명한 자기를 만나기가 쉽지 않거든요. 죽음을 의식하면서 자기가 자기한테 매우 분명해지고 그러면서 삶에 대한 각성을 시작할 수 있는 것 같아요. 우리한테 가장 큰 것이 있다면 저는 어떻게 살 것인가, 어떻게 죽을 것인가, 이 두 가지 질문으로 총결된다고 생각해요. 그런데 보면 이것이 다른 질문 같지 않고 하나의 내용을 다르게 표현한 걸로 보입니다. 어떻게 살 것인가가 분명해야 어떻게 죽을 것인가도 분명해지고, 어떻게 죽을 것인가가 분명할 때 어떻게 살 것인가도 분명해지는 것 같아요. 저는 자살하는 청소년들한테는 이런 삶과 죽음에 대한 각성이 시작되지 않았기 때문에 그렇다고 생각해요. 죽음을 의식하면 시간의 유한성을 알게 되고, 시간의 유한성 안에 있는 자기가 얼마나 더 진실하고 철저해야 하는지 각성이 이루어지거든요. 행복이라는 게 선택의 문제가 아니라 행복해야만 한다는 의식을 갖지 않을 수 없는 것 같아요. 저는 자살하는 사람들을 돕고 자살을 줄이기 위해서 오히려 죽음을 철저히 인식시키는 것, 그래

서 자기 존재를 자기가 객관화시켜 바라볼 수 있는 능력을 갖도록 해주는 것, 그래서 삶에 더 철저하게 대응하는 길로 들어서게 하는 것, 이것이 더 효과적이지 않을까 생각합니다.

라제건: 젊은 층은 오히려 죽음을 순순히 받아들이는 사람도 있는 반면에 나이 든 사람 중에는 죽음 하면 아예 이야기하는 걸 싫어하는 사람도 많은 것 같습니다. 어떻게 하면 죽음에 좀 더 쉽게 접근할 수 있을까요?

최진석: 사실 이게 아주 크고 심각한 문제거든요. 이런 문제를 받아들일 때는 거기에 맞는 수고를 해야 합니다. 저는 어떻게 하면 쉽게 다가갈 수 있는가를 고려하지 않는 편입니다. 쉽게 다가갈 수 없는 것이기 때문입니다. 그대로 대면하는 수밖에 없다는 것이죠. 주제가 주는 무게감 때문에 따뜻하고 친절하고 쉽게 다루기는 어렵습니다. 이 세상 모든 존재는 다 소멸하고 죽음이 있다, 모든 생명은 유한하다, 이걸 인식하는 게 다소 불편하더라도 인식해야만 하는 것입니다. 이런 불편함을 감당하도록 그런 능력을 키워주는 것이 효과가 있지 않을까 싶습니다. 쉽게 하려는 노력보다는 불편함을 감당하는 능력을 길러주는 것이 더 필요하다고 생각합니다.

라제건: 죽음에 대한 두려움에는 결국 혼자 갈 수밖에 없어서 거기서 오는 두려움도 상당히 크지 않을까 생각합니다. 내가 내 인생을 책임지면서 주체적으로 살아가는 훈련이 되면 죽음을 혼자 맞이하는 두려움도 좀 줄어들게 되지 않을까요?

최진석: 완전히 동의합니다. 죽음에 대한 인식과 자각을 통해 얻을 수 있는 가장 큰 효과는 자기가 자기한테 분명해진다는 거거든요. 내가

왜 사는지, 나는 무엇을 원하는지, 나는 어떻게 살다 가고 싶은지……
자기가 자기로 존재할 때 반드시 일어나야 하는 이런 질문이 죽음을
인식할 때 쉽게 일어날 수 있습니다. 죽음을 인식하지 않으면 그런 질
문이 일어나는 환경을 맞이하기가 굉장히 어렵습니다. 어떤 사람은 평
생 그런 질문과 관계없이 살다 갈 수도 있고요. 죽음 교육은 창의성 교
육입니다. 죽음 교육은 어떤 한 인간을 자유롭게 살게 하는 교육입니
다. 독립적으로 살게 하는 교육입니다. 주체적으로 살게 하는 교육입
니다. 창의적이고 자유롭게 독립적이고 주체적인 삶이란 것은 자기가
자기로 존재하는 사람에게만 가능하기 때문입니다. 자기가 자기로 존
재하게 하는 충격은 죽음을 인식할 때 가장 잘 등장합니다.

라제건: 어떻게 하면 우리 사회에서 위선과 거짓을 줄일 수 있을까? 저
는 이런 생각을 많이 합니다. 죽음을 생각하면 위선이란 게 의미가 있
을까 하는 것이죠.

최진석: 창의적이고 자유롭게 독립적이고 주체적인 인격으로 성장한
사람들은 부정부패를 저지르거나 위선적 행위를 자주 하지는 않게 되
거든요. 죽음을 인식하는 사람이 자기를 함부로 대할 수 있을까요? 극
단적으로 생각해서 내가 내일 죽는다고 생각할 때 오늘 나의 선택이
위선적이거나 부자유하거나 비독립적인 생각을 할 수 있을까요? 저
는 불가능하다고 봐요. 내일 죽는다고 하는 이 인식이 그 사람을 가장
진실하게 할 수 있어요. 당장 내일이 아니라도 30, 40년 후라도 다가
올 죽음을 자기가 의식한다면 위선의 양이랄지 부자유한 실수랄지 이
런 것을 많이 줄일 수 있을 것 같아요. 저는 가끔 생각해봅니다. 내가
왜 급한 일보다는 중요한 일을 하려고 더 노력하고, 낮은 일보다는 높

은 일을 하려고 노력할까? 돌이켜보면 그 양이 그리 크지는 않지만, 저한테 있는 거의 모든 성실함, 저한테 있는 거의 모든 선함, 저한테 있는 거의 모든 진실함, 이런 것들은 다 제가 청소년기에 빠졌던 죽음에 대한 공포 때문에 힘들어했던 시간이 저를 그나마 조금이라도 더 진실하고 성실하게 살도록 만들지 않았나 생각합니다. 저 스스로 옳은 반성인 것 같아요.

'어떻게 죽을 것인가?' 이 질문은 '어떻게 살 것인가?'라는 질문과 같다. 죽음을 바라볼 때 비로소 삶을 직시하게 된다. 따라서 죽음 교육은 삶 교육이다. 죽음을 제대로 인식할 때라야만 삶에 대한 바른 성찰과 진지한 각성이 이루어질 수 있다.

라제건 회장은 죽음을 좀 더 깊고 체계적으로 들여다보고 죽음 교육을 강화하기 위해 각당복지재단 안에 '삶과죽음연구소'를 만들었다. 각 학문의 영역을 두루 아우르면서 실제 우리 삶 속에서 적용 가능한 실용적 담론을 주도해 나가기 위해서다.

연구소장을 맡은 양용희 교수는 한국에서 보기 드물게 비영리 조직의 마케팅에 관해 연구하면서 기업과 비영리 단체를 오가며 사회공헌 분야 컨설팅을 해온 분이다.

"라 회장님은 돈이 있으니까 기부하자는 차원이 아니라 어떻게 하면 사회에 더 가치 있게 공헌할 것인가를 고민하는 분입니다. 제가 그동안 많은 경영자를 만나봤지만, 그분들은 기업에 대해 자꾸 사회적 책임을 물으니까 하기는 해야겠는데, 어떻게 효율적으로 해야 좋을까를 고민하면서 컨설팅을 요구합니다. 그런데 라 회장님은 인간 존재에 대한 근원적 질문을 던집니다. 삶과 죽음에 대한 깊은 성찰이 전제되어 있어요. 어머니를 모시고 살면서 그분에게서 체득한 게 아닐까 생각합니다."

삶과죽음연구소에서는 삶과 죽음에 관한 아카이브를 만들 계획이다. 논문이든 사회적 이슈나 사건이든 예술이든 삶과 죽음에 관한 의미 있는 자료를 모으려고 한다.

"새로운 콘텐츠를 만들려고 합니다. 가장 본질적인 것을 준비하려는 것이죠. 불과 20~30년 전에 지금의 사회를 예상하지 못했듯이 앞으로 세상이 어떻게 변화할지 누구도 예상하기 힘듭니다. 그러나 본질적인 문제는 변하지 않을 겁니다. 이 부분을 깊이 있게 다지려고 합니다. 그러면서 새로운 변화를 대비하는 것이죠. 비단 노인이나 소외 계층뿐 아니라 진학, 취업, 결혼, 미래 등 젊은이들이 고민하는 제반 문제들도 삶과 죽음의 범주에 속하기 때문에 연구소에서 해소될 수 있으면 좋겠습니다."

Chapter 51

멀리 가려면
함께 가야 한다

DAC를 오가며 여러 사람을 만나면서 가장 'DAC Man'답다고 느낀 사람이 있다. 개발부 이상윤 부장이다. 그는 회사가 팔 수 있을 만한 물건을 만드는 게 주 업무다. 그래선지 호기심이 가득하고 가만히 앉아 있지를 못한다. 주말이나 공휴일이면 집에 있고 싶지 않다고 한다. 밖에 나가 자연과 함께 지내고 싶은 것이다. 자연에서 느낄 수 있는 많은 즐거움, 행복감, 편안함을 조금이라도 더 느껴 보고 싶은 게 바람이라고 했다. 코로나 팬데믹으로 다들 마스크를 쓰게 되자 그는 남은 텐트 폴을 이용해서 마스크 걸이를 만들었다. 세상 어디서도 구할 수 없는 DAC만의 마스크 걸이였다. 이를 본 라제건 회장이 블로그에 올려 필요한 사람에게 나눠주겠다고 하는 바람에 신청자가 몰려 대박이 난 적 있다. 판매용이 아니라 무료로 증정하는 것이었기에 전혀 남는 장사가 아니었지만, 받는 사람에게는 더없이 값진 선물이었다.

"제 취미는 RC 비행기입니다. 송신기를 이용해 수신기가 탑재된 조립식 비행기를 하늘에 날리는 것이죠. 제가 직접 만들어 날리면서 자연을 즐깁니다. 캠핑이 취미는 아니고 캠핑가서 뭔가를 하는 게 좋습니다. 마라톤도 하고, 나무를 잘라서 목각인형이나 솟대도 만들고, 자전거도 타죠. 진화 과정을 봤을 때 인간이 정착 생활한 지는 얼마 되지 않았습니다. 그전에는 이동하며 살았어요. 움직이며 사는 게 원래 인간의 본성에 맞지 않나 싶습니다. 그러다가 사람은 결국 흙으로 돌아갑니다. DAC의 강점은 여기에 있다고 봅니다. 인간 내면의 본성인 회귀본능과 욕구를 충족시키면서 가장 근본에 충실할 수 있는 분야가 아웃도어 분야거든요. 우리가 그 시장을 선도해나갈 수 있는 큰 무기를 갖고 있습니다. 아웃도어 액티비티를 발전시킬 수 있는 방향에 집중해야 합니다. 그걸 통해 그것과 연결된 문화를 만들어갈 수 있습니다."

JKL Corporation 박찬영 사장에게서도 이와 비슷한 이야기를 들었다.

"DAC는 회장님이 창업 당시 추구했던 것들이 하나씩 이루어져 왔습니다. 따라서 지금은 생소하지만, 영리와 비영리의 만남과 조화를 통해 기업의 사회적 책임을 다하는 일 또한 잘되리라 기대합니다. 중소기업 CEO가 이런 생각을 하면서 기업을 경영한다는 게 쉬운 일이 아니죠. 작지만 투명하고 정직한 기업이 오래 지속되는 것이 정의로운 사회 아닐까 생각합니다. 회사가 앞으로 추구할 방향은 고강도 알루미늄 폴을 이용해서 할 수 있는 여러 분야를 개척하면서 기업과 사회의 문화를 바꿔나가는 겁니다. JakeLah 브랜드로 출시할 빅 텐트는 비영리 부문과 얼마든지 네트워크를 형성할 수 있습니다. 각종 봉사 활동, 재난구조, 대단위 모임 등에 사용될 수 있고, 걸스카우트와 보이스카우트, NGO와 지자체하고도 연계할 수 있어요. 이게 바로 사회에 대한 선한 영향력의 확산이 되겠죠. 중동, 사막, 몽골 등의 집 없는 사람들, 난민들, 전쟁 피란민들에게 이런 텐트가 제공될 수 있을 겁니다. 다각적으로 개발하면 좋은 그림이 나올 수 있어요. 하나의 기관이나 회사가 이걸 동시에 이루기는 쉽지 않겠지만, 서로 머리를 맞대고 연합하다 보면 길이 보일 수 있습니다."

2022년 2월 라제건 회장은 한국걸스카우트연맹 부총재에 선출되었다. 70여 년 전 김옥라 여사가 눈물로 일궜던 밭을 가꿔서 열매 맺게 할 책임을 맡은 것이다.

"왜 이 버거운 자리를 맡게 되었냐면 하나는 영국에서 만들어놓은 제도와 틀이 너무 좋았기 때문입니다. 하나하나의 의미가 참 대단합니다. 어머니께서 이 나라 저 나라를 다니며 배우시던 과정이 떠올랐습니다. 그걸 제가 다시 배워서 우리만의 프로그램으로 만들고 싶습니다. 또 하나는 텐트와 캠핑 같은 아웃도어 액티비티가 좋았습니다. 밖에서 뛰어노는 아이들의 건강성이 집 안에만 있는 아이들보다 훨

썬 좋습니다. 여기서 생산적이고 활동적인 콘텐츠를 만들어내고 그 것이 다시 왕성한 청년 활동으로 이어져 궁극적으로는 성숙한 시민 의식으로까지 연결되길 바랍니다."

라제건 회장은 얼마 전 회사 내에 CSR팀을 만들어 V-LAB, 즉 청년 자원봉사대를 조직했다. 국내 주요 기업에 자원봉사에 관한 제안서 를 제출해 청년들과 기업을 연결해줌으로써 젊었을 때부터 자원봉사 의 필요성에 공감하고 자원봉사를 삶의 일부로 받아들일 수 있게 하 려는 의도에서였다. 놀랍게도 제안서를 받은 거의 모든 회사가 프로 젝트 취지에 적극적으로 공감했다. DAC도 팀을 배정받아 여러 차례 모여 회의도 하고 프로그램을 진행한 끝에 2022년 3월 26일 경기도 팔당 볼런티움 연수원에서 20여 명의 청년이 청년 주도형 자원봉사 프로젝트 수료식을 개최했다.

라제건 회장은 요즘 'MZBB'라는 신조어를 자주 사용한다. MZ세 대와 베이비붐 세대를 아우른 말이다. MZ세대는 1980년대 초에서 2000년대 초 사이에 출생한 밀레니얼 세대와 1990년대 중반부터 2000년대 초반까지 출생한 Z세대를 가리킨다. 변화에 유연하고 새롭 고 이색적인 것을 추구하는 디지털 세대다. 베이비붐 세대는 6·25전 쟁 직후인 1955년부터 1963년 사이에 태어난 세대를 일컫는다. 산업 화와 민주화의 주역이었지만, 현역 무대에서 내려와야 할 아날로그 세대다. MZ세대는 미래에 대한 불안감에 시달린다. 모든 것이 불투명 한 까닭이다. 베이비붐 세대의 어려움은 자존감이다. 평생 앞만 보고 달려왔는데, 역사의 무대에서 쓸쓸히 퇴장하려니 자존감이 무너져 내린다. 그는 이 두 세대를 연결하는 자원봉사를 하고 싶다. MZ세대의 불안감을 해소하면서 그들이 가진 재능을 살리고, 베이비붐 세대의 자존감을 높이면서 그들이 가진 실력을 마음껏 발휘할 수 있는 자원봉사를 구상하는 중이다.

자원봉사는 야생이어야 한다. 미국에서 국립공원을 지키는 사람들의 원칙 중 하나는 관찰은 해도 자연에 끼어들지 않는다는 것이다. 먹이를 주지 않는다. 자연에서 찾도록 한다. 건강한 생태계를 유지하기 위해서다. 먹이를 주면 야성을 잃는다. 열심히 먹이를 주면 가축이 될 뿐이다. 길들인 동물은 먹이를 얻는 대신 야성, 즉 자유를 잃는다. 우리가 추구해야 할 최고의 가치는 자유다. 성숙한 시민들만이 자유로운 민주주의를 누릴 수 있다. 자유민주주의에서 거의 모든 곳에 적용될 수 있고, 거의 모든 곳에 필요한 시민사회의 기초가 바로 자원봉사다. 자원봉사는 비정치적, 비영리적 시민운동이다. 라제건 회장은 자원봉사의 야성을 회복하려고 몸부림치고 있다. 자원봉사의 야성을 회복하는 길은 젊은 시절부터 자원봉사에 익숙해지는 것이다. 그리고 'MZBB'를 긴밀히 연결하는 것이다. 멀리 가려면 결국 함께 가야 한다.

라제건 회장은 미래를 이야기할 때 종종 산호초 그림을 그린다. 열대 바닷속의 아름다운 풍경을 만들어 내는 산호초(珊瑚礁, Coral Reef)는 식물이 아니라 동물이다. 산호초를 이루는 산호는 해파리나 말미잘처럼 강장과 입, 촉수를 가진 자포동물에 속한다. 산호초는 지구상에서 가장 다양한 생태계를 구성한다. 약 25퍼센트 이상의 해양 생물에게 서식처를 제공하고 있다. 영양분이 거의 없는 바닷물에 둘러싸여 있음에도 왕성하게 번성하는 놀라운 생명력을 가진 존재다. 산호초가 처음부터 일정한 형태를 설계해 놓고 자라는 건 아니다. 조금씩 이리저리 불규칙하게 자라지만, 자라면서 점점 어떤 형태를 이룬다. 처음에는 점 하나에 불과한데, 자꾸 어떤 모양을 만들어 내면서 자라는 모습이 참으로 신비하다. 우리의 삶도, 사업도, 자원봉사도 마찬가지다. 계획한 대로, 의도한 대로 흘러가지 않는다. 열심히 땅을 갈고 씨를 뿌리고 물을 주다 보면 기대하지 않았던 아름다운 모습이 드러나는 것이다.

지금까지 상관관계가 없어 보이는 산호초들이 각자의 의미를 추구하며 제멋대로 자라왔다. DAC, 헬리녹스, JakeLah가 그랬고, 각당복지재단, 자원봉사, 호스피스, 삶과 죽음을 생각하는 회가 그랬다. 기업과 관련된 일은 세계 최고를 목표로, 재단과 관련된 일은 보다 나은 가치를 창출하는 것을 목표로 최선을 다해 달려왔을 뿐이다. 그런데 어느 순간 이 산호초들이 일정한 형태를 띠며 한 점에서 만나기 시작했다. 우후죽순처럼 삐죽삐죽 나와 있던 것들을 연결하니까 한 점으로 모인 것이다. 그걸 발견한 순간 경탄할 수밖에 없었다. 산호초들이 모이는 꼭짓점을 뭐라고 정의하는 게 좋을까? 라제건 회장은 '선한 영향력'이라고 표현했고, 어떤 예술가는 '좋은 바람, 착한 바람'이라고 이야기했다. 영향력이라고 해도 좋고 바람이라고 해도 좋다. 서로를 격려하고 응원하면서 한 방향을 바라보고 힘차게 나아감으로써 우리가 살아가는 공동체와 사회와 국가에 왕성한 생명의 기운을 불어넣어 주는 것이면 족하다.

하나하나의 단위가 건강한 야성을 지닌 채 독립성, 차별성, 전문성을 유지하면서 발전해 나가고, 그것들이 한 꼭짓점을 향해 유기적으로 연결되는 네트워크 시스템이 갖춰진다면 굉장한 힘을 발휘할 수 있을 것이다. 물론 그 힘은 통제력과 영향력을 가진 힘으로 우리 모두의 행복을 위해 공정하게 사용되어야 한다. 라제건 회장은 각각 독립성, 차별성, 전문성을 지닌 개별 단위들이 유기적으로 연결되어 한 꼭짓점을 향할 수 있도록 밑에서 마중물 혹은 시멘트가 되는 역할을 하고 싶다. 10년 후, 20년 후 혹은 한 세대 후 산호초의 형태가 어떤 모습일 것인가를 상상하는 것만으로도 가슴이 뛴다. 마음을 모아 함께 간다면 먼 길이라도 외롭지 않을 것이다.

나로 인해 누군가 편안히 숨 쉴 수 있다면

성경에는 텐트 이야기가 많이 나온다. 인류의 두 번째 시조인 노아가 말년에 포도주를 즐겨 마시다가 어느 날 인사불성으로 취해 벌거벗은 채 깊은 잠에 빠져든 건 텐트 안에서였다. 아브라함이 한낮 뜨거운 태양 아래 길 가던 나그네 세 사람을 맞아 극진히 대접한 것도 텐트 문 앞에 앉아 있을 때였다. 그 세 사람은 하나님과 천사들이었다. 구약성경 최고의 영웅인 모세가 이집트에서 노예살이하던 히브리 민족을 파라오의 압제에서 구해내 홍해를 건너 광야에서 40년 동안 생활할 때 숙식을 해결한 곳도 텐트였다. 장막(帳幕, Tent)은 유목민들이 주로 사용하던 주거지였다. 동물 가죽이나 올이 굵고 거친 직물을 검은 염소 털을 꼬아 만든 실로 꿰어 만들었다. 사람들은 텐트 안에서 잠을 자고 음식을 저장하며 요리를 만들어 먹었다.

신약성경 최고의 영웅은 사도 바울이다. 그는 수많은 고난과 핍박을 무릅쓴 채 복음을 전하러 다니면서도 지역 교회와 현지인들에게 물질적 후원을 요구하지 않았으며, 동역자인 브리스길라와 아굴라 부부와 함께 텐트 만드는 일을 하면서 스스로 벌어서 모든 경비를 충당했다. 게으르게 살면서 아무 일도 하지 않는 일부 교인들을 향해 자신을 본받아 열심히 일해서 자기 힘으로 벌어먹으라고 명령하고 있다.

사회심리학자이자 정신분석학자인 에리히 프롬은 대표작인 『소유냐 존재냐』에서 텐트의 의미를 소유와 존재의 개념으로 풀이했다.

"유목민은 그들이 최소한 필요로 하는 것만을… 생계를 위한 필수품만을 소유한다. … 수카(Suka, 장막)는 유랑민의 거주지로, 천막처럼 쉽게 세우고 허물 수 있는 집이다. 『탈무드』에서는 이를 사람들이 소유하는 '고정 주거지'와 구별하여 '임시 주거지'라고 부른다."

이동식 주거지인 텐트에는 많은 의미가 담겨 있다. 언제든 펴고 걷을 수 있는 임시 거처로서 텐트는 짧고 덧없는 인생을 상징한다. 소유에 대한 욕망이 얼마나 허망한 것인지를 잘 드러내는 장소다. 또한 텐트는 무한한 우주를 상징한다. 텐트 안에서는 자유로이 밤하늘을 올려다볼 수 있다. 무수한 별과 청명한 달이 손에 잡힐 듯하다. 벌레 소리와 시냇물 소리가 그대로 들린다. 그 옛날 히브리 민족은 텐트에 누워 신과 교감하며 우주의 신비를 느꼈을 것이다. 텐트는 우주가 담긴 공간이다.

김옥라 여사는 부산 피란 시절 다 쓰러져가는 텐트에서 목숨을 연명하며 어렵게 생활하는 소녀들을 보면서 나라를 위해 걸스카우트 운동을 일으킬 것을 다짐했다. 오기형 교수는 조국을 위해 전쟁에 참전하기 위해 박사학위를 포기하고 급히 귀국했다가 피란지 텐트 안에서조차 향학열을 꺼뜨리지 않는 가난한 나라의 학생들을 가르치는 일을 시작했다. 라제건 회장이 미국 유학을 마치고 얼마든지 편안하고 안락한 생활을 할 수 있었음에도 불모지나 다름없던 고강도 알루미늄을 이용한 텐트 폴 제조업에 뛰어든 것을 결코 우연이라고만 볼 수 없는 이유가 여기에 있다. 그는 단순히 세계 최고 품질의 고급형 텐트 폴을 만드는 회사의 CEO가 아니다. 세계 텐트의 역사를 다시 쓰고 있는 독보적인 텐트 디자이너다. 그가 걸어온 길이 곧 세계 텐트의 지난 역사이고, 그가 걸어갈 길이 곧 세계 텐트의 새로운 역사가 될 것이다.

미국의 양대 아웃도어 잡지인 「아웃사이드(OUTSIDE)」 2022년 2월호에는 '텐트의 제왕(The King of Tents)'이라는 제목으로 라제건 회장을 조명하는 기사가 실렸다. 황제의 옷을 입고 왕관을 쓴 채 텐트 폴을 손에 쥔 그의 합성 사진과 함께.

"Jake Lah는 거의 30년에 걸쳐 커튼 뒤에서 우리 업계에 지대하게 공헌한 사람이다." REI에서 28년간 일하다 은퇴한 텐트 디자이너 데이비드 마이단스가 말했다. 가벼운 무게, 넓은 실내 공간, 개선된 통풍 – 캠핑이나 백패킹용 텐트에 이루어진 이런 결정적인 발전은 Jake Lah의 혁신으로 촉발되었으며, 이는 여전히 현재진행형이다. "지난 20년 넘는 기간 동안 이루어진 텐트의 변화 중에 Jake Lah의 지대한 영향을 받지 않은 것은 없다." 1990년대 말부터 시에라 디자인과 GSI 아웃도어 등에서 텐트를 디자인해 온 마이클 글래빈의 말이다. 사실 Jake Lah를 단순히 알루미늄 합금과 제조의 전문가라고 하는 것은 그가 해온 역할의 극히 일부에 대한 표현일 뿐이다. 그는 동시에 뛰어난 디자이너다. 그는 고객 브랜드들을 위해 수많은 구조의 문제들을 해결해 주었다. 그중 몇몇 브랜드는 아예 Jake Lah가 첫 개념부터 설계한 텐트를 사용하고 있다. "Jake Lah는 어떤 고객사보다 많은 지적재

산권(IP)을 소유하고 있다." 1985년부터 켈티에서 일하다가 지금은 본인이 개발한 문라이트 시리즈의 텐트를 판매하고 있는 텐트 디자이너 마이크 세콧 쉐러가 알려주었다.

"자신이 이 세상에 살았음으로 해서 한 사람의 생명이라도 좀 더 편안히 숨 쉬었음을 깨닫는 것, 이것이 성공이다(to know even one life has breathed easier because you have lived. This is to have succeeded)."

19세기 미국의 사상가 겸 시인인 랠프 왈도 에머슨의 시 '성공이란 무엇인가?'의 마지막 구절이다. 1982년 미국 텍사스주 댈러스의 한 고등학교 졸업식에서 수석의 영예를 안은 여학생이 졸업 연설을 하던 중 이 시를 읊었다. 그 여학생이 바로 빌 게이츠의 전 부인인 멜린다 게이츠다. 그녀는 빌 게이츠와 더불어 세계 최대의 자선단체인 '빌 앤 멜린다 게이츠 재단'을 이끌어왔다. 에머슨의 시처럼, 그의 시를 좌우명 삼아 타인을 위한 자선과 선행에 자신의 인생 목표를 설정한 멜린다 게이츠처럼 인생의 성공이란 높은 자리에 오르고 많은 돈을 벌어 호의호식하며 사는 게 아니라 나로 인해 한 사람의 생명이라도 좀 더 편안히 숨 쉬었음을 깨닫는 것이 아닐까? 코로나 팬데믹 이후에도 세상에는 크고 작은 재난과 사건·사고들이 이어지며 여전히 어렵고 힘든 시간이 계속되겠지만, 한쪽에서 조용히 사랑의 씨앗을 뿌리고 정성껏 가꾸며 한 사람의 생명이라도 좀 더 편안하게 숨 쉴 수 있도록 제 할 일을 꿋꿋이 해나가는 사람들이 늘어난다면, 아무리 고달파도 세상은 그런대로 살 만한 온기로 넘쳐날 것이다. 그런 결심을 하는 데 이 책이 자그마한 촉매라도 될 수 있으면 좋겠다. 내 펜의 힘은 지극히 미약하지만, 이 책에 소개된 인물과 가문과 회사와 공동체의 힘은 대단히 크기에 그 영향력과 바람이 좀 더 거세지길 바랄 뿐이다.

전 세계 아웃도어 시장을 석권한
텐트 장인 라제건의 특별한 경영 스토리

마스터

초판1쇄 2022년 6월 6일

지은이 | 유승준

대표이사 겸 발행인 | 박장희
제작총괄 | 이정아
편집장 | 조한별

디자인 | co•kkiri

발행처 | 중앙일보에스(주)
주소 | (04513) 서울시 중구 서소문로 100(서소문동)
등록 | 2008년 1월 25일 제2014-000178호
문의 | jbooks@joongang.co.kr
홈페이지 | jbooks.joins.com
네이버 포스트 | post.naver.com/joongangbooks
인스타그램 | @j_books

ⓒ유승준, 2022

ISBN 978-89-278-0613-3 03320

중앙북스는 중앙일보에스(주)의 단행본 출판 브랜드입니다.

BRAND STORY

DAC 인천 공장은 하나의 거대한 정원이다.
본관 외관은 수직 정원으로 불린다. 땅에 든든히 뿌리를 내리되
하늘을 향해 힘차게 웅비하는 기상이 담겨 있다.
2012년 건물을 신축하면서 김상균 조각가에게 의뢰해 탄생한 작품이다.
건물 가장 높은 곳에는 큼직한 뿔이 달린 사슴을 배치했다.
사슴의 건장한 뿔은 알루미늄 폴을 연상시킨다.

2013년 본관 건물이 인천시에서 건축상을 받고, 2016년에는 '인천에서 가장 아름다운 공장 어워드'에 선정됐다.

▲갖가지 나무가 자라고 있는 정원. 마치 미술관처럼 다양한 조각품이 전시되어 있어 한숨을 돌릴 수 있는 여유를 준다.
▼DAC에는 시속 162킬로미터 바람을 일으키는 세계 유일의 풍동실험실이 있다.

▲라선영 작가의 'Seoulite'. 목각에 채색. 서울 사람들의 일상을 담았다. 라 작가의 '70억 명 시리즈' 중 일부다.

▶DAC 로비는 공간음이 좋다. 3층까지 막힘없이 트여 있기 때문이다. 3층 천장에는 갖가지 텐트 폴로 만들어진 거대한 샹들리에가 있고, 로비를 포함한 회사 곳곳에 미술 작품들이 전시되어 있다. 피아노가 비치된 로비에서는 음악회가 열리기도 한다.

▼DAC 갤러리는 외국 바이어들 사이에서도 꽤 유명한 명소다.

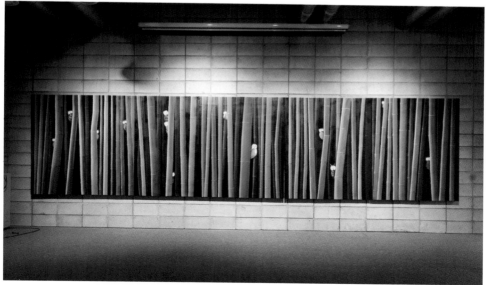

텐트 안에서는 자유로이 밤하늘을 올려다볼 수 있다.
무수한 별과 청명한 달이 손에 잡힐 듯하다.
벌레 소리와 시냇물 소리가 그대로 들린다.
그 옛날 히브리 민족은 텐트에 누워 신과 교감하며
우주의 신비를 느꼈을 것이다. 텐트는 우주가 담긴 공간이다.

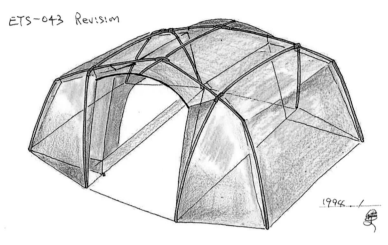

▶전설적인 텐트 장인으로 불리는 라제건 회장이 새로운 텐트 구조를 구상하며 손으로 그린 초기 스케치들.

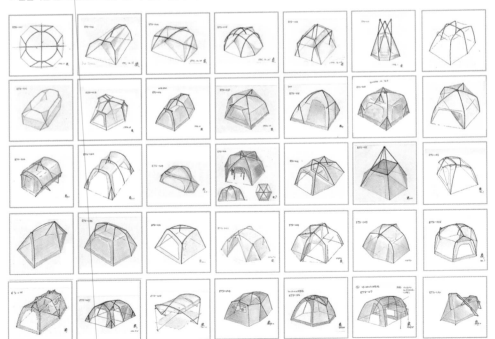

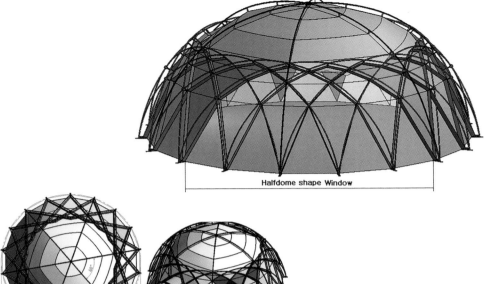

Halfdome shape Window

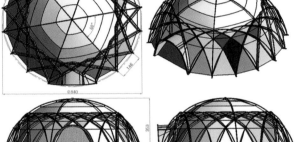

▼라제건 회장의 지름 8미터 '코스모스 돔'. 좁은 텐트가 아닌 거대한 집 안에 있는 듯한 편안하고 쾌적한 느낌을 받을 수 있는 특별한 텐트다. 2008년 베이징올림픽의 성화 봉송을 위해 개발되었다.

▲Outdoor Gold Award를 수상한 체어제로를
한 손가락 끝에.

루브르 피라미드 설립 30주년 행사에
헬리녹스 의자가 설치되었다는 뉴스가 전해지면서
그 의자를 구입하고 싶다는 문의가 쇄도했다.
광장에 설치했던 의자를 모두 수거해
'Helinox Louvre Chair One L'이라는 이름으로
특별 케이스까지 제작해 오프라인 매장과
홈페이지를 통해 국내외에 한정 판매했다.

▲헬리녹스 '체어원 라지'의 광고컷.
접으면 한 손에 쥘 수 있을 만큼 작고, 매우 가볍다.

▲루브르 박물관에서 개최한 루브르 피라미드 설립 30주년 행사에 설치된 1000개의 헬리녹스 의자 '체어원 라지'. DAC 폴로 만들어져 145킬로그램의 거구가 앉아도 충분히 견딜 수 있을 만큼 튼튼하다.

"When I was young I wanted to become a farmer,
grow flowers and plant trees. My dreams didn't come true,
I became a manufacturer producing aluminum tubes. Instead of me,
DAC plants flowers and trees at the factory.

DAC harvests strawberries and apples.

Though not in a farm, but in heavy industrial complex,
my dreams are becoming true by DAC."

- Jake Lah, Founder & CEO